本书系中国工程院战略研究与咨询项目"吉林省数智创意产业链与创新链深度融合机制及政策体系构建研究"研究成果之一

科技创新赋能文化创意产业高质量发展战略研究

高质量发展战略研究

Strategic Research on the Development of
the Cultural and Creative Industries Empowered by
Scientific and Technological Innovation

刘贵富◎著

人民出版社

前　言

随着全球科技的迅猛发展，数字化和智能化技术日益渗透到文化创意产业的各个领域，为这一传统行业注入了新的活力。如何在科技创新的推动下，实现文化创意产业的高质量发展，已成为全球各国政府和行业机构共同关注的课题。本书是中国工程院战略研究与咨询项目"吉林省数智创意产业链与创新链深度融合机制及政策体系构建研究"的研究成果之一。全书以理论研究为基础，结合国内外实践案例，深入探讨科技创新如何赋能文化创意产业，为读者提供一幅完整的战略蓝图。

全书共分为三篇。第一篇"理论体系构建"，通过建立科技创新与文化创意产业结合的基本理论框架，为后续研究奠定基础。第一章明确了科技创新与文化创意产业结合的基本理论；第二章分析了国内外科技创新赋能文化创意产业的发展现状，帮助读者理解当前的发展阶段和差距；第三至第六章深入剖析并构建了科技创新赋能文化创意产业发展的战略体系、新文创产业体系及新文旅产业体系，从多维度和多层次的视角探讨了科技创新赋能文化创意产业发展的实施路径。

第二篇"区域应用策略"，通过第七章和第八章的具体案例分析，增强了研究的实证性和说服力。这些案例不仅反映了理论的实际应用，也为其他地区提供了可借鉴的经验，展示了科技创新在文化创意产业中的实际效果。

第三篇"未来发展态势"，通过第九章和第十章展望科技创新赋能文化创意产业的发展趋势及未来文化创意产业的发展方向，为读者提供前瞻性的思考。这一部分帮助读者从长远角度理解科技创新在文化创意产业中的角色及其可能带来的未来发展机会。

本书希望通过理论与实践的结合，为学界、政府部门及相关企业提供有价值的参考，共同推动文化创意产业在科技创新驱动下迈向高质量发展新阶段。

目　录

第一篇　理论体系构建

第二篇　区域应用策略

第三篇　未来发展态势

第一篇　理论体系构建

第一章　科技创新赋能文化创意产业的基本内涵

第一节　科技创新赋能文化创意产业的概念

一、文化创意产业的类型特征

文化创意产业是以文化内容为核心，借助创意、创新和现代科技手段，将文化资源通过产业化运作，转化为具有经济价值和社会价值的产品或服务的产业体系。通过独特的创意驱动，结合信息技术、数字媒体等现代科技，文化创意产业涵盖了从内容生产、设计、营销到传播的完整产业链，推动文化资源的商品化和市场化。它不仅创造了经济效益，促进就业和经济增长，还在丰富社会文化生活、传承文化遗产和增强文化认同感方面发挥重要作用，是一种跨领域融合发展的关键产业形态。

（一）文化创意产业的类型

文化创意产业根据用途不同，有多种分类方法。既可以根据其内容、形式和应用领域划分，也可以基于文化资源的类型、创意形态划分。依据文化资源类型，文化创意产业可以分类如下：

文化内容生产类：这一类产业以文化内容的创作和生产为核心，通过创意表现和多种媒介实现文化传播，包括影视产业、音乐产业、文学与出版产业、动漫与漫画产业。

设计服务类：这一类产业通过设计和创意表达，将文化元素融入产品、空间和视觉表现中，包括建筑设计与城市规划、工业与产品设计、时尚与服装设计，将文化、艺术和潮流趋势融入产品中。

数字创意文化产业类：这一类产业结合数字技术与新媒体平台，实现文化创意内容的创新与传播，涵盖数字媒体产业、游戏与互动娱乐产业、社交媒体与网络平台等领域。随着科技的发展，文化创意与高科技的深度融合催生了新型文化创意形式，包括虚拟现实（VR）、增强现实（AR）、人工智能（AI）与文化创作、大数据与文化消费等。

表演艺术类：这一类产业通过舞台、演出等形式展示创意和文化内容，包括戏剧与舞蹈、音乐会与现场演出、传统民间艺术等。

传统与现代工艺类：这一类产业通过融合传统工艺、手工艺与现代创意，打造出具有深厚文化底蕴和艺术价值的产品，涵盖领域包括传统工艺美术、现代手工艺品以及非物质文化遗产的保护与创新。

广告推广类：这一类产业通过创意和设计传达信息，塑造品牌形象，促进文化创意产品的传播，包括广告设计与营销、品牌策划与管理、数字营销与网络推广。

文化旅游类：这一类产业将文化资源与旅游体验结合，通过开发具有文化内涵的旅游产品和服务，激发文化消费活力，包括文化遗产旅游、节庆活动、文化巡展、创意园区与文化街区。

节庆会展类：这一类产业通过文化展览、博览会、艺术展及文化节等形式，展示和推广文化创意产品，包括文化博览会、节庆活动、展览与艺术市场。

文化与商业融合类：这一类产业是文化创意产业与商业活动结合，推动文化的市场化和品牌化，包括文化创意商品、主题文化场馆与商业街区。

（二）文化创意产业的核心特征

文化创意产业的核心特征在于"文化"与"创意"的紧密结合。文化作为软实力，承载着深厚的社会意义和独特的表达方式，而创意则赋予文化新的表现形式和经济价值。首先，创意驱动是核心动力，独特的表达方式和创新性决定了产品和服务的市场价值与竞争力。其次，文化创意产业依托丰富的文化资源，如历史、艺术、传统等通过创意转化展现出深厚的文化内涵和地域特色。文化创意产品结合创意设计和文化内容，具有较高的市场附加值，强调文化与情感的表达。再次，文化创意产业依赖现代科技，特别是数字技术、人工智能和虚拟现实等新兴技术，推动产品的生产、传播和创新。其跨领域融合特性使其与旅游、科技、制造等行业深度融合，形成了新的商业模式和增长空间。文化创意产业具有强烈的市场导向性，能够紧密贴合市场需求，关注消费者的文化消费偏好和体验。它不仅创造了经济效益，还肩负传承与传播文化的社会责任，提升了文化软实力。其产品通常带有独特的文化符号和个性化设计，难以复制或替代，形成了明显的竞争优势。此外，文化创意产品通过全球化传播进入国际市场，保留本土文化的独特性，实现全球与本土的双向互动。这些核心特征展示了文化创意产业在现代经济中的独特价值，推动其成为具备强大创新力和广阔市场潜力的新兴战略产业。

二、科技创新与文化创意产业互动机制

科技创新赋能文化创意产业，通过现代科技手段和创新技术，推动产业在内容创作、生产方式、传播渠道和市场运营等方面实现变革与升级。结合人工智能、虚拟现实、增强现实、大数据、区块链、云计算等前沿科技，提升文化创意产品的创作效率、表现力和用户体验，实现文化资源的数字化转化与商业化增值。

　　科技创新与文化创意产业的相互作用是一个复杂、多层次的过程。二者的互动不仅推动了文化创意产业转型升级，也加速了科技创新步伐。这种双向作用机制体现在多个维度，从技术推动文化创意产业，到文化需求引导技术发展，形成了动态循环的创新生态系统。

（一）科技创新驱动文化创意产业发展

　　推动科技创新通过大数据、云计算、人工智能、虚拟现实、增强现实等技术，带来了文化创意产业的生产方式变革。例如，影视特效、游戏开发、虚拟演唱会等大幅提升了创作效率和表现力。人工智能在音乐、绘画、写作等领域的应用降低了创作门槛，推动了文化内容的多元化发展。网络和数字技术拓宽了文化内容的传播渠道，使其通过视频平台、社交媒体和流媒体快速传达给全球观众。VR/AR 技术增强了用户的沉浸体验，如虚拟博物馆和 3D 展览带来了全新的文化传播模式。此外，虚拟人物、数字艺术和 NFT 等新型文化创意产品形态的出现，为文化创意产业创造了新的商业模式。通过大数据分析和人工智能推荐系统，文化创意产品得以精准分发，满足个性化消费需求。

（二）文化创意产业推动科技创新

　　文化创意产业的需求推动了科技在艺术创作中的应用，促进了电影特效技术、游戏引擎技术和三维建模的创新。例如，《阿凡达》《哪吒之魔童闹海》电影的特效不仅推动了影视产业的发展，也带动了 3D 技术的进步。文化创意产业对表现力和互动体验的需求，促进了科技与美学的融合，推动了虚拟现实设备、增强现实应用和人机交互技术的创新。同时，文化创意对高质量图像、音效的需求，推动了显示技术、音频处理和图像处理芯片的升级。设计与创作软件，如 Adobe 系列和 Blender 等，正是在文化创意需求推动下不断优化和进化的成果。文化创意产业还为科技创新提供了多样化的应用场景，如文化旅游中的增强现实体验、数字化博物馆和文物修复技术，既提升了科技在文化领域的应用价值，也扩展了其在其他领域的应用。此外，文化需求推动了社交媒体中人工智能和大数据技术的普及化，为科技产品开辟了广阔的市场空间。

（三）科技创新与文化创意产业的协同发展

科技创新与文化创意产业的协同发展体现在多方面的融合与共生。文化创意产业与科技企业在创意园区、孵化器等平台上的合作，推动了技术与文化的深度结合，促进了创意人才的汇聚与科技创新。文化科技展览如科技艺术展和数字文化博览会，不仅展示前沿技术，还推动了文化创意产业积极探索新技术的应用。

随着二者互动的加深，逐渐形成了共生的创新生态系统。科技为文化创意提供了新的工具和表达手段，文化创意则为科技创新提供了新的应用场景和市场需求。双方协作催生了元宇宙、数字化文化消费、虚拟产品销售等新型商业模式，扩展了文化创意产品的经济价值，推动了科技的商业化进程。

此外，全球化与本土化的双重融合是协同发展的重要成果。科技创新使文化创意产业更便捷地进入全球市场，而文化创意产业通过本土文化资源的创新开发推动了全球科技创新的多样化。文化的全球传播与本土创新需求相结合，进一步推动了科技创新的跨文化发展。这一协同发展模式为文化创意产业与科技创新的未来提供了广阔的发展空间。

第二节　科技创新赋能文化创意产业生态系统

科技创新赋能文化创意产业生态系统是通过多种先进技术协同作用，

推动文化创意产业创新发展的整体框架。该生态系统涵盖使能技术、应用技术、终端设备技术、前沿科学技术和智能化技术群体，从不同层面赋能文化创意产业，形成了一个完整、互补的创新体系。

不同技术群从各自角度对文化创意产业进行赋能：使能技术作为底层支撑推动其他技术的发展；应用技术直接服务于内容创作；终端设备技术增强呈现和互动体验；前沿科学和智能化技术为文化创意产业未来发展提供了无限可能。它们共同构建了一个创新生态系统，推动文化创意产业在数字化和智能化的道路上不断发展壮大。

一、使能技术群赋能文化创意产业

使能技术群是整个生态系统的基础，涵盖人工智能、5G、物联网、大数据和云计算等核心技术。这些技术不仅为文化创意内容的生产、分发和管理提供智能化支持，还为其他技术群的应用奠定了基础。

人工智能、5G 网络、物联网、大数据、云计算等技术为文化创意产业提供了强有力的技术支撑。人工智能通过机器学习和自然语言处理，进行智能创作、分析并分发文化内容，支持音乐、绘画等创作，实现个性化推荐。5G 网络则以高速传输和低延迟提升文化内容的传输效率，支持直播、在线教育和云游戏。物联网连接各种文化设备，实现文化资源的智能化管理，广泛应用于博物馆、图书馆的文物和书籍管理。大数据技术为市场分析和决策提供支持，云计算则为内容生产和运营提供计算和存储能力，两者在市场预测、传播分析等方面应用广泛。未来网络技术将大幅提升数据传输速度，并通过区块链技术加强文化版权保护，广泛应用于虚拟现实、增强现实和数字资产交易。

二、应用技术群赋能文化创意产业

应用技术群直接服务于内容生产与创作，涵盖区块链、动作捕捉、数字内容加工等技术，为创作者提供丰富的工具，推动创意转化为具体作品。

区块链、综合广播宽带技术（IBB）、动作捕捉、文化资源数字化处理、数字内容加工和动漫游戏引擎软件等技术为文化创意产业提供多方位支持。区块链通过去中心化和不可篡改性，为版权保护和数字资产交易提供保障。IBB 技术通过高清传输与多媒体融合，丰富了广播、影视、动漫等文化内容的形式。动作捕捉技术将人体动作转化为数字信号，增强影视、动画和游戏的视觉体验。文化资源数字化处理技术将文化资源通过扫描和三维建模数字化，保护文化遗产并为创意产业提供素材。数字内容加工软件处理文本、图像、音频和视频，提升影视制作和游戏开发效率。动漫游戏引擎软件则支持跨平台内容的高效创作与分发，推动动漫、游戏和虚拟现实的发展。

三、终端设备技术群赋能文化创意产业

终端设备技术群专注于内容呈现与互动体验，涵盖虚拟现实、增强现实、3D 裸眼显示等技术。这些技术通过丰富的互动体验，拉近观众与文化内容的距离，极大提升了文化创意产品的体验性和互动性。

虚拟现实、增强现实、3D 裸眼显示、3D 建模和全息 3D 可视化技术为文化创意产业提供创新的视觉和互动体验。VR 和 AR 技术通过构建虚拟和增强现实场景，提升文化遗产保护、旅游观光和教育娱乐的沉浸感和互动性。3D 裸眼显示技术无须眼镜即可观看三维内容，大幅提升了广告、展览、娱乐中的视觉效果。3D 建模技术支持高精度的三维

模型构建，显著提升了影视动画、游戏开发的表现力。全息 3D 可视化技术突破了传统媒介的限制，能多角度展示文化内容，广泛应用于展览展示、广告传媒和影视娱乐中。这些技术共同提升了文化创意产业的表现力和用户体验。

第二章　国内外科技创新赋能文化创意产业发展现状

科技创新已成为全球文化创意产业发展的核心驱动力，推动产业模式与内容的变革。数字化技术、人工智能、虚拟现实、增强现实等广泛应用于文化创意产业的各个环节，提升了内容的智能化和互动性，增强了用户的沉浸体验。同时，科技的发展推动了文化创意产品的多样化设计和个性化传播，通过数字平台和电子商务系统，文化创意产品突破了时空限制，实现了全球市场的拓展。科技创新赋能正在加速文化创意产业的全球化、数字化与高质量发展，重塑其未来格局与经济模式。

第一节　国外科技创新赋能文化创意产业发展状况

一、国外科技创新赋能文化创意产业发展现状

国外科技创新赋能文化创意产业的发展已经取得了显著成果，尤其是在虚拟现实、增强现实、人工智能等技术的推动下，文化创意产业正在快速转型升级。

（一）虚拟现实和增强现实技术在文化创意领域的应用

欧美发达国家和地区的文化娱乐、博物馆展览、影视制作等领域广

泛应用 VR 与 AR 技术。如美国迪士尼乐园推出的"星球大战：银河边缘"主题园区，利用 AR 和 VR 技术，为游客提供沉浸式的互动体验，重新定义了文化旅游的方式。美国各大博物馆也通过 VR 导览和数字展览，使文化遗产内容得以在线上全球传播。欧洲的法国卢浮宫和英国大英博物馆等世界顶级博物馆通过虚拟导览、数字展览和沉浸式体验，使全球观众能够以全新的方式参观这些文化遗产。在欧美等发达国家，AR 技术还被用于文物修复和文化旅游，让观众通过手机设备获取丰富的文化历史信息，极大提升了观众的参与感。

在澳大利亚，国家博物馆等文化机构通过 VR 和 AR 技术为用户提供虚拟导览、数字展览和沉浸式文化体验。例如，澳大利亚国家博物馆的"太空探险"项目通过 VR 技术让观众以全新的方式探索宇宙历史，极大地提升了观众的互动性和参与感。

在日本，虚拟现实技术被应用于日本的博物馆、主题公园和历史遗址，打造沉浸式体验。著名的 teamLab Borderless 数字艺术展，通过 VR、投影、传感器等技术，让观众与数字艺术互动，创造出无边界的沉浸式艺术体验。

在韩国，韩国的博物馆和文化遗产地利用 AR 技术，提供增强的导览服务，丰富游客的文化体验。影视和游戏产业也大量使用 VR 技术，推出沉浸式电影、虚拟现实游戏等，增强了观众的参与感。例如，韩国推出的 VR 音乐会、VR 剧场吸引了大量用户，打破了传统文化活动的局限。

在俄罗斯，著名的艾尔米塔什博物馆利用 VR 技术推出了虚拟导览，观众可以通过线上平台以沉浸式方式探索博物馆的藏品。此外，俄罗斯的文化遗产保护机构也通过 AR 技术为游客提供互动导览服务，让历史文化内容变得更加生动有趣。

（二）人工智能在创作和内容推荐中得到了广泛应用

人工智能在内容创作和传播推广中得到了广泛应用，尤其是在欧美等发达国家。通过大数据分析用户偏好，AI 可以优化内容制作和分发。AI 还被应用于艺术创作领域，生成了许多 AI 创作的艺术作品，探索了创作的新边界。

人工智能正在改变美国文化创意内容的生产和分发模式。流媒体播放平台奈飞（Netflix）和声甜（Spotify）运用 AI 技术，为用户提供个性化内容推荐，通过大数据精准分析用户的兴趣，优化文化创意产品的营销和分发。同时，AI 被用于音乐创作、影视后期制作等领域，提升了文化创意产品的制作效率和多样性。

欧洲流媒体音乐服务平台声甜（Spotify）和法国在线音乐网站迪思洛（Deezer）品牌使用 AI 算法为用户提供个性化的音乐推荐，提高了用户的体验，帮助音乐创作和分发更有效地实现市场化。AI 还被用于艺术创作和设计，推动了数字艺术的发展。

在澳大利亚，影视制作公司通过 AI 技术生成个性化音乐、优化视频内容的制作流程，并进行精准化内容推荐。例如，AI 技术被用于音乐生成和自动剪辑，提高了文化创意产品的制作效率。

在日本，AI 技术不仅参与生成动画场景，还用于音乐创作和影视后期制作。此外，虚拟偶像如初音未来（Hatsune Miku）利用 AI 技术和全息投影技术，成功举办了全球范围内的虚拟演唱会，吸引了大量年轻粉丝。

在韩国，AI 技术用于音乐创作、视频剪辑以及社交媒体的内容推荐，为用户提供个性化的文化体验。韩国的流媒体平台通过 AI 算法，为用户推荐符合其偏好的内容，提升了文化创意产品的曝光率和市场影响力。

在俄罗斯，AI 技术被用于艺术作品生成、电影制作的后期处理以及文学创作辅助，极大地提升了文化创意的效率和创新性。同时，俄罗斯的影视行业通过 AI 优化内容推荐，提升了观众的观影体验。

（三）数字文化与 NFT 迅速崛起

在美国和欧洲，区块链技术使得数字艺术作品能够以 NFT 形式进行交易，这为艺术家和文化创作者开辟了全新的市场渠道。例如，艺术家 Beeple 的数字作品以近 7000 万美元的价格售出，标志着 NFT 文化创意产业的强劲发展。

区块链技术支持的 NFT 平台也为艺术家和创作者提供了新的市场渠道，欧洲的许多数字艺术家通过这些平台将他们的作品推向全球市场，提升了文化创意产品的商业价值。

在澳大利亚，澳大利亚的数字艺术家通过区块链平台发布和交易 NFT 作品，开辟了新的艺术市场渠道，并通过全球平台将本土文化推向国际。

在日本，数字文化与 NFT 发展状况紧密相关。日本拥有丰富的动漫、游戏等数字文化资源，为 NFT 市场提供了肥沃土壤。日本 NFT 市场发展迅速，利用国内独特的美学和本地资源，展现出巨大潜力。本土交易所、NFT 平台与巨头企业纷纷入局，推动市场繁荣。日本用户对 NFT 的兴趣浓厚，尤其是本土文化相关的 NFT 项目备受欢迎。随着政策放宽和市场成熟，日本 NFT 市场有望继续扩大规模，引领数字文化创新潮流。

在韩国，NFT 技术在韩国的艺术市场上获得了大量关注，艺术家和创作者通过数字平台发布并交易他们的作品，推动了数字文化创意的市场化。

在俄罗斯，通过区块链技术，俄罗斯的数字艺术家可以将其作品以 NFT 形式发布和交易，为本地创作者开辟了全新的商业模式，并推动数字文化创意产品的全球传播。

（四）机器人与数字创意产业结合

世界各国机器人与数字创意产业的结合正日益紧密，展现出前所未有的创新活力。在欧美地区，机器人技术不仅在传统制造业中大放异彩，更在数字创意领域找到了新的应用场景。例如，美国的好莱坞电影制作中，机器人技术被用于特效制作和场景模拟，极大提升了作品的视觉冲击力和艺术表现力。同时，机器人还参与音乐、舞蹈等艺术创作中，为观众带来前所未有的沉浸式体验。

日本作为历史上机器人技术的领先者，在数字创意产业中的应用同样引人注目。日本的动漫、游戏等数字创意产业发达，机器人技术被广泛应用于角色设计、动作捕捉等领域，使作品更加生动有趣。此外，韩国的K-pop音乐产业也积极引入机器人技术，通过机器人伴舞等形式，为舞台表演增添科技感。

在全球范围内，机器人与数字创意产业的结合正成为推动产业升级和转型的重要力量。随着技术的不断进步和应用场景的拓展，未来机器人将在更多数字创意领域发挥重要作用，为人类社会带来更多惊喜和可能。

二、国外科技创新赋能文化创意产业存在的问题

尽管世界发达国家在科技创新赋能文化创意产业的发展中取得了显著成效，但这一过程中仍然面临着诸多问题与挑战。发达国家在科技创新赋能文化创意产业发展中主要存在以下九个问题。

（一）技术与文化的深度融合仍有障碍

尽管科技为文化创意产业带来了新的发展契机，但技术与文化的深度融合仍然面临挑战。文化创意内容往往具有独特的艺术性和人文价值，而科技则更注重效率和创新性，两者在融合过程中可能存在理念上的冲突。例如，在影视制作中，过度依赖特效和技术可能会削弱故事的叙述和文化的表达深度，导致文化内涵的丧失或弱化。此外，传统艺术创作领域的从业者可能对新技术不够熟悉，缺乏有效利用数字技术提升创作质量的能力。

（二）技术更新迭代过快

随着人工智能、区块链、虚拟现实、增强现实等新兴技术的迅速发展，技术更新迭代速度快导致文化创意产业难以跟上最新的科技步伐。一些文化创意企业可能缺乏资金或技术资源来适应和利用最新的科技发展，尤其是中小企业，它们会在技术投入上面临较大的财务压力。此外，由于技术迭代频繁，相关的人才储备和培训机制尚未完善，导致企业难以及时培养和引进熟悉最新技术的专业人才。

（三）文化创意产品的商业化与艺术性平衡难题

科技创新带来了文化创意产品更多的商业化机会，尤其是通过大数据分析和人工智能，能够更好地把握市场需求和用户偏好，推动文化内容的商业化。但是，过度依赖市场导向和用户数据，会导致创作者为迎合市场需求而牺牲艺术性，创作更多迎合大众的流行文化内容，而非推动文化创意的多样化和创新。这种现象会影响文化创意产品的长期质量和文化价值。

（四）知识产权保护问题

科技创新的加速发展，使得数字文化创意产品的生产和传播更加便捷，但同时也带来了知识产权保护的挑战。文化创意产业涉及大量的版权和知识产权，数字技术的普及使得盗版和非法传播问题更加复杂。例如，区块链和 NFT 技术虽然提供了一种新的版权保护方式，但这一技术的标准和法律框架仍在发展中，未能有效地解决全球范围内的版权纠纷和知识产权问题。

（五）技术鸿沟与数字不平等

即使在发达国家，不同地区和人群之间的技术鸿沟和数字不平等问题依然存在。科技赋能文化创意产业的前提是技术的普及和应用，但社会经济差距使得一些文化创意从业者和消费者无法有效接触到最新的科技手段。例如，农村地区、低收入群体可能难以获取高带宽的互联网或最新的数字设备，这不仅影响了创作者使用科技进行创作的能力，也限制了部分消费者对高科技文化创意产品的接触。

（六）文化创意与数据隐私保护的矛盾

随着人工智能、大数据在文化创意产业中的广泛应用，数据隐私问题成为一大难题。文化创意产业中，个性化推荐和用户画像的建立往往依赖于对海量用户数据的采集和分析，但这种做法也引发了关于用户隐私和数据安全的担忧。在一些发达国家，日益严格的数据保护法规（如欧盟的《通用数据保护条例》GDPR）限制了企业对用户数据的采集和使用，文化创意企业需要在个性化服务与数据隐私之间找到平衡点。

（七）全球文化多样性面临挑战

全球化和科技创新加速了文化内容的全球传播，但也带来了一定的文化同质化问题。发达国家的文化创意产业，如好莱坞电影、流行音乐，在全球范围内的传播能力远超其他国家，这可能导致其他国家的本土文化受到冲击。发达国家的科技优势在一定程度上使得其主导了全球文化创意产品的传播渠道和平台，其他国家的文化创意产业可能在全球化进程中面临边缘化的风险。

（八）人才培养与技能需求的错配

科技创新赋能文化创意产业的过程中，对复合型人才的需求不断增加，既懂文化创意又掌握前沿技术的复合型人才非常稀缺。在这一领域，技术创新不断带来新挑战，但现有的教育体系和人才培养机制未能跟上这一趋势。发达国家虽然科技教育体系相对完善，但针对文化创意与科技融合的专业培训和人才培养仍显不足，人才供应与行业需求之间存在错配。

（九）监管与政策的滞后性

尽管发达国家拥有相对完善的科技和文化产业政策，但随着科技的快速发展，政策和法律的滞后性日益凸显。尤其是在涉及人工智能创作、区块链数字资产等前沿技术的文化创意产品时，现行的政策和法律框架往往难以应对新兴技术带来的复杂问题。这种滞后性可能导致行业规范不明确，出现灰色地带，使得企业在法律风险下运营。

第二节　国内科技创新赋能文化创意产业发展状况

一、国内科技创新赋能文化创意产业发展现状

近年来，国内在科技创新赋能文化创意产业方面取得了显著成果，特别是在北京、上海、深圳、杭州等地，这些城市通过科技与文化的深度融合，推动了文化创意产业的转型升级，打造了具有全球竞争力的文化创意品牌和产品。

（一）虚拟现实与增强现实技术的广泛应用

在国内发达地区，VR 和 AR 技术已经被广泛应用于博物馆、文化遗产保护、数字展览和文创产品开发中。例如，北京的故宫博物院通过"数字故宫"项目，利用 VR、AR 技术让观众可以在线参观文物和历史场景，打破了时间和空间的限制，提升了文化体验的沉浸感。上海的历史博物馆、广州的南越王宫博物馆等也纷纷推出了基于 AR 的互动导览服务，通过增强现实技术将历史文物和文化背景生动展示给观众。

（二）人工智能助力文化创意

人工智能在文化创意产业的应用已经深入。AI 技术被用于内容创作、推荐和分发。例如，杭州的阿里巴巴通过其电商和数字平台为文创产品提供智能推荐服务，基于大数据分析消费者行为，实现精准营销。深圳的腾讯利用 AI 生成音乐、影视剧内容，并推出 AI 辅助的创作工具，帮助创作者提升工作效率。同时，AI 也用于文化旅游的智能导览和个性化定制服务，为游客提供量身定制的文化体验。

（三）数字文创与区块链技术的发展

数字文创产业在发达地区发展迅速，尤其是在区块链技术的推动下，NFT 数字艺术成为新的文化创意形式。上海、深圳、杭州等地的数字艺术家通过区块链技术发布和交易数字作品，扩大了艺术家的创作空间和市场范围。杭州的阿里拍卖等平台也通过区块链保障文化创意产品的版权保护，推动数字艺术品的安全流通与交易。

（四）沉浸式体验与智能文化场景

文化创意与科技融合还带来了新的文化体验形式，沉浸式体验成为一种新潮流。例如，上海的 teamLab 无界美术馆结合数字投影、互动传感器技术，打造了一个沉浸式的艺术空间，观众不仅能观赏，还能与作品互动。深圳、广州、杭州等地的文旅景区也引入了沉浸式体验项目，通过 AR/VR、全息投影等技术，提升游客的体验感和参与度。

（五）政府政策支持与产业集群效应

我国经济发达地区政府积极支持科技与文化创意的融合发展，出台了一系列政策鼓励科技创新和文化创意产业的结合。国家级文化和科技融合示范基地是推动文化创意与科技创新深度融合的重要载体。截至 2022 年，全国已分四批认定 85 家基地。上海和深圳的文化科技融合示范区、北京的中关村等都吸引了大量科技和文化创意企业入驻，形成了产业集群效应。这些区域不仅为企业提供资金支持和创新平台，还通过政策引导促进企业间的技术交流与合作。

二、国内科技创新赋能文化创意产业存在的问题

尽管国内发达地区的科技创新赋能文化创意产业取得了显著进展，尤其在北京、上海、深圳、杭州等地，文化创意产业蓬勃发展，科技与文化的深度融合也为产业发展带来了新的机遇，但这一发展过程中依然面临诸多问题和挑战。国内发达地区在科技创新赋能文化创意产业中主要存在以下十个问题。

（一）科技与文化创意的深度融合仍不足

尽管科技在文化创意产业中应用广泛，但科技与文化创意的深度融合仍不够充分。在很多文化创意项目中，科技更多被用作一种辅助工具，尚未深入内容创作、传播、体验等核心环节。许多企业仍然停留在将新技术简单嵌入文化创意产品的阶段，而未能真正实现科技与文化的有机融合，导致创意产品在文化表达上的深度和广度不够，无法充分发挥科技赋能的潜力。

（二）原创性与创新能力不足

在我国的文化创意产业中，虽然科技创新带来了新形式的产品和体验，但原创性和创新能力依然是一个重大挑战。许多文化创意企业依赖已有的成功模式进行产品开发，导致同质化现象严重，缺乏足够的创新驱动。还有一些企业过度依赖海外的成熟 IP 或模仿国外的创意和技术，这

些企业未能形成具有本土特色和全球影响力的原创内容与 IP。

（三）中小企业面临技术和资金双重压力

我国经济发达地区的文化创意产业中，中小企业占据了相当大的比例。这些企业在技术创新和应用上面临较大的资金和技术压力。引入先进技术，如人工智能、虚拟现实、区块链等，需要大量的资金投入，而中小企业由于资源有限，难以在技术研发和应用上进行大规模的投入，导致创新能力受到限制。此外，这些企业在技术储备和专业人才引进上也相对薄弱，进一步限制了它们的创新发展。

（四）文化创意产业与科技企业合作的机制不健全

虽然在经济发达地区，文化创意产业与科技企业有较为频繁的互动，但跨行业合作的机制仍不够完善。文化创意企业与科技企业在技术对接、资源共享、联合开发等方面缺乏高效的协作机制，彼此之间的跨界合作更多依赖项目制，缺乏长期稳定的合作框架和制度。文化创意产业的需求与科技企业的技术供给之间存在信息不对称，导致科技在文化创意中的应用存在不匹配的现象。

（五）复合型创新人才的供需不匹配

科技创新赋能文化创意产业需要大量具备跨界能力的复合型人才，既懂技术又懂文化创意的人才在市场上依然非常稀缺。尽管发达地区的高校和培训机构在人才培养上有一定的基础，但专门针对文化与科技融合的复合型人才培养机制仍然不足，人才供需错配严重。文化创意企业难以找到具备技术背景的创意人才，而科技企业也缺乏懂文化创意的技术专家。

（六）知识产权保护体系不完善

尽管我国在知识产权保护方面取得了显著进展，但针对文化创意产品的知识产权保护仍面临挑战。在数字化时代，文化创意产品容易遭受侵权，尤其是 NFT 和数字艺术等新兴形式，当前的法律框架尚未完全覆盖这些新形式的文化创意产品，导致文化创意企业在作品的原创保护和商业化推广上面临风险。

（七）商业模式单一化与盈利难题

在我国经济发达地区的文化创意产业中，商业模式的单一化是一个突出问题。许多文化创意企业过于依赖某一单一盈利模式，例如仅通过 IP 授权或广告收入实现盈利，缺乏多元化的收入来源和创新的商业模式。尽管科技赋能提供了新的市场机会，但很多企业尚未探索出适合自己发展的有效商业路径，导致盈利模式不清晰，难以持续扩展市场。

（八）产业链协同效应不足

文化创意产业涉及多个环节，包括内容创作、生产、发行、推广和消费，但在实际运营中，产业链的协同效应未能充分发挥。上游的内容创作者、下游的渠道分发平台和中间的技术支持环节之间往往缺乏高效的沟通与协作，导致创意产品从设计到市场化的过程中存在诸多瓶颈。这种协同不足影响了整个产业链的效率，也使科技创新赋能的效果大打折扣。

（九）政策支持的精准度有待提高

尽管政府对文化创意产业和科技创新的支持政策不断出台，但部分政策在具体执行过程中针对性和精准度有待提高。尤其是在科技与文化创意的跨界融合方面，支持政策往往存在笼统化的问题，缺乏专门针对不同细分领域的创新激励和扶持措施。此外，政策执行中的区域差异也可能导致资源分配不均衡，部分区域的创新资源较为集中，而一些具有潜力的文化创意企业可能得不到充分的扶持。

（十）文化创意产品的全球化推广能力不足

尽管我国经济发达地区文化创意产业取得了长足进展，但文化创意产品的全球化推广仍存在不足。相比欧美发达国家的文化创意产品，我国文化创意产品在全球市场上的认知度和接受度相对较低，全球化推广的渠道和策略尚不成熟。一些具有国际潜力的 IP 和文创产品，未能通过有效的市场策略进入国际主流文化市场，导致文化创意产业的国际影响力有限。

第三章 科技创新赋能文化创意
产业发展战略体系构建

基于科技创新赋能文化创意产业发展现状，本章构建了科技创新赋能文化创意产业发展总体思路、总体目标，提出了科技创新赋能文化创意产业发展战略任务、战略重点、战略工程。

第一节 科技创新赋能文化创意产业发展总体思路

科技创新赋能文化创意产业发展的总体思路是：科技赋能、创新驱动、产业集群、人才引领、市场导向、政策支持"六维一体"协同推进。

一、科技赋能推动文化创意产业升级

通过科技创新赋能文化创意产业，推动文化创意产品的数字化、智能化升级，实现文化资源与科技的深度融合。

大力发展数字文化创意产品：支持虚拟现实、增强现实、人工智能、大数据等前沿技术在文化创意产业中的应用，推动传统文化资源数字化，实现文化内容生产的自动化与智能化。

打造智慧文旅平台：推动文化旅游资源与科技手段的结合，利用数字化平台将文化、历史、自然景观等整合为一体，通过智慧旅游、沉浸式体

验提升游客的体验感，推动文旅产业的科技化升级。

推动文化创意产品的全流程数字化管理：通过科技手段实现文化创意产品从创意、生产、分销、推广到消费的全流程数字化管理，提升产品运营效率与市场响应能力。

二、创新驱动打造文化创意特色品牌

以科技创新为驱动，充分挖掘文化资源，通过科技赋能实现文化创意产品的独特性和品牌化。

依托本地文化资源：深度挖掘各民族文化、各地民俗文化、自然资源和红色文化等特色文化资源，结合现代科技手段进行再创造与开发，形成具有地域特色的文化创意产品和品牌。

培育文化IP：通过科技赋能打造文化IP，通过跨行业合作、品牌营销、IP衍生产品开发等方式，推动特色文化在全国及全球市场的影响力，形成一批知名文化创意品牌。

三、产业集群构建文化创意与科技融合创新生态

推动形成文化创意与科技融合的产业集群，通过集聚效应提升创新能力，打造全产业链的文化创意产业生态。

建设文化科技融合示范区：以国内大中城市及特色景区为中心，打造文化创意与科技融合的示范园区，吸引国内外文化创意企业和科技企业入驻，形成创新高地和示范区，推动区域经济增长。

完善文化创意产业链条：通过政策引导，推动创意设计、科技研发、文化生产、市场推广、资本投资等各环节的协同发展，构建从内容生产到市场销售的完整文化创意产业链，提升产业整体竞争力。

促进产业协同创新：推动文化创意企业、科技公司、高校与科研院所的合作，促进产学研用一体化发展，形成创新驱动的产业集群，推动文化创意与科技的深度融合。

四、人才引领打造文化与科技融合创新型人才队伍

科技创新赋能文化创意产业的关键在于人才，构建高效的人才引进与培养机制，推动创新型人才的成长与集聚。

培养跨学科复合型人才：推动高校与文化创意企业和科技公司合作，设立文化创意与科技融合的跨学科专业和微专业，成立文化创意与科技融合的现代产业学院，培养既懂技术又具备文化创意能力的复合型人才。

引进高层次创新人才：通过政府人才引进计划，吸引海内外优秀科技创新人才和文化创意领域专家，为本地企业和机构提供智力支持。

优化人才发展环境：完善人才激励机制，提供优质的生活和工作条件，吸引和留住优秀人才，推动文化创意产业持续创新发展。

五、市场导向推动文化创意产品市场化和全球化

通过科技创新提升文化创意产品的市场化和国际化推广能力，推动文化创意产品走向全国、走向全球。

加快文化创意产品市场化推广：政府应通过政策扶持、市场引导等方式，推动本地文化创意产品通过线上线下结合的形式进入市场，鼓励企业利用电商平台、社交媒体等渠道扩大产品销售和影响力。

推动文化产品国际化：通过打造具有特色的文化 IP 和文化品牌，推动文化创意产品进入全球市场，参与国际文化交流和展会，提升文化创意产品的国际知名度。

六、政策支持构建良好创新发展环境

政府应积极发挥政策引导与支持作用，为科技创新赋能文化创意产业发展提供良好的环境和制度保障。

优化政策环境：出台专项政策，支持文化创意与科技创新融合项目的发展，为企业提供融资支持、税收优惠和技术补贴。

加强知识产权保护：完善知识产权保护机制，为文化创意产业的创新成果提供全方位法律保障，激发企业和个人的创新热情。

建立创新扶持基金：设立专门的创新扶持基金，为文化创意与科技融合的初创企业提供资金支持，降低创新风险，推动更多创新项目落地。

第二节 科技创新赋能文化创意产业发展总体目标

一、宏观目标

科技创新赋能文化创意产业发展的宏观目标是：推动文化创意产业的全面数字化、智能化转型，提升创新能力和国际竞争力，构建具有地方特色的"文化＋科技"融合发展新模式；依托科技创新，推动文化创意产业与数字技术、人工智能、虚拟现实等高新技术深度融合，实现文化创意产品和服务多样化、个性化及全球化传播；通过科技赋能推动文化创意产业链的优化升级，形成文化、科技、旅游、教育等多领域的跨界融合，打造国际化文化创意产业集群，提升区域文化品牌影响力，推动文化创意产业成为经济高质量发展的重要支柱。

二、分解目标

科技创新引领文化创意升级：通过引入先进科技，推动文化创意产业实现数字化与智能化转型。到 2030 年，广泛应用大数据、人工智能、虚拟现实等前沿技术，推动传统文化与现代科技深度融合，打造高科技含量的文化创意产品，实现产业升级。

构建完整文化创意产业链：通过科技赋能，推动文化资源开发、创意设计、生产加工及市场推广的全产业链协同发展。到 2030 年，形成文化与科技深度融合生态。建立若干文化科技融合的产业集群，构建特色全产业链体系。

提升文化创意产品的全球影响力：推动文化创意产业市场化和全球化，打造国际知名的文化品牌和 IP。到 2030 年，文化创意产业在国内外市场具备强劲竞争力，形成多个高价值文化 IP，提升国际文化交流和文化产品出口总量。

建设高素质复合型创新人才队伍：培养兼具科技创新能力和文化创意素养的复合型人才队伍。到 2030 年，形成多层次人才培养体系，打造一支跨学科文化与科技融合人才队伍，助力文化创意产业的持续创新。

推进文化创意与旅游产业深度融合：依托科技创新，推动文化创意与旅游产业的深度融合发展，提升地方经济贡献度。到 2030 年，形成文旅一体化发展格局，打造若干个科技驱动的文化旅游目的地，推动区域经济协调发展。

培育创新创业生态与产业集群：通过建设文化创意产业园区，推动文化与科技、教育、旅游等产业的跨界融合。培育创新型文化科技企业。到 2030 年，建成若干个国家级文化和科技融合示范产业园区（基地），培育一批文化科技专精特新企业、高新技术企业、瞪羚企业，形成特色文化科技产业集群。

完善政策支持体系：通过政策引导，推动文化创意与科技融合的创新发展。在系统梳理数字产业政策、智能产业政策、文化创意产业政策、科技创新政策的基础上，构建科技创新赋能文化创意产业发展的政策体系。

第三节　科技创新赋能文化创意产业发展战略任务

科技创新赋能文化创意产业发展的战略任务涵盖文化科技关键技术攻关等十大战略任务。

一、强化文化科技关键技术攻关，提升科技创新推动力

强化文化科技关键技术攻关，提升科技创新驱动力，需要从政策支持、技术研发、产业融合和人才培养等多个方面采取具体措施，确保文化与科技的深度融合，推动文化创意产业高质量发展。

加大政策支持力度：政府出台专门政策，设立文化科技创新基金，增加对关键技术研发的投入。通过财政补贴、税收减免等措施，支持企业、高校和科研机构在文化科技领域进行基础研究和应用技术开发。

加强关键技术研发：文化创意产业的技术攻关重点聚焦虚拟现实、增强现实、人工智能、区块链、大数据和机器人等前沿技术的开发应用。这些技术不仅提升了文化创意产品的质量和用户体验，还为文化创意产业带来了新业态、新产品和新商业模式。为实现这些技术突破，企业和科研机构应通过建立联合实验室和产学研合作机制，共同攻克技术难题。

加大文化科技重大装备研发：依托地域文化资源禀赋，重点突破文化科技装备的关键技术研发，推动本地特色文化产品的科技化升级。

二、深挖在地文化资源底蕴，激活内容创造生产驱动力

深挖在地文化资源底蕴，激活内容创造生产驱动力，是文化创意产业发展的关键之一。深入挖掘地方独特的历史、文化、自然资源，结合科技创新手段，为文化创意产品注入新的生命力，推动地方文化创意产业的快速发展。

系统梳理在地文化资源：首先要对丰富的文化资源进行系统梳理，涵盖区域历史文化元素，以及民族乐器、地方戏曲、传统民间手工艺等。通过文化资源的梳理和整理，解码文化基因，形成清晰的文化脉络，为后续文化创意内容生产提供素材。

建立文化资源数据库：在深入挖掘文化资源的基础上，建立文化资源数据库，涵盖历史文化、自然景观、非物质文化遗产等多元内容。通过数字化方式记录和保存这些资源，便于文化创意企业、科研机构和个人在内容创作过程中高效使用，为文化创意产业的生产环节提供丰富的文化内容支持，提高生产效率。

推动非遗活态传承与创新：非物质文化遗产是文化资源的重要组成部分，推动非遗活态传承和创新可以激发新的文化创意活力。通过现代科技手段将非遗元素融入影视、游戏、动画、文创等产品中，进行创新演绎。

融合地方文化与现代生活：将传统文化与现代生活相结合，增强文化内容的当代吸引力。通过创意设计，将地方文化元素应用到生活场景中，如设计具有特色的文创产品、时尚潮流商品等，提升文化资源的现代化表达。不仅能激活地方文化资源的创新活力，还能推动文化创意产品的多元化发展，拓展市场空间。

开展地方文化主题活动：定期举办文化主题创意大赛、展览、节庆等活动，吸引文化创意企业、设计师、艺术家等参与，激发创作灵感。通过

这些活动，不仅可以推动地方文化资源的广泛应用，还能形成新的文化IP，为内容生产提供源源不断的动力。

借助科技手段提升创作能力：充分利用现代科技，如虚拟现实、增强现实、大数据和人工智能等技术，提升文化资源的内容创作能力。例如，通过虚拟现实技术，将自然风光、在地文化和民族风情场景化，提供沉浸式体验，推动文化旅游、数字文化产品的创新生产。这些技术不仅能丰富内容形式，还能增强文化的传播效果和用户互动体验。

三、打造文化创意产品 IP 智造品牌，吸引金融资本投资力

打造文化科技创意品牌 IP，并吸引金融资本投资，是推动文化创意产业发展的重要策略之一。通过深度融合文化与科技，创造具有吸引力和市场潜力的文化品牌 IP，提升文化产品的竞争力，吸引更多资本的关注与投入。

打造优质文化科技创意 IP：优质 IP 是吸引金融资本的关键，文化创意企业应充分挖掘传统文化、历史故事和地方特色等资源，结合科技手段进行创新表达，打造独特且具持续生命力的品牌 IP。IP 创作需注重故事性、延展性和文化内涵，确保其具备持续开发与增值的潜力。例如，借助科技手段将文化 IP 与影视、游戏、动画、虚拟现实等产业链相结合，推出多元化衍生产品，提升 IP 的商业价值。成功的文化科技 IP 不仅需要吸引观众的故事背景，还应通过跨媒体传播，让不同平台的受众都能体验到IP 的魅力。

整合文化与科技资源：打造文化科技创意品牌需整合文化与科技资源，实现跨界融合。企业可以与技术公司、高校、科研机构合作，将虚拟现实、增强现实、人工智能等前沿技术融入 IP 开发中。这些技术不仅能够提升 IP 的创意表现力，还能增强用户的沉浸式体验。例如，利用虚拟

现实技术重现历史文化场景，让用户"走进"历史，提升 IP 的互动性和教育价值。

打造可持续的商业模式：吸引金融资本不仅依赖于 IP 的吸引力，还需构建可持续的商业模式。文化科技创意 IP 应通过多元化的盈利模式实现商业价值最大化，如衍生产品、授权合作、线下体验和品牌联动等方式。一个成功的 IP 可以通过影视、游戏、图书、玩具、展览等多渠道延展开发，形成完整的产业链。

建立金融资本对接机制：打造成功的文化科技创意品牌 IP，需与金融资本建立有效合作机制。企业应积极参与投融资洽谈会、文化创意产业展会等平台，主动与金融机构和风险投资人沟通，展示 IP 的价值与发展潜力。此外，企业可与金融机构合作，共同设计适合文化 IP 发展的金融产品，利用资本助力 IP 的扩展与深度开发，进一步增强其商业潜力。

四、培育数智文化新产品新业态，激发消费需求拉动力

培育数智文化新产品新业态，激发消费需求拉动力，是推动文化创意产业数字化、智能化转型的重要路径。随着数字技术、智能技术的发展，文化创意产业正经历深刻变革，数智文化创意产品逐渐成为拉动消费的新引擎。

推动数字化文化遗产保护与再现：利用数字技术对历史文化遗产进行数字化保存与再现。通过三维扫描、虚拟现实、增强现实等技术将在地文化数字化，并以互动展示的形式呈现。例如，开发文化遗产数字博物馆或虚拟旅游体验，让用户足不出户就能"参观"文化遗址和历史场景。这不仅增强了文化传播的现代化，也满足了年青一代的数字消费需求。

开发智能文创产品：将人工智能、物联网等前沿技术应用到文创产品的开发中，打造智能化的文化消费体验。例如，融合传统文化和现代科技

设计具有地方特色的智能文创商品，如智能乐器、智能家居装饰品等。这类新型文创产品不仅提高了产品的附加值，也吸引了追求科技感和创新体验的消费者。

推动数字演艺和虚拟娱乐新业态：利用数字技术打造数字演艺和虚拟娱乐新模式。例如，开发虚拟音乐会、虚拟戏曲表演等线上演艺形式，利用 VR/AR 技术打造沉浸式互动表演，将传统文化和现代数字技术相结合，为消费者提供全新的文化娱乐体验。还可以推出基于地方民俗文化的数字音乐节、虚拟人物表演等，吸引全国乃至全球的线上观众，扩大文化产品的消费群体。

创新数字文化旅游产品：融合文化、科技与旅游，打造数字化文化旅游产品。通过开发智能导览系统、AR 景区互动体验等提升旅游服务的数字化水平。例如，在文化景区应用增强现实技术，游客可通过手机或智能眼镜看到虚拟导览和历史故事的演绎，使旅游体验更加互动和有趣。还可以推出结合节庆活动的数字文化节庆平台，实现线上线下融合的互动体验，增强游客的参与感和消费欲望。

推动文化电商与直播带货：利用电子商务平台和直播技术，打造特色文化产品的线上销售渠道。通过直播带货、社交电商等方式，将传统工艺品、地方美食等文化商品推广到更广泛的消费市场。文化创意企业可以通过与电商平台、社交媒体合作，结合文化故事和产品背景进行直播推广，吸引年轻消费者的关注，激发文化产品的线上购买需求。

发展数字动漫和游戏产业：依托文化资源，推动数字动漫和游戏产业的发展。以民族文化、历史故事、自然景观为基础，开发具有地方特色的动漫、游戏产品。例如，创作基于当地特色文化的游戏 IP，或者推出以特色景观为背景的开放世界游戏，吸引年轻群体参与消费。这类产品不仅拓宽了文化的传播渠道，还能通过虚拟场景增强文化与用户之间的互动性。

建设数智文化产业集聚区：打造数智文化产业集聚区，整合文化创意企业、科技公司、内容生产团队等资源，形成完整的数字文化产业链。通过文化科技园区、文化创意孵化基地等载体，推动文化与数字技术深度融合，为企业提供研发支持和市场推广平台。这不仅有助于推动新产品新业态的开发，还能创造更多的消费场景，满足多样化文化消费需求。

开发数字文化与教育融合产品：开发基于文化特色的在线教育产品，结合数字技术进行文化传播与教育。通过在线教育平台、虚拟课堂、互动体验课程等形式，将历史文化、非物质文化遗产等内容融入教学产品中，既满足了文化教育需求，又为文化创意产业开拓了新的消费市场。

五、开发主客共情共享新场景，拓展媒体网络传播力

开发主客共情共享新场景，拓展媒体网络传播力，是现代传媒提升用户参与感和传播力的有效策略。通过共情设计和创新传播场景，能够增强用户的互动体验，扩大媒体内容的影响力。

打造主客共情的内容场景：共情是媒体传播的核心，通过情感连接有效提升用户的参与感和忠诚度。在内容创作中，媒体应关注用户的情感需求，利用叙事、角色设定、情感触发点等手段，与受众产生共鸣。例如，新闻报道中可以突出个体故事与社会话题，引发用户的情感共鸣，激发他们的参与和分享欲望。在娱乐类、文化类内容上，结合用户生活场景或共同经历，通过叙事增强情感维度，进一步提升用户的代入感。

创建共享式互动平台：主客共享场景不仅体现在内容本身，还需依托数字技术构建互动平台。媒体可以通过社交媒体、短视频平台、直播平台等多渠道，创建与用户互动的共享空间。例如，直播互动、弹幕评论等方式能够实时促成内容讨论，形成"共情共享"的传播氛围，打破传统"主讲客听"的单向传播模式。

开发个性化与社交化的传播内容：媒体应依托大数据与人工智能技术，精准分析用户行为，开发符合不同用户兴趣的个性化内容。个性化分发不仅能够提高用户参与度和黏性，还为他们提供更具吸引力的体验。同时，鼓励用户在社交媒体平台上生成内容，通过评论、分享、二次创作等形式增强传播力。在共享场景下，用户既是内容的接受者，也是传播者与创造者，这种多角色互动形式能够极大拓展媒体的网络传播影响力。

吸引线上流量、提升整体运营效能：通过构建以"共情"为核心的互动体验模式，利用增强现实、虚拟现实等技术，打造沉浸式的文化旅游体验场景，增强游客对文化的情感认同。同时，借助社交媒体和直播平台，实现用户生成内容的广泛传播，鼓励游客分享体验，形成自发传播效应。通过智能分发算法、5G网络、大数据分析等技术手段，提升网络传播的效率和精准度，并借助云计算技术加快内容分发的速度和稳定性，为用户提供高效、流畅的内容消费体验。

六、构建文化科技融合产业链群，增强文化创意产业竞争力

构建文化科技融合的产业链群，增强文化创意产业的竞争力，是推动文化创意产业创新发展的重要路径之一。通过整合文化和科技资源，打造从内容创作、技术研发到市场推广的完整产业链，能够有效提升文化创意产业的整体竞争力。

打造文化科技融合的产业链集群：构建文化科技融合的完整产业链群是提升产业竞争力的关键。政府和企业协同合作，打造从创意研发、技术支持、内容生产到市场推广的全链条生态体系。在这一过程中，不同类型的企业，包括文化创意公司、科技公司、平台运营商、营销推广机构和供应链服务商等紧密协作，共享资源和技术。通过这种产业链群效应，能够

实现创意设计、技术开发、内容制作和分发平台的高效协同，从而提升文化创意产品的生产效率与创新能力。此外，文化科技企业还可以建立共享技术平台，降低中小企业进入本领域的门槛，推动整个行业的发展。

支持跨界合作与创新：跨界合作是文化与科技融合的重要推动力。政府应鼓励文化、科技、旅游、教育、体育等行业之间的深度合作，通过跨界融合创造新的商业模式和文化创意产品。例如，文化企业可以与旅游业结合，开发基于 AR/VR 技术的导览产品，或者与教育行业合作，开发具有地方文化特色的在线课程、研学课程，创造新的文化消费场景。通过跨行业的协作，文化创意产品的应用场景更加广泛，不仅能够吸引更多元的消费群体，还进一步增强了文化创意产业的市场竞争力。

培育产业链群核心竞争力：培育产业链群的核心竞争力，不仅要提升单个企业的创新能力，还需加强企业之间的协作，打造共生共赢的生态系统。通过优化资源配置、促进信息共享与技术合作，产业链内的企业可以快速响应市场需求，提升整体效率与创新能力。同时，政府、科研机构和产业链的协同推进为产业链群的竞争力提供长期政策支持、技术引导和人才保障，推动文化创意产业的持续升级。

七、深化文化科技旅游深度融合，提升文化旅游体验品质力

以丰富的自然景观和多元文化为基础，推动文化、科技与旅游的深度融合，不断提升文化旅游的体验品质。通过运用虚拟现实、增强现实等前沿技术，打造智能化、互动式的文化旅游场景，让游客在景区景点实现沉浸式体验。同时，结合地方特色文化资源，如冰雪文化、民族风情、传统工艺等，创新开发文化科技主题旅游产品，增强游客的参与感与共情力。通过科技赋能文化旅游，进一步提升旅游吸引力和综合服务质量，推动文旅产业的高质量发展。

运用数字科技提升景区体验：在主要景区通过应用虚拟现实、增强现实、5G等技术，打造沉浸式旅游体验。例如，游客可以通过VR设备"穿越"到历史文化场景中，或利用AR应用，观看景区的动态历史故事呈现，增强旅游的互动性与参与感。这些数字科技的运用不仅提升了景区的文化内涵，还丰富了游客的体验方式。

打造智能化文旅服务平台：开发智慧旅游平台，提供一站式的文化旅游服务，涵盖智能导览、在线预订、虚拟景点体验等功能。通过AI语音导览系统、智能推荐功能等，游客可以实时获取景区的文化背景介绍、旅游路线规划和个性化服务。这样的数字平台不仅提升了旅游的便捷性，还增强了游客对景区文化内涵的深刻理解。

结合地方文化打造科技互动展览：在地方特色文化的基础上，可以开发一系列科技互动展览。例如，利用全息影像技术展示文化旅游节背后的历史和故事，或通过互动数字屏幕让游客亲身体验民族传统工艺的制作过程。这些结合地方文化与科技的展览不仅增加了旅游的趣味性，还深化了文化传承和传播的效果。

创新文化旅游节庆活动：结合文化和自然特色，打造科技赋能的节庆活动。大型活动融入科技元素，通过无人机灯光秀、VR体验、互动投影等方式，让游客体验更为丰富的视觉和感官享受，提升参与感。

发展文化科技主题旅游路线：基于文化和自然资源，开发独具特色的文化科技主题旅游线路。例如，围绕本地自然风光和特色民族文化，可以设计一条融入文化展示、科技互动体验的旅游路线，游客可以通过AR导览和智能手环实时了解景区故事。此类路线结合文化遗产和科技互动，不仅能够吸引更多游客，还能够延长游客停留时间，增加文化消费。

推动智慧文旅产业链建设：深化文化、科技与旅游产业链的融合的智慧文旅产业集群。通过政府、企业和科技机构的合作，推动智能导览、数字文创、在线旅游等项目的落地，形成多元化的文旅产品和服务体系。例如，依托智慧旅游平台，开发地方文化的数字文创产品，实现线上线下融合，拓宽文旅消费空间。

八、推进文化产业化和产业文化化，提升产业价值增值力

推进文化产业化和产业文化化，拓展产业升级转型力，是提升文化创意产业和传统产业竞争力的重要战略。通过推动文化资源的市场化开发和传统产业的文化赋能，可以实现产业结构的优化与转型升级。

推动文化产业化，拓宽文化资源市场：文化产业化是将丰富的文化资源通过市场机制转化为经济效益的过程。首先，需要深度挖掘和整理文化内容，开发适应市场需求的文化产品和服务。利用本地历史文化、民俗风情及非物质文化遗产等资源，通过创意设计、现代科技和市场营销，打造具有独特价值的文化产品。例如，可以开发文创产品、主题公园、影视作品及数字文化产品，将文化资源转化为市场上广泛传播和消费的商品或服务。同时，要加大对文化创意产业的政策扶持和投资，促进文化产业链的完整建设，从创意设计到生产制作，再到市场推广，形成全产业链的市场化运作体系。

加快产业文化化，赋能传统产业转型升级：产业文化化是通过引入文化元素与创意设计，提升传统产业的附加值，推动其转型升级。传统产业如制造业、农业和旅游业，可以通过融入文化创意，改变单一的生产模式，提升产品的文化价值与品牌内涵。例如，制造业可以结合地方特色文化，开发具有文化内涵的品牌产品，打造具有故事性和情感价值的文化品牌；农业可以发展农业旅游、文化体验园等模式，通过讲述地方农耕文化来提升农产品的市场竞争力。产业文化化不仅提升了传统产业的附加值，还增强了其品牌影响力和市场吸引力。

加强品牌建设，提升文化附加值：无论是文化产业还是传统产业，在

推进产业化和文化化的过程中，品牌建设是关键环节。要通过文化赋能，讲好品牌故事，提升品牌的文化内涵与市场竞争力。通过文化品牌的打造，可以为产品赋予独特的文化意义，增强消费者的情感连接。例如，文化创意产业可以通过创意设计和创新推广，将品牌打造成具有地方特色和国际吸引力的知名文化符号；传统产业则可以通过文化营销手段提升品牌形象和市场辨识度，进一步推动产业转型升级。

九、培养文化科技复合人才，释放文化产业金智创意力

通过文化创意与科技创新深度融合，系统培养既具备文化创作能力，又掌握前沿科技技能的复合型人才，能够为文化创意产业注入强大的创新动力。这类人才不仅能够推动文化产品的内容创意，还能灵活运用数字化、智能化技术，提升文化产品的科技含量与市场竞争力。通过释放文化创意产业的"金智创意力"，实现文化与科技的深度融合，推动文化创意产业高质量发展。

推动跨学科教育融合：培养文化科技复合型人才，首先需要打破学科界限，将文化创意与科技课程有机结合。高校和培训机构应开设融合文化艺术与前沿科技的交叉课程，如虚拟现实、人工智能、增强现实等技术在文化创意中的应用。通过跨学科的教育模式，学生能够掌握文化创作的核心技能，同时具备科技创新的应用能力。

构建产教融合培养平台：建立文化科技复合型人才的培养平台，促进学校与企业的深度合作。通过与文化创意企业、科技公司、创新实验室的协同合作，提供实践机会，让学生在真实项目中应用所学知识，积累实际经验。同时，企业也能通过这一平台提前选拔优秀人才，实现人才培养与产业需求的无缝对接。

强化科技技能与创意思维的训练：在人才培养过程中，需重点强化学

生的科技技能与创意思维能力。通过项目制学习、实战训练等方式，让学生熟练掌握数字技术、数据分析、编程等科技工具，结合文化创意思维进行产品设计与创新。同时，鼓励学生通过设计思维（Design Thinking）等方法解决问题，提升他们的创新能力与综合素质。

搭建多元化实训基地：建立文化科技实训基地，通过虚拟现实体验馆、数字媒体实验室等设施，提供技术应用和创意展示的平台。学生在这些实训基地中可以模拟文化产品的设计与制作过程，深入参与文化科技的融合实践，从而提升动手能力和创新实践能力。

引导行业专家参与人才培养：邀请文化创意领域和科技行业的专家学者参与人才培养过程，开设大师班、实验班等形式的教学活动，为学生提供最新的行业趋势、技术发展方向的指导。这不仅能提升学生的视野，还能激发他们的创新灵感，帮助他们更好地应对未来行业需求。

十、推动文化国际交流合作，增强文化创新软实力

推动文化国际交流合作，增强文化创新软实力，是提升国家文化影响力和全球竞争力的关键手段。通过跨国文化交流与合作，不仅能够展示本国的文化魅力，还能吸收其他文化的精华，激发创新活力，进一步推动文化软实力的提升。

加强文化品牌的全球传播：通过打造和推广具有国家特色的文化品牌，展示独特的文化魅力。政府和企业应加大对文化品牌的支持力度，将本国优秀文化元素整合为国际认可的品牌形象，并通过电影、音乐、文学、艺术等全球媒介传播。例如，通过参与国际电影节、艺术展览和音乐节等全球文化活动，提升文化品牌的国际影响力。像"长城""功夫"和中医文化，已成为国际知名的文化符号，继续推动这些品牌的全球传播有助于增强文化软实力。

　　推动文化创意产业的国际化发展：文化创意产业是文化软实力的重要载体。通过推动影视、游戏、动漫、数字艺术等领域的国际化发展，可以将本国的文化创意产品输送到全球市场，扩大文化影响力。企业应积极开拓国际市场，寻找合作机会，与国际知名文化公司和制作团队合作，提升产品质量和影响力。例如，我国的动画电影《哪吒之魔童降世》通过创新叙事方式和现代制作技术赢得了国际观众的认可，证明了文化创意产业的国际化不仅能带来经济收益，也能提升文化软实力。

　　支持文化交流与合作项目：国际文化交流是增强文化软实力的重要途径。政府和社会组织应积极推动跨国文化合作项目，设立文化交流基金，支持艺术家、学者、创意工作者进行国际合作和创作。通过联合展览、合作拍摄电影、举办跨国文化节等方式，展示多样的文化形态和创新思维。例如，"一带一路"倡议中的文化交流项目，通过在共建国家开展文化展览、合作出版、电影合拍，促进了不同文化之间的理解与合作，提升了我国文化的国际影响力。

　　借助数字技术扩大国际传播：数字技术为文化的全球传播提供了新的手段。通过社交媒体、流媒体平台、短视频等渠道，文化内容可以迅速传播到全球。政府和文化企业应积极利用这些平台，提升文化的数字化传播能力。例如，通过 Netflix、YouTube 等全球化平台，让更多国际观众接触到本国的影视作品和创意内容。借助这些数字工具，文化可以突破地域和语言的限制，进行更广泛的传播。

　　培育国际化的文化创新人才：文化的国际化发展离不开高素质的创新人才。政府、教育机构和企业应加强跨文化人才的培养，设立相关教育课程，鼓励本土人才赴海外学习先进的文化创意理念，同时吸引国际文化人才来本国进行交流合作。通过文化交流项目和留学计划，培养一批既了解本国文化又具备国际视野的复合型人才，推动文化创新与国际传播的可持续发展。

第四节　科技创新赋能文化创意产业发展战略重点

在推进文化创意产业与科技深度融合的过程中，应聚焦创建新载体、开发新产品、搭建新场景、培育新业态、打造商业新模式等五大重点领域。

一、创建文化与科技深度融合新载体

数字化平台：搭建多元化的文化与科技展示平台，创建数字化文化科技平台是文化与科技深度融合的重要载体。通过搭建统一的数字化平台，能够集中展示多种文化资源，借助科技手段提升展示效果。虚拟现实（VR）技术可用于搭建虚拟博物馆，让观众在虚拟空间中"参观"文化遗产和艺术品。同时，平台应结合人工智能和大数据技术，优化用户体验，提供个性化的内容推送服务，提升用户的参与度和满意度。此外，平台还应具备强大的内容创作和传播功能，不仅展示现有文化内容，还鼓励创意者运用科技生成新的文化产品。开放的数字化创作平台能够为设计师、艺术家和技术开发者提供合作机会，实现跨学科、跨领域的合作创新。

智能化文化体验：创建沉浸式文化体验空间。沉浸式体验是文化与科技融合的趋势之一，虚拟现实、增强现实和混合现实等技术的快速发展，使得沉浸式文化体验成为可能。通过创建基于这些技术的文化体验空间，观众可以身临其境地感受历史文化场景、参与互动体验。

文化科技产业园：推动文化与科技企业的集群发展。创建文化与科技融合的产业园区是构建新载体的重要途径之一。产业园区可通过集聚相关文化科技企业，推动产业链上下游资源共享与协同发展。园区内可以设立文化科技创新实验室、文化创意孵化器等，推动技术研发、文化内容创

作、产品设计等全链条创新。可以利用自身文化资源优势，打造产业集群，将文化历史与科技创新结合，推动文化创意产品的多样化与创新化。

智慧文旅：推动文化和旅游的科技融合。丰富的文化旅游资源可以通过科技创新提升文旅体验，形成具有地方特色的智慧文旅模式。利用智能导览、虚拟导游等科技手段提升游客体验，并结合大数据分析游客行为，优化文旅产品设计和管理决策，构建智慧文旅管理系统。

二、开发文化与科技深度融合新产品

文化数字化产品：虚拟现实和增强现实技术为文化产品的数字化表达提供了新的可能。利用 VR 技术，传统文化资源可以被重新塑造，用户可以"穿越"到历史现场体验文化场景；通过 AR 技术，文化元素可以在现实世界中互动呈现。

智能文旅产品：通过智能导览系统和虚拟互动体验，为游客提供个性化服务，增强文化旅游的互动性。

非遗数字化产品：利用 3D 建模和虚拟现实技术对非物质文化遗产进行复原与展示，用户可在线上与数字化工艺互动，提升非遗的传播效果。

智能文化创作工具：人工智能可以辅助创意者设计文化产品，推动文化创意产品智能化生成，满足市场需求。

文化创意游戏：通过科技手段将文化元素融入互动娱乐产品中，打造具有地方特色的文化创意游戏。

三、搭建文化与科技深度融合新场景

沉浸式文化体验场景：利用虚拟现实和增强现实技术构建互动文化体验空间，让用户"穿越"到历史文化场景中。

智能文旅场景：在智慧景区中，利用 AI 和物联网技术为游客提供个性化的智慧旅游服务。

非物质文化遗产互动场景：通过数字化手段对非遗进行互动展示，增强传承和传播。

文化创意商业场景：通过数字化艺术展示与智能销售，实现文化创意产品的全球展示与销售，扩大市场影响力。

四、培育文化与科技深度融合新业态

数字化文化体验：沉浸式文化产品通过虚拟现实技术打造虚拟文化空间，提升用户体验。

智慧文旅业态：利用大数据和 AI 技术推动文旅产业智能化发展。

非遗数字化：数字化保护非物质文化遗产，实现全球化传播。

数字文化创意产业：AI 驱动的文化创作与设计将提升文化创意产品的市场适应性。

文化游戏产业：融合文化元素与互动娱乐的游戏产品推动地方文化的全球化传播。

五、打造文化与科技深度融合商业新模式

数字化文化产品营销模式：通过数字技术展示文化产品，利用 VR/AR 技术打造虚拟体验，并结合电子商务平台实现线上销售。

文化 IP 衍生品生态链：通过影视、动漫和游戏等数字内容呈现地方文化 IP，推动多层次衍生产品开发，形成完整的商业生态链。

智慧文旅商业模式：智慧文旅将提供智能化服务，提升文旅项目的商业价值。

文化内容订阅与数字平台商业模式：基于大数据和 AI 技术的文化内容订阅服务是未来重要的商业模式之一，通过订阅服务推送相关文化内容，延伸文化创意产品的生命周期。

第五节　科技创新赋能文化创意产业发展战略工程

为推动文化创意产业的科技化、智能化和国际化发展，打造具有竞争力的文化创意产业生态系统，战略工程将围绕以下八个关键领域展开。

一、文化科技融合创新实验室建设工程

目标是建设文化科技融合的创新平台，推动前沿技术在文化创意产业中的应用。主要包括：

前沿技术研发：研发虚拟现实、增强现实、AI 等技术在文化创意中的应用，提升产品的科技含量。

实验空间和孵化平台：提供创新实验设备，支持技术转化和市场推广。

多学科合作：推动高校、科研机构和企业的跨学科技术研究，形成协同发展的创新模式。

二、数字文化创意平台建设工程

目标是通过数字化基础设施建设，提升文化创意产业的创新能力和市场竞争力。主要包括：

数字内容管理系统：构建内容管理系统，实现文化创意内容的全流程管理和追踪。

数字创作平台：提供在线创作工具和智能辅助功能，支持影视、动漫、游戏等数字内容的生产。

智能营销系统：利用大数据和 AI 技术，提供精准定位的个性化营销方案。

三、文化创意产业数字化与智能化工程

目标是推动文化资源的全面数字化和智能化转型，提高文化创意产业的技术创新能力，实现文化产品的高效创作、传播和运营。主要包括：

文化资源数字化：对文化遗产、自然景观和民族文化进行数字化归档，建立数字文化资源库。打造互动性和沉浸感的数字文化产品，如虚拟展览和线上文化体验。

智能创意生产系统：开发基于 AI 和大数据的智能化创作系统，提升从构思到市场推广的智能化水平，支持文化企业进行个性化内容生成。

沉浸式体验项目：利用 VR 和 AR 技术开发虚拟旅游、文化教育和互动娱乐项目，增强文化体验性和用户参与度。

四、文化 IP 开发与品牌打造工程

目标是通过科技创新和创意设计，开发具有国际影响力的文化 IP 和品牌，提升文化产品的市场价值。主要包括：

地方特色 IP 开发：围绕地方历史文化、山水文化、民俗文化等，开发市场吸引力强的文化 IP，覆盖影视、动漫、游戏等多元领域。

品牌国际化推广：通过文化展会和国际合作，推广文化品牌，支持文化企业与知名国际品牌合作。

文旅融合：将文化 IP 与旅游资源相结合，开发沉浸式文旅项目，推

动文化和旅游的深度融合。

五、文化创意产业集群与园区建设工程

目标是通过集群化和园区化发展，推动文化企业集聚，形成创新生态体系，实现产业规模化发展。主要包括：

产业园区建设：在文化资源禀赋高的地区建设国家级和省级文化创意产业园区，打造集创意设计、科技研发、市场推广为一体的产业链生态系统。

文化创意孵化器：建立孵化器和加速器，提供技术支持、资金扶持和市场推广服务，促进创新项目商业化落地。

产业联盟：组建文化创意产业联盟，推动企业之间的协同创新，形成资源共享和跨行业合作机制。

六、"文旅＋百业""百业＋文旅"融合发展工程

目标是通过产业跨界融合，推动文化旅游与各类产业协同发展，形成多元化的产业生态体系，实现文旅产业与其他行业的互促共赢。主要包括：

文旅融合产业示范基地建设：在大中城市、文化资源丰富的城市打造文旅融合产业基地，依托地方特色文化和资源，推动文旅与农业、工业、科技等行业的深度融合，构建集文化创意、旅游体验、产业合作为一体的融合生态系统。

文旅创意孵化器：建立文旅创意孵化器和加速器，提供技术支持、资金扶持和品牌推广服务，帮助文旅与其他行业的创新项目加速实现商业化落地。孵化器将为跨界融合项目提供全方位服务，推动创新模式的孵化和

产业化。

跨行业协作联盟：组建"文旅＋百业"跨行业协作联盟，促进不同产业之间的资源整合和协同创新。通过跨界合作，形成文化旅游与其他产业的资源共享、技术互助和市场联动机制，推动各行业在文旅融合中实现高质量发展。

七、人才培养与创新能力提升工程

目标是通过产学研合作，培养具备科技创新能力和文化创意素养的复合型人才。主要包括：

文化科技现代产业学院：与高校合作，联合建立文化科技现代产业学院，培养文化和科技深度融合的复合型人才。

创新人才支持平台：建设文化创意人才创新支持平台，提供技术支持和市场推广服务，吸引高端人才来创新创业。

企业家培育：培养具备市场洞察力和创新能力的文化创意企业家，推动企业持续发展。

八、特色文化全媒体传播工程

特色文化全媒体传播工程旨在通过多层次、多渠道的传播策略，全面提升特色文化的知名度和国际影响力。该工程将政府媒体、自媒体、网络达人传播、素人媒体相结合，借助现代技术手段，形成全方位、多维度的传播生态系统，推动文化的广泛传播与持续发展。主要包括以下几方面：

政府媒体传播：通过官方电视台、广播和政府门户网站等传统媒体，以及官方新媒体账号发布重大文化项目、活动公告和节庆内容，确保文化宣传的广泛覆盖与传播的准确性。政府还可以利用官方渠道，支持文化项目的国内外推广，增强特色文化的影响力。

自媒体传播：充分利用自媒体平台，如微信、微博、抖音、快手等，推动特色文化的广泛传播。通过本地文化爱好者、创意内容制作者围绕农耕文化、游牧文化、渔猎文化、工业文化、历史文化等主题进行多样化内容创作，利用微短剧、微电影、短视频、图文、直播等形式，吸引更多受众关注，推动文化在社交平台上的快速扩散和广泛讨论。

网络达人传播：邀请网络达人参与特色文化的宣传与推广，通过其影响力进一步扩大文化传播效果。网络达人通过短视频、直播、亲身体验等方式，推广文化旅游活动，如冰雪节、音乐节、大型马拉松等。借助虚拟现实、增强现实等技术，网络达人可以为受众提供沉浸式体验，增强互动性，进一步提高特色文化的线上曝光度。

素人媒体传播：鼓励普通市民成为特色文化的传播者，利用素人媒体传播模式加强草根传播的力量。通过短视频、照片和文字，分享游客和当地居民的文化体验，激发文化内容的自发传播。通过设立文化传播大赛或奖励机制，激励更多素人参与文化传播，扩大文化内容的受众群体与影响力。

跨平台整合传播：整合不同媒体平台，形成线上线下联动的传播网络。通过传统媒体、自媒体、社交平台和电商平台的整合，推动特色文化的全方位传播。例如，线上通过短视频、直播等方式展示文化活动，线下则通过文化节、展览会等实体活动增强体验感。同时，结合电商平台推广文创产品，形成"文化＋消费"的闭环模式，提升传播的经济效益。

大数据和人工智能辅助传播：利用大数据和人工智能技术提升特色文化传播的精准度和效率。通过分析受众的行为和兴趣，定制个性化的文化内容推送，实现精准传播。人工智能还可用于内容生成和优化传播策略，通过大数据反馈及时调整文化推广方向，确保传播效果的最大化。

第四章　科技创新赋能文化创意产业发展战略路径

第一节　"四链融合"发展的文化创意产业体系构建

　　科技创新赋能文化创意产业发展，需要从全局出发，推动"四链"协同创新，形成合力。创新链、产业链、资金链、人才链"四链"是相互依存、互为支撑的有机统一体。要推进"四链"深度融合，必须找准切入点和突破口，明确资源整合方向，搭建协同发展平台，构建全链条联动的创新生态系统。通过强化创新链，激发内生动力；健全产业链，夯实产业基础；优化资金链，增强发展引擎；提升人才链，打造坚实支撑。要加大政策保障力度，消除链条之间的阻碍与瓶颈，提升"四链"融合的效率和协同效应，为科技创新引领文化创意产业高质量发展绘制清晰路线图。

一、"四链融合"发展的三重逻辑

　　（一）"四链融合"在文化创意产业中的历史演变逻辑

　　初期阶段，各自为政。在早期，创新链、产业链、资金链与人才链往往处于相对独立的状态，各自为政，缺乏有效的沟通和协作。科技研究主要关注基础理论和前沿技术，创新活动则受限于资金和资源的不足，教育体系、人才培养体系与产业需求脱节，产业链发展缺乏足够的科技支撑和人才保障。

逐步融合，认识提升。随着经济社会的发展和科技革命的深入，人们逐渐认识到创新链、产业链、资金链与人才链之间融合的重要性。政府、企业和学术界开始探索如何加强各链条之间的协同作用，推动科技创新与产业发展的深度融合。

政策推动，理念形成。在政策推动下，"四链融合"的理念逐渐形成并得到广泛认可。各国政府纷纷出台相关政策措施，支持创新链、产业链、资金链与人才链之间的协同合作。同时，学术界也开始对"四链融合"进行深入研究，探索其内在规律和实现路径。

实践探索，成效显现。在理论研究和政策支持的双重推动下，"四链融合"开始在实践中得到广泛应用。各地政府和企业围绕"四链融合"开展了一系列实践探索，通过构建创新生态系统、推动产学研金服用合作等方式，促进了科技创新与产业发展的深度融合。这些实践探索不仅取得了显著成效，还为"四链融合"理念的进一步完善提供了宝贵经验。

（二）"四链融合"助推文化创意产业创新的理论逻辑

"四链融合"的理论逻辑建立在系统论、协同学、创新理论等多个学科基础之上。系统论强调系统的整体性、关联性和动态平衡，认为系统内部各要素之间相互依存、相互作用，共同构成一个有机整体。协同学则关注系统内部各子系统之间的协同作用，以及如何通过协同作用实现系统的整体优化。创新理论则揭示了创新活动的内在规律，强调了知识、技术、人才等要素在创新过程中的重要作用。

在"四链融合"的理论逻辑中，创新链、产业链、人才链和资金链并非孤立存在，而是相互交织、共生共荣、同频共振。人才链作为基础，为创新链持续提供智力支持。创新链是主线，贯穿于资金链、人才链和产业链之间，通过基础研究、应用研究和科技成果转化等环节，推动产业链不断升级。创新链的活力决定了产业链的竞争力和发展潜力。产业链是根本，稳定和发展是经济繁荣的关键，产业链的升级和拓展依赖于创新链的支撑。同时，产业链的需求也引导着人才链的发展方向，形成良性循环。资金链是保障，为"四链融合"提供必要的资金支持，确保各环节顺利运转。资金链的良性循环依赖于产业链、创新链和人才链的成功运作，同时也依托政策环境、金融市场和资本运作等多个因素的协同配合。

（三）"四链融合"文化创意产业体系的实践路径

构建创新生态系统。"四链融合"的实践逻辑首先体现在创新生态系统的构建上。通过整合政府、企业、高校、科研院所等多方资源，形成开放协同的创新生态系统，促进知识、技术、人才和资金等要素的自由流动与高效配置。在这一系统中，各主体紧密合作，共同推动科技创新和产业发展。

推动产学研金服用协同创新。推动产学研金服用协同创新是加速科技成果转化的关键。产业界提供市场需求和资金支持，学校及科研机构负责技术创新与人才培养，金融机构提供项目资金保障，用户则负责最终的应用和验证。这种协同机制不仅能激发各方的创新活力，加速科技成果的商业化进程，还能培养具备实践经验与创新能力的复合型人才。

加强人才培养与引进。人才是"四链融合"的核心要素。通过加强人才培养和引进工作，为创新链、产业链、人才链和资金链提供源源不断的高素质人才与智力支持。在教育体系中，注重学生的创新能力和实践能力培养，使他们更好地适应产业发展需求。同时，积极引进海外高层次人才和创新团队，为科技创新和产业发展注入新的活力。

优化资源配置与政策环境。资源配置和政策环境对"四链融合"的成效起着关键作用。通过优化资源配置和政策环境，可以提升科技创新和产业发展的效率和质量。政府应加大对科技创新和产业发展的投入，完善相关政策和法规，为科技创新和产业发展提供良好的制度保障。同时，鼓励社会资本参与，形成多元化的投资格局。

综上所述，"四链融合"的理论逻辑、历史逻辑和实践逻辑是一个相互关联、相互促进的有机整体。在理论层面，"四链融合"强调各链条之间的协同作用和创新驱动；在历史层面，"四链融合"经历了从各自为政到逐步融合再到政策推动和实践探索的过程；在实践层面，"四链融合"通过构建创新生态系统、推动产学研金服用合作、加强人才培养与引进以及优化资源配置与政策环境等方式实现科技创新与产业发展的深度融合。

二、"四链融合"发展的文化创意产业体系构建策略

在"四链融合"发展的文化创意产业体系中，构建策略的核心在于如何有效地协调和融合产业链、创新链、人才链、资金链四大要素，以推动文化创意产业的高质量、可持续发展。以下是"四链融合"发展的文化创意产业体系的具体构建策略。

（一）完善产业链，提升文化资源价值

构建一个完整的文化创意产业链，实现文化资源的高效转化与价值提升，推动上下游环节的协同发展。

加强文化资源数字化开发：依托独特的历史文化资源、自然景观和非物质文化遗产，推动文化资源的数字化开发。通过 3D 建模、虚拟现实、增强现实等技术，将这些资源转化为可传播的文化内容，应用于影视、游戏、文创等领域。

建立文化创意产业集群：推动文化创意产业上下游企业的集聚，形成产业集群化发展。通过建立文化创意产业园区，集中文化资源开发、设

计、生产、营销的各个环节，提升产业链整体效益，实现企业间的资源共享与协作创新。

促进跨界融合：推动文化创意产业与旅游、制造业、科技、农业、林业等其他行业的深度融合，扩展文化资源的应用场景。例如，结合旅游资源，打造文化旅游产品；通过文化赋能，提升制造业产品的附加值，形成"文化＋"的产业拓展模式。

（二）强化创新链，推动技术与模式创新

通过技术创新和模式创新，推动文化创意产业不断迭代，提升市场竞争力和用户体验。

建立文化科技创新平台：建设文化科技创新实验室，推动虚拟现实、增强现实、人工智能、大数据等技术的应用，形成文化创意产品的技术驱动型创新。通过技术的集成与创新，提升文化产品的表现力和互动体验。

推动文化创意产品的数字化转型：鼓励文化创意企业利用新兴技术实现数字化转型。通过数字内容、线上虚拟展览、沉浸式体验等创新模式，打造符合当代消费习惯的文化创意产品。例如，通过线上虚拟展览扩大文化产品的影响力，实现跨地域传播。

激发商业模式创新：通过创新型商业模式的应用，例如文化内容订阅、文化体验服务等，形成新的消费模式。探索"文化＋科技＋体验"的模式，结合大数据分析，为消费者提供个性化的文化创意产品和服务。

（三）优化人才链，构建创新人才体系

通过人才培养、引进与激励，构建一支具有创新能力和跨学科背景的高素质文化创意人才队伍，为产业发展提供源源不断的智力支持。

强化产学研合作，培养复合型人才：推动高校、科研机构与文化创意企业深度合作，建立产学研结合的人才培养体系。通过定向培养、项目合

作、实习实践等方式，培养既具备文化艺术素养又掌握先进技术的复合型人才。

吸引全球优秀创意人才：通过政策支持、资金奖励、创业补贴等方式，吸引全球优秀文化创意人才到本地创新创业。设立文化创意人才专项基金，为优秀创意人才提供资金支持，推动人才链的全球化流动与汇聚。

建立人才激励机制：为激发创新人才的积极性，建立完善的激励机制，包括创新奖励、专利保护、创新创业支持等。推动文化创意企业设立内部激励政策，鼓励员工进行创新创作，促进文化创意产品的持续升级。

（四）构建资金链，拓展多元化融资渠道

通过完善投融资机制，构建一个稳定、可持续的资金链，确保文化创意企业能够获得足够的资金支持，实现持续创新和产业规模化发展。

设立文化创意产业专项基金：政府应设立文化创意产业专项基金，吸引社会资本、风险投资等进入文化创意领域，为创新型企业和项目提供资金支持。专项基金应重点支持初创企业和具有潜力的文化创新项目，帮助其快速成长。

推动文化创意项目的投融资对接：建立文化创意产业的投融资对接平台，帮助文化创意企业与金融机构、投资者之间实现高效对接。通过举办文化创意项目路演、投融资洽谈会等活动，为文化企业提供更多融资机会，推动文化创意项目的规模化落地。

鼓励文化创意企业上市融资：支持优质文化创意企业通过资本市场融资，利用上市、股权融资等方式，获得更多发展资金。政府可为文化创意企业提供上市指导和政策支持，帮助企业对接资本市场，实现资本增值。

三、"四链融合"发展的文化创意产业体系案例分析

"四链融合"发展的文化创意产业体系是一个集创新链、产业链、人才链与资金链于一体的综合发展模式。通过各链条的协同作用，可以推动文化创意产业的高质量发展。随着科技的不断进步和产业的不断升级，"四链融合"将在文化创意产业中发挥更加重要的作用。同时，我们也需要不断探索和完善这一体系的建设路径和实现方式，以更好地适应新时代高质量发展需要和满足人民群众对美好生活的向往。下面给出三个典型案例。

（一）北京故宫文创产品项目

在"四链融合"发展的文化创意产业体系中，北京故宫文化创意产业是一个极具典型性和示范意义的案例。故宫文创通过创新链、产业链、人才链与资金链的深度融合，成功打造了一系列具有鲜明特色的文创产品，不仅传承和弘扬了中华优秀传统文化，还推动了文化创意产业的高质量发展。

1.故宫文创产品类型丰富多样，涵盖了多个领域，主要包括以下几类

纪念品：如明信片、邮票、纪念币、冰箱贴等，设计精美，富有创意，是送给亲朋好友的绝佳选择。

服饰：包括男女装、童装、鞋子、包包等，设计灵感来源于故宫的传统文化元素，如龙、凤、牡丹、云纹等，展现出个人的文化品位和个性魅力。

家居用品：餐具、茶具、酒具、家居装饰品等，这些用品不仅具有实用性，还融合了故宫的传统文化元素，让人们在日常生活中感受到我国传统文化的氛围。

文具用品：笔记本、笔、便笺纸等，设计精美且富有纪念意义，成为人们珍藏的宝贵回忆。

艺术品：如陶瓷、紫砂壶、玉器、木雕等，具有较高的艺术价值和收藏价值，是收藏家们的绝佳选择。

数字文创产品：随着数字化技术的发展，故宫还推出了一系列数字文创产品，如数字画作、虚拟文物展示等，通过现代科技手段让传统文化元素以新的形式呈现给公众。

2.故宫文创产品的特点

文化底蕴深厚：故宫文创产品深入挖掘故宫丰富的历史文化资源，将传统文化元素与现代设计相结合，展现出深厚的文化底蕴。

创意独特：产品设计新颖独特，不拘一格，既有对传统文化的传承和致敬，也有对现代审美趋势的把握和融合。

实用性强：文创产品不仅具有观赏和收藏价值，还注重实用性，能够满足消费者在日常生活中的多种需求。

品质优良：故宫文创产品注重品质控制，无论是材质选择还是制作工艺都力求精益求精，确保产品的高品质。

市场反响热烈：故宫文创产品凭借其独特魅力和高品质赢得了广大消费者的喜爱和追捧，市场反响热烈，成为文创产业中的佼佼者。

3."四链融合"在故宫文创中的体现

创新链：推动文化与科技融合创新。故宫文创充分利用先进科技，将传统文化资源进行创新性表达。通过数字化手段，如虚拟现实、增强现实、3D建模等，故宫的文物和历史故事得以虚拟展示和交互体验，使游客和文创产品的用户能够以更生动的方式体验故宫文化。此外，故宫博物院还开发了多款数字产品，如"故宫VR游览"以及故宫主题的游戏和App，让传统文化在数字空间焕发新生。

产业链：构建全产业链条，推动文创产品规模化。故宫文创已经形成了从文化内容的挖掘、产品设计、生产制造到市场推广的全产业链发展模式。故宫通过挖掘丰富的历史文化资源，围绕文物、建筑、皇家文化等主题，开发出数以千计的文创产品，如首饰、服饰、家居用品等，将故宫的历史元素与现代生活结合，涵盖线上线下渠道。通过系统化的产业链布局，故宫文创已从博物馆周边产品逐渐发展为日常生活用品市场的重要一环。

资金链：推动文创产品的资本运作与市场化。故宫文创通过资本的有效引入和运营，推动了大规模的文创项目落地和品牌扩展。故宫不仅与多家文创公司、设计品牌合作，还通过资本运作与授权模式拓展其品牌影响力。例如，故宫与知名企业合作推出限量版文创产品，并借助电商平台扩大市场销售，使得文创产品更具市场化和商业化优势。资本的注入加速了文创产品的开发与市场推广，推动故宫文创在市场中获得广泛的认可和商业成功。

人才链：培养高素质创意与设计人才。故宫文创的成功离不开一支具备创意和文化底蕴的高素质人才队伍。故宫通过与高校、设计机构合作，培养和吸引了一批具有文化创意和设计能力的复合型人才。同时，故宫文创项目也为年轻的设计师、艺术家和技术专家提供了广阔的平台，使他们能够参与文化与科技、设计与市场的融合创新中。通过多渠道的人才引进和培养，故宫文创形成了强有力的人才支撑，为其产品的创新性和多样化提供了持续动力。

"四链融合"模式通过创新链驱动技术进步、产业链拓展文创产品布局、资本链加速市场化运作、人才链提供创意保障，推动了故宫文创的全面发展。这一模式不仅促进了传统文化与现代技术的深度融合，还通过完整的产业链和有效的资本运作，使故宫文创成为文化创意产业领域的典范。

（二）北京 798 艺术区项目

创新链：艺术与科技的结合推动创意创新。798 艺术区通过将艺术创意与科技创新结合，推动了艺术表达形式的多元化与创新。区内的艺术家和创意团队利用数字媒体技术、新材料科技等技术，进行跨界实验和创作，创造出结合数字艺术、影像、虚拟现实等新形式的艺术作品。通过这些创新，798 艺术区不仅展示了传统艺术作品，还成为现代艺术与科技创新的融合地，吸引了众多国内外前沿艺术家和创意人才的参与和创作。

产业链：完善的文化创意产业链条。798 艺术区逐渐发展出涵盖艺术创作、展览、设计、媒体传播、文创产品开发与销售的全产业链模式。区内集聚了众多画廊、设计公司、文化创意企业、艺术教育机构等，形成了从艺术创意到产业化的完整链条。例如，798 艺术区不仅是艺术作品的展示平台，还通过与文创公司合作开发艺术衍生品，延伸了文化创意产业链，并通过线上线下相结合的模式进行产品销售，将艺术创意转化为商业价值，推动了文化产业链的全面发展。

资金链：多元资金支持助力艺术与商业结合。798 艺术区的发展离不开多元化的资金支持。该项目吸引了来自政府资金、文化基金以及艺术品投资者的资金注入，为艺术区内的艺术家和企业提供了创作和运营的资金支持。这些资金不仅用于艺术创作和展览活动，还支持了基础设施建设和文化活动策划。通过多元化的资金投入，798 艺术区能够不断升级基础设施，组织国际性展览和文化交流活动，并支持新兴艺术家的成长。此外，资金链的支持为艺术品交易和衍生品开发提供了重要保障，促进了区内艺术品商业化运作，提升了整个园区的经济效益。

人才链：集聚国际与本土艺术创意人才。798 艺术区汇聚了大量的国内外艺术家、设计师、创意产业人才，成为全球艺术创意人才的重要聚集地。通过与国内外知名艺术院校、设计机构的合作，798 艺术区吸引了许多年轻艺术家前来展示作品或进行驻地创作。同时，798 艺术区还为艺术家和创意人才提供了广阔的平台和资源，推动了跨领域的交流与合作。通过人才链的构建，798 艺术区持续吸引顶尖创意人才进入，增强了艺术区的文化创意力和国际影响力。

"四链融合"模式在北京 798 艺术区项目中的体现，通过创新链驱动艺术与科技的融合，推动艺术创作的多元化发展；通过产业链构建，形成了从艺术创意到文化产品的全产业链条，促进艺术区的经济发展；通过资金链的多元化投入，798 艺术区得以实现艺术创作与商业发展的平衡与可持续性；通过人才链的建设，798 艺术区成为国际化创意人才高地，推动了艺术区在全球的影响力。798 艺术区已成为我国乃至全球知名的文化创意产业聚集区，是"四链融合"模式在文化创意产业发展中的成功典范。通过创新链的驱动、产业链的完善、资金链的支持和人才链的建设，798艺术区不仅成为艺术与商业的融合地，也为全球文化创意产业的发展提供了重要经验和范例。

（三）杭州中国动漫博物馆项目

创新链：动漫内容与数字科技的深度融合。杭州中国动漫博物馆通过将传统动漫艺术与现代数字科技相结合，推动动漫内容的创新表达与互动体验。博物馆利用增强现实、虚拟现实等技术，让参观者能够以全新的方式体验经典动漫角色和场景，使展品不仅局限于静态展示，还能够实现动态、沉浸式的互动体验。此外，博物馆结合大数据和人工智能技术，收集并分析观众的行为数据，优化展览内容和服务体验，推动动漫作品的多媒体创新，打造全方位的数字化动漫体验。

产业链：动漫文化全产业链的打造。博物馆项目不仅是一个展示和传播动漫文化的场所，还通过动漫 IP 开发、文创产品生产、动漫教育和活动推广形成了全方位的动漫产业链。博物馆内的动漫文化展示区、文创产品商店、互动体验区等部分，形成了从内容生产到文化消费的完整链条。

通过动漫 IP 的授权与二次开发，衍生出丰富的文创商品、影视作品、游戏及其他动漫相关产品，推动了我国动漫产业链的延展。此外，博物馆还定期举办动漫节、创意设计大赛等活动，为动漫产业链上下游企业提供合作交流的平台，进一步促进了产业链的完善和集群效应的形成。

资金链：多元化资金支持推动项目落地与运营。杭州中国动漫博物馆项目的成功运营得益于多元化的资金支持，包括政府财政资金、企业赞助、社会资本等多方投入。地方政府为项目提供了基础设施建设与运营经费支持，确保博物馆能够顺利落成并保持稳定运营。同时，博物馆通过与动漫公司、文创企业等行业机构的合作，吸引了企业赞助和投资。资金链的多元化为博物馆的长期运营提供了稳定的资金来源，并支持了多项动漫文化活动、展览更新以及动漫 IP 的持续开发。

人才链：培养与集聚动漫创意与科技人才。动漫博物馆项目的成功离不开高素质动漫创意和科技人才的支持。博物馆通过与国内外知名动漫学院、创意设计机构合作，打造动漫创意人才的培育平台。它不仅为动漫设计师、编剧、导演等创作人员提供展示作品的空间，还通过动漫艺术展、设计比赛、国际合作项目等方式，吸引了国内外的动漫创作人才。此外，博物馆定期举办动漫工作坊、研讨会等活动，促进行业内的人才交流与合作，推动创意人才的成长和跨界融合，形成动漫创意领域的人才高地。

"四链融合"模式在杭州中国动漫博物馆项目中的成功体现，通过创新链推动动漫内容与现代数字科技的深度结合，产业链延展了动漫 IP 的开发和文创产品的丰富化，资金链则确保了博物馆的建设、运营和后续项目的资金支持，人才链为动漫行业注入了源源不断的创意与技术人才。这一模式不仅使博物馆成为我国动漫文化的重要窗口，也为动漫产业链的持续创新和发展提供了强有力的支撑，也推动了动漫产业的市场化和全球化发展。

第二节　科技创新赋能文化创意产业发展生态图谱

科技创新赋能文化创意产业发展生态图谱展示了科技如何推动文化创意产业的创新与转型，构建一个充满活力、科技驱动的文化创意生态系统。该图谱的核心构成包括科技与文化资源的融合、产业链的升级、多领域的协同发展，以及创新与市场化的结合。

一、科技创新赋能文化创意产业生态图谱的概念

科技创新赋能文化创意产业生态图谱是指通过将科技创新与文化创意产业深度融合，构建一个多维、动态、可持续发展的产业生态系统。这个图谱不仅包括科技赋能文化创意产业各个环节的创新，还涵盖文化内容的生产、传播、消费、再创新等多方面的互动关系。科技创新通过数字技术、智能技术、数据驱动等方式，提升文化创意产业的创作效率、传播广度、市场需求、文化影响力，从而形成完整的文化创意生态系统。

二、科技创新赋能文化创意产业生态图谱的特点

多层次的技术应用：该图谱强调科技创新在文化创意产业中的广泛应用，涵盖从内容创作、生产、传播到消费的各个层面。不同的科技工具和技术，如人工智能、大数据、区块链、虚拟现实等，针对产业链中的不同环节，提供多层次的支持和创新。

生态系统的互联互通：图谱展现了文化创意产业内外部系统的互联性，包括文化生产者、技术提供者、消费者以及社会资本之间的互动。通过科技手段，各个主体可以更加高效地协同合作，实现文化创意产业价值

链的闭环。

动态发展的创新机制：文化创意产业是一个不断创新的领域，科技赋能的图谱强调创新机制的动态性。无论是新技术的引入、创意内容的变革，还是商业模式的创新，都能够通过科技的支撑实现快速发展和自我迭代。

数据驱动的决策和运营：科技创新尤其是大数据和人工智能，使得文化创意产业可以依赖数据进行更精准的决策。通过对市场需求、消费者偏好、文化传播效果的数据分析，文化创意产业能够进行精细化运营，调整策略以适应动态变化的市场环境。

跨界融合与多元合作：生态图谱体现了科技与文化的跨界融合，不仅限于传统文化行业，还延伸至教育、旅游、时尚、媒体等多领域，推动文化创意产业与其他产业的融合发展。科技提供了创新载体和平台，文化创意则通过合作创造更多价值。

绿色与可持续发展：在全球化和可持续发展背景下，科技创新也能够推动文化创意产业走向绿色发展。通过数字技术减少资源消耗、虚拟文化产品降低环境影响，科技使得文化创意产业能够实现更加环保的运作模式，符合当代的绿色发展需求。

全球化的文化传播与影响力提升：通过科技的赋能，文化创意产业能够打破地域限制，实现全球化的文化传播。智能翻译、跨国合作、虚拟平台等技术手段，使得文化产品能够更加广泛地传播到全球市场，提升文化影响力和国际竞争力。

三、科技创新赋能文化创意产业生态图谱构成

（一）科技创新与文化资源融合

文化资源的数字化保护与展示：通过大数据、AI、云计算等技术，对历史文化遗产、非物质文化遗产等进行数字化保护和记录，打造虚拟文化

遗产馆、在线展示平台,让更多用户通过数字技术体验传统文化。

文化资源的数字再创作:利用 VR/AR、3D 建模技术重现历史文化场景,将传统文化资源转化为沉浸式的文化体验,如虚拟古城、数字非遗体验等。

(二)文化 IP 开发与跨界合作

文化 IP 孵化与多维传播:通过科技创新,深度挖掘文化资源,提炼出具有独特价值的文化 IP,并结合影视、游戏、动漫、音乐、艺术等多种文化形式进行跨界传播,增强文化 IP 的影响力。

跨界合作与文化创意产业融合:通过与时尚、科技、体育等领域的跨界合作,扩大文化 IP 的商业化和国际化影响力。如通过电影、动漫的品牌联动、服装品牌联名等形式,打造全产业链文化消费产品。

(三)数字创意产品设计与开发

文创产品数字化设计:结合智能制造和 3D 打印技术,将文化资源与创意设计结合,开发个性化、定制化的文创产品,如传统手工艺的现代化文创产品、结合民族文化元素的创意设计品等。

创意设计与科技融合:利用 AI、3D 打印等技术推动文化创意产品的设计创新,将传统文化符号转化为现代设计元素,开发独具文化底蕴的时尚产品、家居用品、纪念品等。

(四)数字文旅与智慧旅游

智慧旅游与沉浸式体验:通过 5G、AI、AR/VR 等技术,开发智能化文化旅游项目。游客可以通过智能导览系统、沉浸式体验设备,了解旅游景点的历史文化,增强游客的互动与参与感。

文化和旅游的深度融合:依托地域文化、民族文化与自然资源,打造具有地方特色的文化旅游项目,结合智能科技提升游客的文化体验,如数字化景区、文化主题公园、文化体验馆等。

（五）文化内容生产与传播的数字化

数字化内容创作平台：利用 AI、大数据和云计算等技术，打造文化创意内容的数字化生产与传播平台，实现从文化素材收集、创意策划到内容生产的一体化创作流程，推动文化内容的多维度传播。

短视频与社交平台传播：通过短视频、直播、社交平台等新媒体渠道，利用大数据分析精准推送文化创意内容，提升文化消费的广度与深度，吸引更多用户参与到文化创意产品的创作与消费中。

（六）科技赋能的文化消费与市场化

文创产品与文化 IP 商业化：通过科技创新手段，推动文化 IP 的市场化开发与商业化应用，开发出具有市场价值的文创产品，并通过多渠道营销实现文化消费的扩大。

文化消费场景的智能化改造：结合 AI、物联网等技术，打造智能化的文化消费场景，如智慧文创商店、智能文化体验中心等，增强文化消费的便利性和互动性，推动文化创意产品的市场化。

四、科技赋能文化创意产业融合发展模式

数字化与智能化驱动模式：通过数字化技术提升文化创意产业的生产效率，推动文化资源的创新转化，实现文化创意产业的智能化升级。

多元文化与科技融合模式：通过科技与文化的深度融合，打造多元文化创意产业链，促进不同文化资源与现代科技的交叉创新。

跨界协同发展模式：促进文化、科技、设计、艺术、旅游等领域的跨界合作，形成以文化 IP 为核心的多产业协同发展。

第三节　科技创新赋能文化创意产业发展战略步骤

针对科技创新赋能文化创意产业发展现状，实现总体目标可以实施"三步走"战略，逐步推进文化创意产业的科技创新、市场化和国际化发展。

一、第一步：夯实基础，构建文化科技融合平台

在战略的第一阶段，重点在于夯实基础，构建科技创新与文化创意融合的创新平台，为产业发展打下坚实基础。

（一）搭建文化科技融合创新平台

建立文化与科技产业融合的孵化器、文化科技产业园区和创新实验室，为文化创意企业提供技术、资金和人才支持，促进文化科技项目的孵化和成长。可以依托已有的高校、科研机构等资源，推动科技企业和文化企业共同参与，促进资源共享。

（二）推动数字化转型

通过科技手段，推进文化创意产业的数字化转型。鼓励文化企业采用人工智能、虚拟现实、增强现实、大数据等前沿技术，提升文化产品的创新性和互动性，如开发数字博物馆、线上文化活动、虚拟旅游等。

（三）建立政策扶持体系

通过政策支持和资金引导，为文化科技融合创造有利的政策环境。各级政府可以设立专项资金，支持文化与科技融合项目的研发和商业化应

用，激发企业创新活力。

二、第二步：深化融合，推进多领域跨界创新

第二阶段的目标是深化文化与科技的融合，推动文化创意产业在多个领域实现跨界创新。

（一）跨行业合作

促进文化创意产业与旅游、农业、教育、商业等行业的结合。通过开发数字文化旅游项目、智慧文旅平台、农业文化体验活动等方式，将文化科技产品应用于更多场景，延展文化创意产业的产业链条。

（二）多领域创新产品开发

支持文化企业在影视、游戏、数字艺术等领域与科技公司合作开发创新产品。例如，可以借助其丰富的自然风光和文化资源，通过影视、游戏等数字平台展示和推广，提升文化产品的影响力。

（三）引入国际合作与交流

可以积极参与全球文化科技创新合作，吸引国际科技企业、创意人才参与本地文化科技创新项目。通过国际化合作，将先进的科技理念和创新方法引入文化创意产业。

三、第三步：打造品牌，推动文化创意产业国际化

在战略的最后一步，将通过打造品牌和推动文化创意产品国际化，提升文化创意产业的全球竞争力。

（一）打造具有国际影响力的文化科技 IP

通过文化与科技的融合，打造具有特色的文化科技 IP，形成具有国际竞争力的品牌形象。例如，可以以地域特色文化与民族风俗等为主题，结合现代科技，开发涵盖影视、游戏、文创产品的综合性 IP，打造文化的国际名片。

（二）推动文化创意产业全球化发展

通过文化科技产品的国际推广，可以借助全球数字平台、国际展会等渠道，将本地的文化科技产品推广到海外市场，扩大文化创意产业的国际影响力。

（三）完善文化创意产业生态系统

在推动文化创意产业全球化的同时，还应注重文化创意产业生态系统的建设，通过集群化发展，形成从文化内容生产到技术支持、市场推广、资本合作的全方位、全链条的文化创意产业发展模式，确保产业的可持续发展。

第四节　科技创新赋能文化创意产业发展实施路径

基于以上分析，本文构建了"四链融合"视域下，文化创意产业发展的"六六六六六六"实施路径。

一、构建文化创意产业高质量发展"六度一体"的产品开发路径

文化创意产业的高质量发展需要从高度、深度、厚度、广度、融合度和情感度六个维度进行全方位提升。"高度"要求高标准定位文化创意产业

的发展，"深度"强调深挖文化资源内涵，"厚度"增强文化产品的价值承
载力，"广度"拓展文化产品的市场领域，"融合度"促进跨领域合作与创新，
"情感度"增强文化产品的情感共鸣。通过"六度一体"的路径，可以构建
具有核心竞争力的文化创意产业体系，实现文化创意产业的高质量发展。

（一）高度：提升文化产品的战略定位

"高度"指通过高标准、高层次的战略规划，提升文化创意产业的核
心竞争力。首先，明确文化创意产业在经济中的重要地位，将其作为区域
发展的重点领域。省级政府需制定文化创意产业发展规划，出台支持政策
和资金扶持计划，推动文化产品的品牌化和国际化发展。应着眼全球市
场，通过整合自然和历史文化资源，打造具有国际水准的文化旅游景区、
影视基地及数字文化创新中心。各地方文化特色是"高度"塑造的基础，
可通过跨界合作、科技创新，形成高端文化产品体系。

（二）深度：挖掘文化内涵，深化内容创作

"深度"是指深入挖掘丰富的历史文化、民俗风情、自然资源，深化
文化产品创作。拥有地域独特元素的文化，可结合数字技术和影视创作，
展现地方历史中的英雄人物与事件，打造有深厚文化底蕴的作品。文化创
意需结合地方特色与现代审美，例如，可以将非物质文化遗产与现代设计
相结合，开发成艺术展览和文化衍生品，吸引年青一代关注。深入挖掘文
化内涵增加文化产品的厚重感，增强其感染力和可持续性。

（三）厚度：增强文化产品的价值承载力

"厚度"强调文化产品在精神、情感和社会价值上的多重承载。文化
产品开发应注重传递价值观和情感共鸣，使其不仅是商业消费品，更是精
神和情感的纽带。通过融入历史与精神元素，增强文化产品的厚重感。例

如，在影视作品、文学作品或文创产品开发中，需注重故事性和情感表达，增强消费者对历史文化的情感认同。厚度还体现在社会价值传递上，如弘扬东北抗联精神的红色旅游或教育题材的数字产品，有助于提升社会的文化认知。

（四）广度：拓展文化产品的市场领域

"广度"是指扩大文化产品的市场覆盖范围。应推动文化产品从本地走向全国乃至全球市场，结合文化和旅游、文创产品、数字文化等多个领域，扩大市场空间。例如，依托各地景区，并结合地方文化，打造文化旅游目的地。同时，借助互联网平台开发和传播数字文化产品，利用大数据分析消费趋势，精准推送产品，打破地域限制，扩大文化产品的市场领域。

（五）融合度：促进跨领域合作与创新

"融合度"强调文化创意产业与科技、旅游、农业、教育等领域的融合。应加强跨行业合作，形成全产业链联动。在科技领域，文化与数字技术结合，通过 VR、AR 等技术增强文化产品的互动体验。例如，开发文化体验类的 VR/AR 项目，将传统文化以数字化形式呈现。在旅游领域，通过文化创意产品与旅游景点的结合，形成文旅融合发展模式。文化与农业的结合可开发生态文化旅游，拓宽文化传播形式。

（六）情感度：增强文化产品的情感共鸣

"情感度"要求文化产品在设计和内容上与消费者形成情感共鸣，增强用户黏性。例如，展示中国人民的坚韧精神，通过情感化叙事拉近与消费者的距离。可以结合现代时尚元素，开发满足不同消费群体需求的文化产品，如为年轻群体设计具有时尚感的文创产品，增强情感连接和文化归属感。

二、构建文化创意产业高质量发展"六景一体"的场景融合路径

通过构建"工文旅场景、农文旅场景、商文旅融合场景、体文旅融合场景、人文旅艺术场景、娱文旅融合场景"的"六景一体"融合路径，可以充分挖掘地方文化资源，推动文化、旅游、体育、商业等产业的深度融合，提升文化创意产业的市场竞争力和创新能力。这一场景融合路径不仅能够丰富游客的文化旅游体验，还能为区域经济发展注入新的动力，推动文化创意产业高质量发展。

（一）工文旅场景：工业文化和旅游的深度融合

工文旅场景通过将丰富的工业资源与文化旅游相结合，打造具有地方特色的工业文化旅游项目。作为我国重要的工业基地，拥有丰富的工业遗产，如长春的汽车工业，可以将老工业区的厂房改造成文化创意园区、汽车博物馆或主题公园，展示工业发展历程和科技成就。同时，通过互动展览、体验活动等形式，增加工业文化的趣味性。结合增强现实和虚拟现实技术，游客可以虚拟体验汽车制造过程或观摩工业生产场景，提升参与感和沉浸感。

（二）农文旅场景：农业与文化、旅游的有机结合

农文旅场景开发可以展示农耕文化、特色农产品及农业生产过程，吸引游客参与农业体验，丰富旅游产品内涵。例如，打造农业文化体验园区，游客可参与播种、收割、农产品加工等活动，体验农耕文化。此外，还可举办农民丰收节、特色采摘节等节庆活动，促进农产品销售，推动农业与文化、旅游的融合。结合现代农业技术，发展智慧农业旅游项目，游客可了解农业科技在生产中的应用，增强旅游的科技含量。

（三）商文旅融合场景：商业与文化、旅游的联动发展

商文旅融合场景将商业资源与文化旅游相结合，形成文化、商业和旅游的联动发展模式。可以依托城市商业中心，通过引入文化活动、艺术展览和传统手工艺展示，打造具有地方特色的商文旅融合空间。在购物中心或步行街设立文化展区，展示非物质文化遗产及地方艺术作品，让商业区不仅是购物场所，也是文化传播的平台。此外，还可通过文化主题商业街区、创意集市和夜市活动，丰富文化体验，增强旅游吸引力。

（四）体文旅融合场景：体育与文化、旅游的跨界合作

体文旅融合场景将体育运动与文化、旅游有机结合，形成特色体育文化旅游产品。将体育赛事与地方特色文化旅游资源融合开发，打造滑雪度假村、龙舟旅游节等项目，可举办国际体育赛事，吸引国内外游客前来观赛旅游。除冰雪运动外，还可发展马拉松、徒步、登山等项目，将体育与自然景观、地方文化相结合，提升体育旅游的文化体验。

（五）人文旅艺术场景：人文艺术与旅游的融合创新

人文旅艺术场景通过将人文艺术与旅游相结合，打造富有文化内涵和艺术价值的旅游产品。依托丰富的历史文化资源，开发红色精神教育基地、文化遗产旅游线路等。除此之外，还可通过艺术节、雕塑展等艺术活动，将城市公共空间转化为艺术展示舞台，提升旅游城市的文化品位。

（六）娱文旅融合场景：娱乐与文化、旅游的互动体验

娱文旅融合场景通过将娱乐项目与文化、旅游相结合，打造互动性强的文化旅游产品。可以发展文化主题公园，将地方文化元素融入游乐设施和互动游戏中，例如吉林省可开发以长白山传说、东北民俗为主题的文化乐园，游客在娱乐的同时能了解地方特色文化。还可推出文化演艺节目，

结合满族、朝鲜族歌舞表演，丰富游客的文化体验。通过虚拟现实等数字科技，开发虚拟导览、虚拟探险等项目，提升科技感与娱乐体验。

三、构建文化创意产业高质量发展"六维一体"的要素赋能路径

通过科技、创意、人才、品牌、平台和资金六大要素的全面赋能，文化创意产业将形成一个高度协同、高效运转的创新生态系统。"科技赋能"推动数字化、智能化转型；"创意赋能"激发内容创新与设计能力；"人才赋能"提供专业创新人才；"品牌赋能"打造具有市场竞争力的文化品牌；"平台赋能"构建协同发展的服务平台；"资金赋能"为文化创意产业提供稳定资金支持。通过"六维一体"的赋能路径，文化创意产业将实现高质量发展，迈向国内外文化市场的前沿。

（一）科技赋能：推动文化创意产业的数字化与智能化

科技赋能是推动文化创意产业转型升级的关键。随着科技的进步，文化创意产业逐步迈向数字化与智能化。应加速文化创意产业数字化转型，利用人工智能、大数据、虚拟现实和增强现实等技术，提升文化创意产品的创新表现力与互动体验。例如，在文化旅游中引入 VR/AR 技术，打造沉浸式虚拟体验，让游客"走进"自然与文化场景。此外，利用大数据分析消费者行为，精准推送个性化文化创意产品，推动文化消费模式的创新。同时，利用区块链技术，推动数字文化资产的保护与交易，助力文化创意产业数字化发展。

（二）创意赋能：激发文化创意产业的内容创新与设计能力

创意是文化创意产业的核心驱动力。创意赋能旨在提升文化创意产业的创新设计能力，推动文化产品内容的多样化和创新。通过创意赋能，可

开发具有地方特色与市场潜力的文化创意产品、艺术设计作品。此外，通过创意与科技、旅游、商业等领域的跨界融合，可拓展文化体验和消费场景，形成更具活力的文化创意产业链。

（三）人才赋能：培养复合型文化创意和科技创新人才

人才是文化创意产业高质量发展的关键。应通过设立相关学科课程，培养既具有文化素养又掌握前沿科技的复合型人才。同时，政府应出台引进政策，吸引国内外优秀文化创意与科技创新人才来本地工作、生活。通过人才培训体系和创新激励机制，支持在职文化创意工作者提升技能，鼓励创新创业。通过人才的培养与引进，打造一支专业化的创新人才队伍，为文化创意产业发展提供持续的智力支持。

（四）品牌赋能：打造具有国际竞争力的文化品牌

品牌赋能是提升文化创意产业影响力的重要手段。应依托其丰富的文化资源，强化资源整合，打造具有全球竞争力的文化品牌。通过国际展会、文化交流活动等平台，提升文化品牌的国际认知度。在品牌建设过程中，要注重品牌故事与情感共鸣，增强消费者的文化认同感。通过塑造品牌形象，如，将红色文化精神融入品牌故事，可以打造具有文化底蕴和社会价值的品牌，提升市场竞争力。

（五）平台赋能：构建文化创意产业综合服务平台

平台赋能是推动文化创意产业协同创新的重要路径。通过打造文化创意产业综合服务平台，可以实现文化创意产业链的高效联动。该平台应融合创意孵化、项目合作、市场推广等功能，为文化创意企业提供技术、资源和市场信息共享。例如，可以建设"文化＋科技"创新孵化器或产业园区，支持初创企业快速成长。政府还应通过数字平台推动文化资源整合与线上销售，实现文化产品的全方位推广，提升文化创意产业整体效率。

（六）资金赋能：多渠道融资助力文化创意产业发展

资金赋能是文化创意产业持续发展的保障。应建立多元化的资金支持体系，包括设立文化创意产业专项资金、提供税收优惠等政策，扶持文化创意企业，特别是初创企业。同时，应引导社会资本、金融机构及风险投资基金进入文化创意产业领域。通过建立投融资平台，推动政府、企业与金融机构的对接，可吸引更多资本进入文化创意领域，帮助企业获得融资，推动产业链的扩展与升级。

四、构建文化创意产业高质量发展"六位一体"的协同创新路径

构建文化创意产业高质量发展的"六位一体"协同创新路径，通过政府政策引导、行业协调指导、高校智力支持、企业创新驱动、金融资金支持和消费者积极参与的多方协作，形成一个高度整合、资源共享、创新驱动的文化创意产业生态系统。这一创新路径能够确保文化创意产业在新时代实现持续创新与协同发展，提升整体竞争力，迈向高质量发展的新阶段。

（一）政府政策引导：发挥宏观调控与资源配置的关键作用

政府政策引导是推动文化创意产业高质量发展的基础。应制定系统化、长期性的文化创意产业发展规划，将文化创意产业纳入经济发展的整体布局，明确其战略地位。政府通过出台支持政策，如税收减免、创新奖励、贷款贴息和技术研发补贴，为文化创意企业创造良好的外部环境。设立文化创意产业专项资金，重点扶持初创企业和具有地方特色的文化项目，推动其加速成长。此外，政府应加强知识产权保护体系建设，确保文化创意产品的合法权益，为企业大胆创新提供保障。

（二）行业协调指导：促进文化创意产业链的协同发展

行业协会等社会组织在推动文化创意产业协同创新中扮演重要角色。它们不仅能协调政府与企业，还能促进行业内合作与资源共享。应充分发挥行业协会的作用，推动产业链上下游企业的联动与资源整合。例如，影视企业与科技公司可通过协会合作，提升影视制作质量与市场化水平。此外，协会还可组织交流活动与创新大赛，促进技术在文化创意产业中的应用，推动文化创意产业链整体协同创新发展。

（三）高校院所智力服务：提供创新智力支持与技术成果转化

高校和科研机构是文化创意产业创新的智力来源。应推动高校与文化创意企业、政府的合作，发挥其在技术创新、理论研究和人才培养中的作用。高校可设立文化创意产业研究中心、创新实验室，探索科技在文化创意产业中的应用。此外，政府应建立科研成果转化机制，帮助高校的技术创新应用到文化产品生产中。通过校企合作，培养具备文化创意和科技能力的复合型人才，为文化创意产业的持续发展提供智力支持。

（四）企业创新主体驱动：发挥企业在文化创新中的核心作用

企业是文化创意产业创新的主体。应通过政策支持与市场激励，激发文化创意企业的创新活力。企业应积极运用科技手段提升文化产品的创意性与互动性，增强市场吸引力。同时，企业应与旅游、商业等行业合作，推出跨界融合的文化产品，扩大消费市场和应用场景。此外，企业应参与全球市场竞争，打造国际化品牌，提升文化创意产业的国际影响力。

（五）金融机构资金支持：构建多元化的文化创意产业融资渠道

金融机构为文化创意产业提供资金支持，助力企业创新与扩大市场。应建立文化创意产业金融支持体系，鼓励金融机构为文化企业提供融资服

务，如文化创意产业贷款、融资担保、知识产权质押融资等。同时，政府
可设立文化创意产业专项基金，吸引社会资本进入文化创意领域。通过搭
建投融资平台，可以促进金融资本与文化企业的对接，帮助文化企业实现
创新与发展。

（六）消费者积极参与：激发文化消费需求和市场活力

消费者的参与是推动文化产品市场化的重要环节。应通过文化推广和
宣传，提升消费者对本地文化产品的认知度和兴趣度。例如，通过举办文
化节、展览等活动展示本地文化资源，增强消费者的文化归属感。文化企
业应通过数字平台提供多样化、个性化的文化消费选择，同时通过大数据
分析消费者行为，优化产品设计。通过消费者的积极参与，文化创意产业
能够形成良性市场反馈，推动文化产品的创新与市场适应性提升。

五、构建文化创意产业高质量发展"六侧一体"的环境保障路径

通过构建"供给侧、需求侧、管理侧、传媒侧、服务侧、国际合作
侧"六维一体的环境保障路径，可以为文化创意产业高质量发展提供全面
支持。供给侧优化资源配置，需求侧激发市场消费，管理侧完善产业治
理，传媒侧提升传播能力，服务侧优化服务质量，国际合作侧拓展全球影
响力。六个侧的协同作用将形成高效、健康、可持续的文化创意产业生态
系统，推动文化创意产业迈向更高层次的创新与发展。

（一）供给侧保障路径：优化资源配置，增强文化供给能力

供给侧结构性改革的重点是提升文化创意产业的供给质量和效率。应
加强对本地文化资源的开发整合，开发有文化内涵和市场潜力的文化产
品。同时，推动文化与科技深度融合，通过虚拟现实、增强现实等技术提

升文化产品的创新性和互动性。通过政策支持和专项基金，鼓励企业加大研发投入，构建丰富多元的文化供给体系，确保产业高质量发展。

（二）需求侧保障路径：激发文化消费需求，拓展市场空间

通过文化推广、数字化消费渠道和政策手段激发文化消费需求，推动市场增长。例如，可以举办文化节、展览和演出等活动，提升本地文化产品的知名度；利用数字平台拓展文化电商与线上文化消费，扩大市场覆盖面。政府还可通过文化消费券、补贴等政策，鼓励公众参与文化活动，刺激消费升级，推动文化市场繁荣。

（三）管理侧保障路径：完善管理体系，提升产业治理能力

通过制度建设、市场监管和创新管理，优化文化创意产业的治理环境。制定健全的政策法规，特别是加强知识产权保护，确保文化产品的合法权益。同时，设立专业的监管机构，维护市场秩序，利用大数据建立市场监测体系，动态调整监管策略。此外，通过数字化管理工具，优化审批和监管流程，提升管理效率，为文化企业提供高效服务。

（四）传媒侧保障路径：构建多元传媒体系，提升文化传播力

传媒侧保障路径通过构建多元化的传媒体系，提升文化产品的传播力。利用传统媒体与新媒体相结合，扩大文化传播范围，尤其是借助社交媒体、短视频平台等吸引年轻消费者。发展数字化传播平台，利用虚拟现实等技术展示文化资源，提升国际知名度。通过与国内外知名平台合作，将文化产品推广至全球，增强国际影响力。

（五）服务侧保障路径：优化服务体系，提升服务质量

建立完善的文化创意产业服务网络，提供资金支持、政策解读、市场

推广和法律咨询等全方位服务，帮助文化企业应对市场竞争。同时，提升文化创意产业配套服务水平，例如在文化旅游项目中优化交通、住宿、餐饮等服务，提高游客的整体体验。此外，发展智慧服务，利用大数据等技术优化服务流程，提升文化创意产业的服务效率和用户体验。

（六）国际合作侧保障路径：拓展国际合作，提升全球竞争力

加强与全球文化创意企业的合作，引进国际先进理念和技术，开发具有国际市场竞争力的文化产品。同时，通过参与国际展览、艺术节等活动，展示文化成果，提升国际知名度。与国际文化机构加强合作，实现双向文化传播，推动文化创意产品走向全球市场，提升文化创意产业的国际话语权和竞争力。

第五章　科技创新赋能新文创产业体系构建

新文创（New Cultural and Creative）概念是指利用科技赋能、跨界合作、多元互动等手段，推动文化创意产业创新发展的新模式。它以互联网、人工智能、大数据等技术为依托，通过与文化、艺术、娱乐、商业等领域的融合，推动文化资源的数字化、IP 化、产业化和全球化，创造出更加多元化、创新性和互动性强的文化产品和服务。与传统文创相比，新文创更加注重 IP 生态的构建和文化资源的数字化开发，强调通过科技手段打破文化的边界，提升文化产品的体验和参与度，打造具有全球影响力的文化品牌。

第一节　新文创的分类及基本特征

一、新文创的分类

新文创涵盖了多个领域，其分类可以根据内容类型、技术手段和产业模式等方面进行划分。主要的分类包括：数字文创、IP 文创、跨界文创、互动文创、社交文创。

数字文创：利用数字技术进行文化内容的创作和传播，如数字艺术、虚拟现实、增强现实、动漫、数字音乐等。数字文创强调通过虚拟和沉浸式技术增强用户体验，推动文化产品的数字化和互动化。

IP 文创：以文化 IP 为核心，通过影视、动漫、游戏、文学、音乐等领域的跨界开发和延展，打造出一系列围绕 IP 展开的创意产品。IP 文创不仅关注内容的创作，还强调 IP 的衍生品开发、品牌化和市场化。

跨界文创：通过将文化内容与其他领域进行融合，如与时尚、科技、体育、旅游、教育等行业的结合，创造出具有多重文化属性的产品和体验。例如，将传统文化与现代科技结合开发文创产品，或将影视 IP 与时尚产业相结合推出联名商品。

互动文创：强调用户参与和互动的文化创意形式，如互动电影、虚拟展览、游戏化体验等。互动文创通过游戏元素、沉浸式体验、社交媒体互动等方式，增强用户在文化创意产品中的参与感和创造力。

社交文创：基于社交平台和新媒体进行的文化传播和创作，如通过短视频平台、直播平台、社交网络等方式进行文化内容的创作、分发和营销，促进文化内容的"病毒式"传播和社群化经营。

二、新文创的基本特征

新文创具有以下几个基本特征：首先是科技驱动，新文创的核心是科技赋能，尤其是数字技术的广泛应用，如大数据、人工智能、区块链、虚拟现实、增强现实等。这些技术帮助文化创意产业提升内容创作效率、优化用户体验、扩大市场覆盖范围。例如，AI 辅助剧本创作、区块链保护版权、VR/AR 提升文化创意产品的互动性。其次是 IP 化运营，新文创强调 IP 的价值挖掘和运营，通过文化 IP 的跨领域开发和延展，形成完整的 IP 生态链。一个 IP 可以通过影视、动漫、游戏、文学、衍生品等多种形式进行开发，并在全球范围内推广，提升其商业价值和文化影响力。第三是跨界融合，新文创注重文化与其他产业的跨界融合，打破行业界限。例如，将传统文化与时尚、科技、旅游等领域结合，打造出具有创新性和市场竞争力的文化创意产品和服务。跨界融合能够丰富文化内容的表现形式，拓展文化创意产业的边界。第四是多元互动，新文创不仅关注文化内容创作和消费，还强调用户的参与和互动。通过数字化手段，如互动电影、游戏化体验、社交媒体互动等形式，增强用户的参与感，鼓励用户与文化内容互动，参与文化创意产品的共创过程。第五是全球化传播，新文创依托互联网和数字平台实现全球化传播，打破地域限制，将文化创意产品推向全球市场。通过多语言版本、跨文化合作和全球化的数字分发渠道，推动文化创意产品在全球范围内的流通和影响力的提升。第六是体验为王，新文创非常注重用户的体验和感受，文化创意产品不再仅仅是单向的内容输出，而是强调用户的沉浸式体验和参与感。无论是虚拟现实中的互动体验，还是文化 IP 的衍生品，用户的体验感是文创产品成功的关键因素。

三、新文创的未来发展趋势

随着科技的不断进步和全球文化需求的多样化，新文创产业的发展前景广阔。未来发展趋势包括：首先是 AI 与创作的深度融合，人工智能在剧本创作、角色设计、内容生成等领域将扮演越来越重要的角色。其次是虚拟现实的普及应用，VR/AR 技术将更广泛应用于文化体验场景中，为用户提供沉浸感更强的文化创意产品。第三是 IP 生态链的扩展，未来的 IP 开发将更加注重跨界合作，打造从影视、动漫到文创产品、主题乐园等的完整产业链。第四是全球化文化交流与合作，新文创将推动更多的跨文化合作，促进各国文化创意产业之间的互动与融合。

第二节　科技创新赋能新文创产业发展目标

科技创新在新文创产业中的应用，不仅仅是技术的简单应用，而是通过科技手段赋能文化创意产业，实现产业链的优化、创作流程的提升、用户体验的革新以及全球文化传播的深化。科技创新赋能新文创产业发展有六大目标。

一、推动文创内容的数字化和智能化生产

目标：利用数字化技术实现文创内容的高效生产和创意突破，提升文化产品的创新性与多样性。

实现路径：AI 创作辅助，借助 AI 技术，自动生成剧本、设计方案、动画制作、音乐创作等，提高创作效率。例如，AI 可以根据用户的喜好生成个性化内容，帮助创意团队迅速创作出符合市场需求的产品；虚拟现实与增强现实，通过虚拟现实和增强现实技术实现文化内容的沉浸式体验。例如，数字博物馆、虚拟展览和互动式游戏等，让文化体验不再局限于物理空间；大数据分析与个性化定制，通过大数据分析用户需求，实时调整文创产品设计方向，提供定制化、个性化的文创产品和服务，满足多元化的市场需求。

二、构建以 IP 为核心的多领域文化产业链

目标：通过科技手段赋能 IP 开发与运营，构建一个跨行业、多领域的文化创意产业链条，提升 IP 的市场影响力和文化价值。

实现路径：IP 全链条开发，通过科技手段对文化 IP 进行多维度开发，将 IP 应用于影视、游戏、动漫、文学、文旅等不同领域，构建起强大的 IP 生态体系；IP 跨界合作与创新，利用大数据、物联网、人工智能等技术，推动文化 IP 与时尚、体育、教育、科技等行业的跨界合作，延展 IP 的应用场景，提升文化产业的市场化和商业化能力；全球化 IP 运营，通

过数字技术和互联网平台，将文化 IP 推广到全球市场，打破地域限制，推动 IP 的国际化发展，提升中国文化创意在全球的竞争力。

三、增强文化体验的互动性和沉浸感

目标：通过科技手段增强文创产品的互动性和沉浸感，打造独特的文化体验场景，吸引用户深度参与文化内容的创作和消费。

实现路径：沉浸式文化体验，通过虚拟现实、全息投影、互动装置等技术，提供沉浸式文化体验。例如，游客可以在虚拟世界中体验历史场景，参与文化互动，增强文化传播的生动性和参与感；用户生成内容与互动文创，通过开放平台和数字工具，鼓励用户参与文创产品的设计和创作。用户不仅是内容的消费者，也是内容的生产者，进一步丰富文化产品的内涵；多元化的文化场景拓展，借助科技手段将文化 IP 延展到现实场景中，如主题公园、互动展览、数字艺术馆等，创造线下文化体验空间，打破线上线下的界限。

四、推动文创产业的可持续发展

目标：利用科技创新推动文创产业的可持续发展，实现文化产品生产的绿色化、资源利用的高效化以及产业链的智能化管理。

实现路径：绿色制造与环保文创产品，通过 3D 打印、智能制造等技术，推动文创产品的绿色生产，减少材料浪费和环境影响，推广使用可再生和环保材料；智能供应链与可持续管理，通过区块链、物联网等技术，构建透明化、智能化的供应链体系，确保文创产品从设计、生产到销售的全流程可追溯性，提升供应链管理的效率和环保性；文化遗产的数字化保护，通过数字化技术，如 3D 扫描、数字档案、虚拟复原，对文化遗产进

行保护和再现，延续文化资源的生命力，实现文化的可持续传播与保护。

五、优化全球文化传播和数字化运营

目标：通过科技手段提升文化传播的全球化影响力，推动中国文创产品和文化 IP 在全球市场的数字化运营，增强文化的国际竞争力和品牌影响力。

实现路径：多语言、多平台全球分发，通过 AI 翻译、自动配音等技术，快速生成多语言版本的文化创意产品，推动文化内容在全球的分发和传播。借助全球互联网平台，实现文化 IP 的多平台覆盖和运营；虚拟数字文化传播，利用数字化和虚拟技术，如 NFT、数字文物等，推动数字文化产品在全球市场的交易和传播，为文创产业开辟新的市场空间；全球文化交流与合作，通过跨国文化创意合作，借助科技平台推动全球文化交流与融合，提升中国文化创意产业的全球影响力。

六、提升文创产业链的效率与创新能力

目标：通过科技手段提升文创产业链的全流程效率，优化从创意到生产、销售、传播的产业链，增强文创企业的创新能力与市场竞争力。

实现路径：智能化创意与设计平台，通过云计算、AI 设计工具等技术，打造智能化创意设计平台，提升设计效率，支持全球创意团队的远程协作，推动文创内容的快速生产；区块链技术助力版权保护，利用区块链技术构建透明、去中心化的版权管理体系，确保文创产品的版权安全，降低盗版侵权风险，提升文化创意产业的收益保障；数字文创生态系统，建立一个由 AI、大数据、物联网、区块链等技术支撑的文创生态系统，促进创意产业链的协同运作，提高产业整体效能。

第三节　科技创新赋能"五位一体"新文创产业体系

一、科技创新赋能新文创内容创作体系

构建科技创新赋能新文创内容创作体系，旨在通过数字技术、人工智能、大数据等创新手段，推动文创内容的多元化生产、精准化传播和高效化创作，打造出更具创意和市场竞争力的文创产品。这一体系不仅能够帮助文化创意产业更好地满足市场需求，还能激发内容创作者的创新潜力，推动文化创意产业的可持续发展。

（一）新文创内容创作全流程

新文创内容创作全流程分为内容创作前期、内容创作中期、内容创作后期三个阶段。

内容创作前期——灵感获取与数据支持：利用大数据分析当前文创内容的市场趋势、受众偏好，挖掘潜在的创意方向与热点题材，为创作者提供创意灵感和决策支持；通过 AI 技术，如自然语言处理、图像生成等，提供创意辅助工具，帮助创作者快速生成文字、图片、音乐等素材，或从海量数据中挖掘有趣的文化元素，提升创作效率。

内容创作中期——多媒介表达与技术支持：利用视频编辑、3D 建模、AR/VR 创作工具等跨平台内容创作工具，实现文字、图片、音频、视频、动画等多媒体内容的无缝集成，满足不同形式的创意需求；利用 AI 技术实现智能文本创作、自动配音、图像生成等功能，帮助创作者快速完成内容初稿，提升内容生产效率，同时提供智能校正和优化建议。

内容创作后期——智能编辑与优化：通过 AI 算法实现视频、音频、图片的自动剪辑与特效生成，减少人工编辑时间，提高内容质量和创意表

现力；利用 AI 和机器学习技术对内容进行自动审核，包括语义分析、图像识别等，确保内容合规、优质，并根据受众反馈自动优化内容形式和表现手法。

（二）技术赋能维度

技术赋能维度包含大数据内容洞察、人工智能辅助创意、虚拟现实增强现实、3D 建模数字孪生四个维度：

大数据内容洞察：通过大数据分析用户行为，对用户进行画像，了解受众对不同类型文化内容的偏好，帮助创作者精准锁定目标受众，定制个性化内容。通过对历史文化资源、文化 IP 数据的深度挖掘和整合，帮助创作者从文化遗产、民俗传说、经典作品中获取灵感，赋予内容创作更深的文化内涵。

人工智能辅助创意：通过 AI 生成图像、视频、音乐等创意素材，帮助创作者快速生成多元化的艺术作品，例如通过 AI 绘画生成器创建文创产品的艺术设计、背景图等。借助 AI 可以辅助编剧、作家进行剧本创作，如提供智能写作助手，自动生成故事框架、情节推进，或根据关键词生成诗歌、散文等文艺作品。

虚拟现实增强现实：通过 VR/AR 技术，创作者可以设计沉浸式的文化体验内容，如虚拟博物馆、历史场景再现等，观众可以通过佩戴设备进入虚拟世界，体验文化场景和故事。通过 AR 技术，创作者可以为用户提供增强现实的互动内容体验，如通过智能手机或 AI 眼镜将虚拟文化元素叠加到现实生活中，实现线上线下融合的互动创作。

3D 建模数字孪生：利用 3D 建模技术，将文化遗产、手工艺品等数字化，创作者可以基于这些数字化资产进行二次创作和设计，开发虚拟博物馆、文化教育平台等。通过数字孪生技术，在虚拟空间中复制现实中的文化场景或艺术空间，为创作者提供虚拟的创作环境，同时实现文化创作与现实空间的互动。

（三）新文创内容体系

1. 多元化的内容

短视频与直播：通过 AI 智能剪辑、配音配乐等技术，快速生成高质量的短视频内容，满足快速消费的内容需求；通过 5G 和实时渲染技术，实现高效互动的文创直播。

互动式故事体验：通过交互式技术，观众可以根据自己的选择推动故事的发展，增强内容的互动性和沉浸感，特别是在游戏和影视内容中使用。

2. 虚拟 IP 与数字艺术

虚拟 IP 创作：通过 AI 和虚拟现实技术打造虚拟 IP，如虚拟偶像、虚拟艺术家等，虚拟角色可以参与内容生产、商业合作，甚至参与线上线下的文化活动，扩大文创内容的商业潜力。

数字艺术与 NFT：创作者可以利用区块链技术将文创作品转化为 NFT，实现内容的数字化收藏和交易，打造稀缺性和独特性的数字艺术品。

3. 跨平台内容传播与互动

多平台内容分发：通过内容管理系统，创作者可以将同一内容自动分发至不同平台，如社交媒体、视频网站、在线文创社区等，并根据平台特性进行内容格式和传播方式的自动优化。

用户生成内容（UGC）与创作共创：提供开放式内容创作平台，鼓励用户参与文创内容的二次创作和共创，通过 UGC 增强用户的创作参与感与文化认同感。

4. 创作生态与商业模式

文化 IP 的衍生开发：首先是文创衍生品设计与销售，基于文化 IP 的故事、角色、场景，开发相关的文创产品，如服饰、玩具、家居等，通过线上线下的渠道销售，实现内容价值的延伸和变现。其次是跨界合作与联合推广：与影视、游戏、时尚等行业进行跨界合作，将文化IP融入多种产品和体验中，提升文创内容的商业影响力。

内容创作与粉丝经济：首先是社交媒体与粉丝互动，通过社交媒体与粉丝进行实时互动，了解粉丝的需求与反馈，及时调整创作方向，增强粉丝的文化认同感与忠诚度。其次是付费内容与订阅模式，通过会员制、内容付费、数字收藏等方式，实现文创内容的商业化，吸引核心用户为高质量、个性化内容付费。

5. 未来趋势与新文创内容的发展方向

元宇宙中的文创内容：随着元宇宙的兴起，文创内容创作将更加虚拟化和互动化，创作者可以在元宇宙中打造虚拟文化空间、虚拟艺术展览等，用户可以在虚拟世界中参与创作、消费和互动。

AI与人类创作的协同发展：随着AI技术的进步，AI将不仅仅作为创作工具，而是成为创作者的"共创者"，AI与人类创作者之间的协同合作将推动文创内容更加多样化、智能化和个性化发展。

通过科技创新赋能新文创内容创作体系，文化创意产业将能够更高效地生产、传播和变现创意内容。新文创的多样化、个性化、互动化趋势，将进一步推动文化创意产业的创新升级，满足全球化数字文化消费的需求。

二、科技创新赋能新文创产品生产体系

构建科技创新赋能的新文创产品生产体系，是文化创意产业走向数字化、智能化的重要步骤。通过数字化平台的搭建、智能化生产流程的优化、跨界融合的合作创新，以及数据驱动的精准创作和营销，文创企业能够更高效地生产优质内容，并提供个性化、沉浸式的用户体验。科技创新不仅是工具，更是推动文化创意产业持续创新和升级的重要引擎。

（一）建立数字化生产平台

科技创新赋能的新文创产品生产体系首先要依托于强大的数字化技术平台。通过数字化技术的应用，能够实现从创意构想到生产执行的全流程数字化管理，极大提高生产效率与质量。

整合云计算与大数据：云计算技术可以提供强大的数据存储和计算能力，支持海量文化内容的存储与分发。通过大数据分析，能够深入了解用户偏好与市场趋势，从而指导文创产品的创意设计与生产决策。例如，基于用户的观影数据、消费行为等信息，帮助创作者调整内容创作方向，确保产品能够更好地满足市场需求。

人工智能辅助创作：人工智能技术已经广泛应用于文创产品的创作中。AI可以通过图像识别、自然语言处理等技术，参与到剧本创作、图像生成、音乐编排等具体创作环节。例如，AI可以自动生成大量图片或视频的初稿，大幅降低设计师的工作量，并为创作者提供丰富的灵感素材。

虚拟现实与增强现实技术：虚拟现实和增强现实技术为文创产品带来了全新的创作形式。通过这些技术，文创产品能够突破物理世界的限制，打造更加沉浸式的虚拟体验场景。例如，博物馆可以利用AR技术展示文物的历史背景，增强用户的互动体验。

（二）推动生产流程标准化与智能化

在科技赋能的新文创产品生产体系中，标准化与智能化的生产流程是提高生产效率的关键。

建立标准化生产流程：新文创产品涵盖影视、游戏、动漫、数字藏品等多种形式，其生产流程往往较为复杂。因此，建立统一的生产标准和规范至关重要。通过标准化流程，能够确保不同项目之间的数据共享，减少重复劳动。例如，统一的3D建模标准可以在不同制作环节中无缝衔接，提升协同效率。

智能化的项目管理：通过智能化的项目管理系统，能够实现项目进度的实时跟踪与管理。借助人工智能和自动化技术，可以自动分配任务、协调资源、优化生产时间，减少人为操作的失误。例如，AI 技术可以分析项目进度并预测潜在的延误，及时进行调整，从而避免生产周期过长。

自动化生产工具的应用：科技创新还表现在生产工具的自动化上。数字化内容生成、自动化动画制作、实时渲染等技术，极大提升了文创产品的生产效率。例如，虚拟角色的面部表情可以通过 AI 技术自动捕捉并生成动画，节省了大量的手动工作。

（三）加强跨界融合与合作创新

文创产业的一个重要特点是跨界融合。构建科技赋能的新文创产品生产体系，需要加强与其他行业的合作创新，特别是科技领域的跨界合作。

文化与科技深度融合：文化与科技的融合可以催生出全新的文创产品形式。例如，结合 AI、区块链、虚拟现实等技术的数字艺术品、NFT 艺术，成为当前文化与科技融合的代表性产品。这类产品既具有独特的艺术价值，又借助科技实现了新的商业模式。

构建合作生态链：文创产品的生产过程往往涉及多个领域的合作，包括创作、技术支持、营销等环节。因此，构建一个开放的合作生态链，能够将不同领域的优势资源整合起来，共同推动文创产品的创新与发展。例如，影视制作公司可以与游戏开发商合作，将热门影视 IP 开发成互动游戏，通过跨平台联动实现 IP 价值的最大化。

打造创新实验室：通过设立创新实验室，文创企业可以与科技公司、研究机构、高校等合作，探索文创产品与前沿技术的结合。例如，利用 AI 技术改进传统文化产品的表达方式，或通过 VR/AR 技术开发新的文化体验产品。

（四）数据驱动的内容创作与营销

数据驱动的内容创作和营销是科技赋能新文创产品生产体系中的重要环节。通过大数据和人工智能的结合，可以大幅提升内容创作的精准度和市场推广的效率。

大数据驱动的创作：大数据技术可以通过分析海量用户数据，洞察用户的文化消费行为和喜好，从而为内容创作提供精准的指导。例如，通过对不同年龄段用户的文化偏好、社交媒体的互动数据等进行分析，创作者可以更加准确地把握目标受众的需求，进行个性化内容定制。

智能化的市场营销：在文创产品推广过程中，数据驱动的智能化营销手段可以帮助企业精准锁定目标市场。通过 AI 推荐算法和大数据分析，企业可以根据用户的浏览习惯、消费历史等信息，为其推荐个性化的文创产品，提升营销效果。例如，智能广告推送和个性化推荐系统，能够让文创产品更高效地触达潜在用户。

（五）增强用户参与与体验

科技赋能不仅体现在生产环节，还体现在用户参与和互动体验的提升上。在新文创产品的生产体系中，增强用户的互动参与感和沉浸体验，是提升用户黏性和产品影响力的重要途径。

用户生成内容模式：文创企业可以通过技术平台，鼓励用户参与到内容创作过程中，形成 UGC 模式。这不仅增加了产品的多样性，也增强了用户的参与感和归属感。例如，用户可以在平台上上传自己的设计作品，并与其他用户进行互动和分享。

虚拟现实和增强现实的沉浸体验：通过 VR/AR 等技术，文创产品可以为用户提供沉浸式的文化体验。例如，用户可以通过 VR 眼镜"进入"虚拟的博物馆，与文物互动或体验历史场景，这种全新的体验方式增强了用户的互动性和体验感。

三、科技创新赋能新文创传播服务体系

构建科技创新赋能的新文创服务传播体系，需要从数字平台建设、智能化传播技术、多媒体互动、跨平台融合和用户互动等多个方面入手。通过科技的深度赋能，文创传播服务体系将实现智能化、精准化和多样化，为文创产业的持续发展提供强有力的技术支撑，助力文创内容的全球化传播与市场化运营。

（一）搭建数字化文创传播平台

数字化传播平台是文创服务传播体系的基础，通过搭建高效的数字化平台，可以实现文创产品的全球推广和文化传播的广覆盖。

构建多功能文创传播平台：通过云计算、5G 和大数据技术搭建数字化文创传播平台，该平台应具备文创产品的展示、交易、推广、互动等多重功能。平台可以整合文创产品的各类资源，包括文创设计、艺术品、影视作品等，为用户提供一站式的文化体验。同时，利用大数据分析技术，平台能够实时监控用户行为，优化推荐系统，根据用户的偏好推送个性化文创产品，提升传播的精准度。

多渠道数字传播矩阵：数字化平台应整合多种传播渠道，构建全方位的传播矩阵，包括社交媒体、短视频平台、音频平台、电子商务等。通过不同类型的传播渠道交叉推广文创内容，打造覆盖广、渗透深的传播体系。例如，一款新的文创产品可以通过短视频平台进行预热推广，社交媒体进行互动式传播，电子商务平台实现转化销售，形成从宣传到消费的一体化传播路径。

（二）引入智能化传播技术

人工智能、物联网等前沿技术的应用，可以大大提升文创服务传播的

智能化水平，实现更高效、更精准的内容分发和服务推广。

AI 驱动的智能推荐与精准传播：人工智能技术可以通过分析用户数据，构建用户画像，并根据用户的兴趣、浏览习惯，智能推荐符合其需求的文创内容和服务。智能推荐系统通过不断学习用户的行为模式，可以动态调整推荐策略。例如，在短视频平台上，AI 算法可以根据用户的兴趣推送相关的文创产品预告、影视片段或文化活动信息，提升文创产品的曝光率和用户黏性。

智能语音助手与虚拟客服服务：在传播服务体系中，智能语音助手和虚拟客服可以为用户提供便捷的互动体验。用户可以通过语音指令或与虚拟客服对话，获取相关文创产品信息、活动介绍或文化资讯。虚拟客服系统不仅可以解决用户的问题，还可以通过智能化的方式为用户推荐相关产品，提升文创服务的传播效果和用户体验。

（三）发展多媒体互动传播方式

多媒体互动传播方式将文创产品的展示、推广与用户互动结合起来，增强用户的参与感与文化体验的深度。通过虚拟现实、增强现实等技术，文创传播方式更加多元，内容传播更加丰富。

虚拟现实打造沉浸式文化体验：利用虚拟现实技术，文创服务可以为用户打造全新的沉浸式文化体验。通过 VR 设备，用户可以"进入"虚拟文化场景，体验古代历史场景的重现或虚拟展览。例如，用户可以通过 VR 游览博物馆，亲身感受虚拟还原的文物展览、文化事件等，这种沉浸式体验不仅提升了文化传播的深度，还拓展了文创产品的展示维度。

增强现实增强互动性与传播效果：增强现实技术通过将虚拟信息叠加到现实场景中，为文创服务带来了更多的互动性。游客在文创景区或文化展览中，通过智能手机或 AR 眼镜，可以实时获取叠加在现实中的虚拟文化内容，如文物的历史介绍、虚拟互动场景等。AR 技术的应用能够丰富文创内容的表现形式，增强用户体验，从而推动文创产品的传播和推广。

（四）跨平台传播与生态化发展

构建开放、协同的文创传播生态体系，有助于实现内容的多平台分发、跨领域联动传播，扩大文创产品的市场影响力。

跨平台合作与内容共享：文创传播服务不应局限于单一平台或渠道，通过与其他领域的合作，构建跨平台传播网络是关键。例如，文创企业可以与电商平台、短视频平台、社交媒体等建立合作，实现内容的多平台联动推广。例如，一部影视作品可以通过短视频平台发布预告，社交平台进行用户互动，电商平台售卖衍生产品，形成从内容传播到产品消费的生态闭环。

构建开放的文创传播生态：文创企业和技术公司应加强合作，打造开放的文创传播生态。例如，文创平台可以通过开放 API 接口，与第三方开发者合作开发各种传播应用和内容共享系统。平台与外部技术力量的结合，将为文创传播体系注入更多创新活力，拓展文创服务的传播范围和内容多样性。

（五）增强用户互动与共创

科技创新赋能的文创传播服务体系应强调用户的参与与互动，通过增强用户的互动性，推动文创内容的共创与传播扩散。

用户生成内容与互动传播：平台应鼓励用户生成内容，通过用户分享、创作、再创作等方式扩大文创内容的传播范围。例如，用户可以在社交媒体、短视频平台上发布与文创相关的创意视频、图片或评论，形成社群化的内容传播。这种模式不仅能够增强用户的参与感，还能让用户成为文创内容的传播者，扩大文创产品的覆盖面。

互动体验与文化传播的深度融合：平台应为用户提供互动体验，例如通过在线文化游戏、文化问答、虚拟展览中的小游戏等形式，吸引用户参与互动式传播。在文化传播过程中，增强用户的沉浸感和互动感，不仅可以提高文创传播的文化附加值，还能提升用户的文化认同感与归属感。

四、科技创新赋能新文创人才培养体系

构建科技创新赋能的新文创人才培养体系，是文创产业发展的重要基础。通过融合科技与文化的课程体系、强化校企合作、搭建开放的实践平台、推动跨学科融合，能够培养出具备创新能力和跨界思维的复合型人才。科技创新不仅是文创产业升级的工具，也是人才培养体系持续创新的核心驱动力。

（一）建立创新型人才培养教育体系

人才的培养体系首先需要从教育入手，通过构建创新型教育模式，将科技创新与文创产业的实际需求结合起来，培养具备复合能力的人才。

1.融合科技与文化的课程体系

教育体系的核心在于课程设置。为了培养适应新文创产业需求的人才，学校应开设融合文化与科技的跨学科课程。例如，除了传统的文化创意、艺术设计类课程，学校还应增设数字技术、人工智能、虚拟现实（VR）等科技相关课程，帮助学生掌握最新科技工具和技术。通过这种跨学科的培养方式，学生能够在文化创意与技术创新中找到平衡，提升综合能力。

2.注重实践与项目驱动的教学模式

在人才培养过程中，实践与理论并重至关重要。高校可以采用项目驱动的教学模式，让学生参与到真实的文创项目中，利用所学的科技手段进

行实践操作。例如，结合虚拟现实技术制作一部虚拟展览、利用区块链技术开发数字藏品等。这种教学模式能够让学生在实践中积累经验，提升创新能力。

3. 持续的教育创新与教师队伍建设

新文创产业技术更新快，教育体系也必须随之创新。学校应当建立灵活的课程更新机制，及时引入最新的科技知识，确保课程内容能够跟上产业的发展。同时，培养具有科技背景的教师队伍也是关键。可以通过引进业界专家、联合科技企业设立产业导师机制等方式，打造一支既有学术研究能力又了解产业实践的师资力量。

（二）强化校企合作，推动产学研一体化

新文创人才培养离不开产学研的深度融合，校企合作是实现这一目标的关键途径。通过加强校企合作，学生可以接触到企业前沿的技术应用，企业也能够从高校获取最新的学术成果与创新人才。

1. 建立企业实践基地

高校可以与文创企业、科技公司合作共建实践基地，为学生提供实际操作的机会。例如，与虚拟现实、人工智能技术公司合作，设立虚拟展览、互动体验的项目实训基地，让学生能够将课堂所学的技术运用到企业实际需求中。实践基地不仅能够增强学生的动手能力，还能够培养学生对市场需求的敏锐度。

2. 联合培养人才，开展定制化培训

校企合作还可以通过定制化的培训项目实现。企业可以根据自身的人才需求，与高校联合开设针对性强的课程模块。例如，企业可以向学校提出需要具备人工智能、大数据处理能力的文创人才，高校据此调整教学内容，进行联合人才培养。这种定制化的培养方式，能够让学生在毕业时具备明确的就业方向，缩短企业的人才培养周期。

3.推动科研成果转化与应用

校企合作不仅能够为学生提供实践机会，还能够推动科研成果的产业化。高校的研究成果可以通过与企业合作，转化为实际应用。例如，学校研发的图像处理算法可以应用到企业的动画制作流程中，缩短生产周期。通过这种模式，既可以推动技术创新，又能增强企业的竞争力。

（三）搭建开放实践平台，促进人才全面发展

科技创新赋能的新文创人才培养体系需要一个开放的实践平台，帮助学生在实践中掌握前沿技术和解决实际问题的能力。

1.建立文化与科技融合实验室

高校可以设立文化与科技融合实验室，提供多样化的技术支持与创新工具。例如，虚拟现实实验室、人工智能创新工作室、区块链应用实验室等。这些实验室不仅可以用于学生的创新实验，还可以让他们在开放的环境中合作，共同开发创新项目。这种开放式实验室鼓励跨学科合作，有助于培养学生的团队协作和创新能力。

2.打造线上创新平台

互联网技术的普及使得线上创新平台成为可能。高校可以建立线上文创技术创新平台，汇集创意、技术资源和项目机会。学生可以通过这个平台发布自己的创意作品、与行业专家进行线上交流和互动，甚至参与到全球文创项目的开发中。这种线上线下结合的方式，能够打破时间和空间的限制，极大提升学生的学习效率和创新能力。

3.提供国际化视野与资源支持

在新文创领域，国际化视野同样至关重要。高校可以通过与国际文创机构、知名企业的合作，搭建国际化交流平台。例如，学生可以参与国际文创竞赛、与国外企业进行项目合作，拓宽全球视野。这种开放的实践平台，能够培养学生的全球竞争力，帮助他们了解国际文

创产业的前沿动态。

（四）推动跨学科融合，培养复合型创新人才

文创产业涉及多个领域的交叉与融合，构建跨学科融合的人才培养体系，能够更好地应对行业的多样化需求。

1.推动文化与科技的跨学科融合

高校应鼓励文创类专业学生学习科技相关课程，同时鼓励技术类专业学生参与文创项目。通过这种跨学科的培养方式，学生能够打破单一学科的限制，掌握复合知识。例如，艺术设计专业的学生可以学习计算机编程，开发基于虚拟现实技术的互动作品；而计算机科学专业的学生可以通过参与艺术项目，提升设计和创新能力。

2.设立跨学科的创新研究项目

高校可以设立跨学科的创新研究项目，鼓励学生跨学科合作，推动文创与科技的深度融合。例如，虚拟现实与文化艺术的结合、人工智能与内容创作的融合，都是跨学科研究的典型应用。通过这种方式，学生能够拓展思维，发现更多的创新机会。

3.推动跨行业的互动与合作

新文创人才培养体系还可以通过与其他行业的合作，培养适应不同领域需求的复合型人才。例如，文创与旅游、教育、医疗等行业的结合，能够带来更多的创新服务与产品。高校可以通过与这些行业合作，为学生提供跨行业的项目机会，提升其创新和解决实际问题的能力。

五、科技创新赋能新文创技术支撑体系

构建科技创新赋能的新文创技术支撑体系，关键在于数字化基础设施的构建、核心技术的应用、数据驱动的智能化运营以及跨行业的技术融

合。通过科技创新，文创企业能够提升生产效率、增强用户体验、拓展新的商业模式，并推动文化与科技的深度融合。科技创新不仅是文创产业发展的重要工具，更是未来文创产业持续发展的核心动力。

（一）构建新文创的数字化基础设施

文创技术支撑体系的核心在于构建一个高效、智能的数字化基础设施。通过搭建数字化平台，能够实现文创产业链的全面数字化，从而提升产业协同效率，促进内容创新。

1.数字化平台的搭建

数字化基础设施首先包括一个覆盖创作、生产、分发、营销的全流程数字化平台。利用云计算、大数据、人工智能等先进技术，文创企业可以在平台上进行数据存储、内容创作和资源整合，提升生产效率。平台化的管理能够优化文创生产的各个环节，实现从创意到市场的无缝衔接。例如，文创企业可以通过云端创作平台进行跨地域的实时协作，提高创作效率，同时利用大数据优化市场决策。

2.云计算支持的资源整合

云计算技术在文创技术支撑体系中具有重要作用，能够有效整合分散的资源，并提供强大的计算和存储能力。通过云计算，文创企业可以利用远程服务器进行内容存储、共享和分发。例如，文创项目涉及大量的3D模型、视频素材等复杂数据，云平台可以提供实时的存储和协同能力，使不同团队可以随时访问和处理这些内容资源。

3.智能化的项目管理系统

数字化基础设施还应包含智能化的项目管理工具，通过人工智能和自动化技术来优化项目的进度管理、任务分配和资源配置。智能项目管理系统能够实时追踪项目进展，自动分配任务并预测潜在的风险，帮助文创企业提高生产效率，减少项目延期的风险。

（二）应用核心技术推动文创产品创新

科技赋能文创产业的关键在于核心技术的应用，这些技术能够为文创产品带来全新的创作形式、体验方式和商业模式。

1.人工智能驱动的内容创作

人工智能技术在新文创领域的应用主要体现在内容生产的自动化与智能化。通过 AI 算法，文创企业可以实现文本生成、图像处理、音乐编排等多种创作功能。例如，AI 可以自动生成初步的创意文案或剧本草稿，辅助设计师进行海报、动画的制作，提高创作效率。此外，AI 还可以通过数据分析，帮助创作者理解市场趋势和用户偏好，进行更为精准的内容定制。

2.虚拟现实和增强现实技术

VR 和 AR 技术在文创产品中的应用极大增强了用户的互动性与沉浸感。通过 VR 技术，用户可以身临其境地体验虚拟世界中的文化场景；而 AR 技术则可以将虚拟信息叠加到现实世界中，提供更加丰富的文化互动体验。文创企业可以利用这些技术开发沉浸式体验，例如虚拟展览、沉浸式演出或互动游戏等，提升用户的参与感和品牌价值。

3.区块链技术赋能数字版权管理

区块链技术在文创产业的数字版权管理中有着广阔的应用前景。通过区块链技术，文创产品的版权可以实现去中心化的存储和验证，确保版权信息的公开透明，不可篡改。文创企业可以通过区块链技术跟踪文创作品的流通情况，保护创作者的合法权益，并防止侵权行为。同时，区块链技术还可以支持数字藏品的交易，为文创产品开辟全新的商业模式。

（三）数据驱动的智能化运营

大数据与人工智能技术的结合，为新文创的智能化运营提供了强大的技术支撑。通过数据的深度挖掘和智能分析，文创企业可以实现精准化的内容推荐、用户画像分析和市场决策。

1. 大数据支持的用户行为分析

在文创技术支撑体系中，用户行为数据是重要的资源。通过大数据技术，文创企业可以对用户的浏览、消费、互动数据进行分析，建立用户画像，帮助企业更好地了解用户需求。例如，通过分析用户在短视频平台上的互动数据，企业可以精准把握用户偏好的文化内容，从而调整创作方向，推出更多符合市场需求的产品。

2. 智能化的内容推荐系统

在文创产品的分发环节，智能化的推荐系统能够显著提升内容传播的效率和效果。通过 AI 推荐算法，系统可以根据用户的兴趣、浏览历史和消费行为，向其推荐个性化的文化内容或文创产品。例如，文创电商平台可以通过智能推荐系统，向用户推荐相关的文创商品，提升用户的购买体验和复购率。

3. 数据驱动的市场预测与决策

文创企业还可以利用大数据分析工具，进行市场预测与决策优化。通过分析历史数据和市场动态，企业可以预测文创产品的市场表现，调整产品策略和资源投入。例如，电影公司可以根据用户观影数据和社交媒体的讨论热度，预测电影的票房走势，从而制定更加有效的宣传和发行策略。

（四）跨行业、跨领域的技术融合

文创技术支撑体系的构建不仅仅依赖文创产业内部的技术升级，还需要与其他行业的技术融合，形成跨行业的技术生态。

1. 文化与科技的深度融合

文化与科技的深度融合能够为文创产业带来新的发展动能。通过将先进的科技手段与传统文化资源相结合，文创企业可以开发出更加丰富的文化体验产品。例如，将人工智能技术应用于传统工艺的创新设计中，能够赋予传统文化产品新的生命力，增强其市场竞争力。

2. 与其他行业的协同创新

文创产业可以与其他行业进行协同创新，共同开发跨行业的文创产品和服务。例如，文创企业可以与旅游、教育、体育等领域合作，推出结合文化与体验的综合服务。再如，文创公司可以与旅游企业合作开发文化旅游项目，通过虚拟现实技术带给游客全新的文化体验。

3. 构建开放的创新生态

新文创技术支撑体系的建设需要开放的创新生态。文创企业应当积极与科技公司、高校研究机构、创意团队等展开合作，共同推动技术创新。例如，企业可以通过共建实验室或创新中心的方式，探索新兴技术在文创领域的应用场景，并快速将创新成果转化为产品和服务。

第四节　基于"五位一体"产业体系的新文创产业发展路径

构建基于内容创作体系、产品生产体系、传播服务体系、技术支撑体系和人才培养体系的新文创产业发展路线图。

基于内容创作体系、产品生产体系、传播服务体系、技术支撑体系和人才培养体系的新文创产业发展路线图，将科技创新贯穿文创产业的各个环节，推动文创内容、产品、传播和技术的全面升级。通过这五个体系的协同发展，新文创产业可以实现文化与科技的深度融合，增强国际竞争力，推动文创产业的可持续高质量发展。

一、构建科技创新赋能新文创产业体系发展模式

（一）内容创作体系：多元化、科技赋能的创作模式

数字化创作工具的普及：借助人工智能、大数据分析、虚拟现实（VR）等技术，推动数字化创作工具的普及。例如，AI 可以辅助内容创作，自动生成剧本、文本或图像，为创意人员提供高效的辅助。VR 技术可以用来制作沉浸式体验的文创内容，如虚拟展览、虚拟旅游等。

数据驱动的内容策划：通过大数据分析用户的文化消费习惯和趋势，创作者可以根据数据精准定位用户需求，创作出更符合市场期待的文创内容。这种数据驱动的内容策划，可以帮助企业更好地平衡创意表达与市场需求。

多元文化融合：鼓励多元文化元素的融合与创作，推动不同文化、传统与现代元素的交汇，为文创内容提供丰富的文化内涵。通过科技手段进行跨文化的创意生成，帮助文创作品更具全球视野，增强国际竞争力。

（二）产品生产体系：智能化、高效的生产模式

自动化生产工具的引入：借助 3D 打印、自动化生产设备以及 AI 辅助设计技术，提升文创产品的生产效率。智能化的生产体系可以缩短生产周期，提升产品精度，并降低生产成本。例如，3D 打印技术在文创产品原型设计和限量版艺术品制作中的应用已成为趋势。

数字供应链与生产协同：通过数字供应链管理，整合产品生产的各个环节，实现高效协同。供应链的数字化能够帮助文创企业提高生产调度和库存管理的效率，减少资源浪费，保障产品按需生产。

虚拟产品与数字藏品开发：基于区块链技术，开发虚拟文创产品和数字藏品（如 NFT）。这种模式不仅突破了传统实物产品的局限，还为数字艺术品和虚拟文化资产提供了交易和收藏的平台，满足了用户对数字文化产品的需求。

（三）传播服务体系：多渠道、智能化的传播模式

数字化传播平台的建设：通过大数据、云计算、AI技术，构建文创传播的数字化平台。这个平台应具备多功能性，能够涵盖文创内容的发布、传播、推广以及用户互动等功能，为文创企业提供一站式传播解决方案。

智能化传播技术的应用：借助人工智能的个性化推荐系统和大数据分析，文创企业可以实现精准传播，根据用户的兴趣和行为习惯，动态推送定制化内容和文创产品。这不仅能够提升用户黏性，也能提高传播效果。

多平台联动的传播矩阵：通过社交媒体、短视频平台、文创电商等多渠道的联动传播，形成全方位的传播矩阵。利用内容跨平台分发的方式，可以扩大传播覆盖面，提高内容的曝光率，最终实现文创产品的市场化落地。

（四）人才培养体系：多学科融合的人才培育模式

跨学科人才培养计划：文创产业的人才培养不仅需要文化创意能力，还需要对技术有深入的理解。因此，高校和培训机构应开设跨学科课程，结合艺术设计、计算机科学、数据分析等领域的内容，培养具备科技能力的复合型文创人才。

校企合作与产学研一体化：推动文创企业与高校和科研机构的合作，建立产学研合作平台，通过实际项目合作、实习基地共建，培养文创行业急需的创新型技术人才。产学研一体化模式能够确保人才培养与产业需求高度契合，为文创企业输送专业性强、实践经验丰富的人才。

持续学习与技能提升计划：随着科技的不断进步，文创行业从业人员需要不断更新技术知识和专业技能。文创企业应为员工提供持续学习的机会，尤其是在AI、VR/AR等新技术领域的培训，确保文创从业者能够跟上技术发展的步伐，为文创产业创新提供持续动力。

（五）技术支撑体系：科技创新推动文创发展模式

文化数字化和虚拟化技术开发：大力发展 VR、AR、区块链等技术，推动文化资源的数字化、虚拟化，提升文创产品的科技含量。例如，利用虚拟现实技术重现历史场景、传统文化活动，让文化体验更具沉浸感和互动性。

数据安全与版权保护技术：基于区块链的版权管理系统，可以确保文创内容的原创性和独特性，防止侵权问题的发生。同时，区块链技术还可以用于文创产品的追溯和交易，保障数字文化资产的安全性和透明度。

云计算与大数据平台的建设：建设支持文创产业的云计算平台和大数据基础设施，帮助文创企业处理大量的文化数据，进行市场调研、用户行为分析和内容优化。这一平台可以支持内容创作、产品开发、市场推广的各个环节，为文创企业提供全方位的技术支持。

二、基于"五位一体"产业体系的新文创产业发展实施步骤

通过基础建设、协同发展、全球化扩展三个阶段，"五位一体"的产业体系将从智能工具引入、数据化管理、技术协同，逐步迈向全球化、市场化的智能生态，实现科技与文创的深度融合，推动文创产业的高效运营与可持续发展。

（一）第一阶段：基础建设与智能化引入

在初期，重点在于为整个产业构建坚实的技术基础，并引入智能化工具为各个维度赋能。

内容创作体系：引入人工智能、大数据、虚拟现实等技术，提升内容创作效率。AI 用于剧本撰写、设计等创意内容，减少重复性工作，大数据则为创作提供市场需求与用户兴趣分析，使内容更加精准。

产品生产体系：实施智能制造技术，特别是 3D 打印等工具，用于个性化、小批量生产，提升生产效率。建立智能供应链管理系统，优化生产线管理，提高资源配置的透明度。

传播服务体系：搭建数字化传播平台，通过社交媒体、短视频、流媒体等高效传播渠道。利用 AI 算法精准匹配内容与受众，快速扩大市场覆盖面。

人才培养体系：在高校和培训机构推广文化创意与科技基础知识的融合，培养具备数字化创作能力的基础型人才，提升文创从业者的技术素养，为未来产业发展储备科技驱动的人才。

技术支撑体系：搭建基础技术平台，整合大数据、云计算和物联网技术，支持内容创作、生产和传播，实现文创产业的数字化转型。

（二）第二阶段：协同发展与跨领域融合

在此阶段，各个维度进入协同发展，通过技术深化与跨领域合作，推动文创产业向更高效、更具创意的方向迈进。

内容创作体系：借助大数据分析和智能算法，实现数据驱动的内容创作，精准定位用户需求，提高市场化成功率。更多应用 VR/AR 等沉浸式技术，增强互动性与参与感。

产品生产体系：实现全面数字化供应链管理，利用物联网技术实时监控生产进度，结合大数据优化生产线。同时，采用柔性生产模式，快速调整生产策略，满足大规模个性化定制需求。

传播服务体系：应用互动式传播技术，通过 VR/AR 增强用户的沉浸感和参与度。传播模式不仅依赖内容发布，还通过口碑传播和互动体验扩大全球市场覆盖。

人才培养体系：推动跨学科融合，打破文化、科技、设计、市场营销的学科壁垒，培养复合型文创人才。通过产学研合作，让学生在实际项目中提升创新与跨领域协作能力。

技术支撑体系：通过跨产业链技术协同，整合创作、生产、传播的全流程技术。利用物联网和大数据，实时监控和自动化调整，提升产业链运作效率。

（三）第三阶段：全球化与智能化全方位升级

此阶段重点在于推动全产业链的全球化扩展与智能化转型，构建具有国际竞争力和创新驱动力的文创生态体系。

内容创作体系：完成智能创作与沉浸式内容的全面升级，推动沉浸式内容创作成为主流。通过 VR/AR 和 AI 工具，创作者可以为全球市场定制文化内容，重点推动多元文化的跨界融合，提升文化 IP 的全球影响力。

产品生产体系：进入智能化生产与大规模定制阶段，推动柔性生产与个性化定制成为主导模式。通过技术赋能，实现按需生产、个性化订单处理，推动文创产品向全球市场扩展。

传播服务体系：实现全球化传播，通过全球化社交平台、跨语言 AI 翻译、虚拟体验馆等方式推动文创产品国际渗透。通过全球数字平台和国际电商推动文化 IP 全球运营。

人才培养体系：进入全面的产学研结合与全球人才培养阶段，结合国际合作与跨国项目实践，培养具备国际视野的复合型文创人才，确保人才与最新文化创意技术接轨。

技术支撑体系：构建智能化版权与安全保护体系，利用区块链技术确保全球文化内容的版权透明性和交易安全。通过智能合约实现全球文化内容交易的标准化和便捷化，推动全球文化产业的数字化交易与发展。

（四）一体化融合：全产业链的协同发展

在这三个阶段的发展过程中，各个维度相互联动与协同发展是成功的关键。通过一体化融合，技术支撑体系为内容创作、产品生产和传播提供基础设施支持，技术与市场需求紧密结合，保障产业链高效运转。人才培养体系不仅为技术创新提供持续动力，还通过产学研结合模式推动产业不断发展。全球化传播与市场扩展确保文创产品不仅立足本土市场，还能够成功打入国际市场，实现全球化扩展。

第六章　科技创新赋能新文旅产业体系构建

新文旅是"新文化旅游"的简称，指的是通过科技创新与文化资源的深度融合，推动旅游业从传统的观光旅游向体验式、沉浸式、互动式的文化旅游转型升级。新文旅以文化为核心，科技为驱动，强调将文化资源数字化、互动化，并通过虚拟现实、增强现实、人工智能等先进技术，提升游客的体验感，赋予旅游场景更多文化内涵和多样化体验。

与传统文旅相比，新文旅更加注重科技手段的应用、文化创意与旅游产业的融合，通过创新性的旅游产品和服务，满足游客日益增长的个性化和互动化需求。它不仅推动了旅游产业链的延伸，也大大提升了文化的传承和传播效能。

第一节　新文旅的分类及基本特征

一、新文旅的分类

新文旅通过科技与文化的深度融合，赋予了旅游产业全新的生命力。它以科技驱动、文化为核心，注重互动与沉浸式体验，并为游客提供个性化、定制化的服务。未来，新文旅将继续通过创新技术提升旅游体验，推动文化资源的数字化、全球化传播，为文化和旅游产业的可持续发展注入新的动力。新文旅的具体分类可以依据不同维度进行划分，主要包括以下五类。

（一）数字文旅

虚拟现实旅游：通过虚拟现实技术，游客可以在线上体验景区、博物馆或文化遗址，身临其境地感受目的地的文化氛围。例如，用户可以通过VR设备参观世界各地的文化遗产，体验虚拟的全景互动旅游。

增强现实互动体验：在实际旅游中，利用增强现实技术，游客可以通过智能设备扫描历史景点或文物，获取虚拟的文化解说或历史场景的复原，让现实世界中的文化体验变得更加丰富立体。

（二）文化IP与旅游的融合

IP主题文化旅游：将热门的文化IP，如影视、文学、动漫、游戏等，融入旅游景点，打造基于IP的文化体验。例如，将知名影视作品中的场景、人物、故事线转化为主题公园或文化景区，吸引粉丝前往打卡。

文旅IP商品开发：通过文化IP的跨界开发，结合文创产品、旅游纪念品、数字收藏品等，形成IP衍生经济，延伸文旅产业链。

（三）沉浸式文旅

沉浸式文化体验：通过科技手段，如全息投影、虚拟现实、增强现实、互动屏幕等，让游客深度参与文化场景和故事中。例如，游客可以通过身临其境的多媒体互动体验，参与古代历史场景或文化故事中，增强文化感知和情感联系。

沉浸式夜游项目：将光影技术与景区夜间文化活动相结合，打造沉浸式夜游体验，提升景区在非高峰时段的游客流量。

（四）智慧旅游

智慧景区管理：利用物联网、大数据和人工智能技术，帮助景区实现智能化管理和运营，包括游客流量监控、智能导览系统、智慧停车、实时信息推送等，为游客提供更高效和便捷的服务。

智慧导游和智能解说：智能导游可以根据游客的偏好、兴趣点，个性化推荐旅游路线、景点信息及文化解说。例如，游客通过手机 App 或智能设备，可以在景区实时获取个性化的文化解说和旅游服务。

（五）文化演艺与旅游结合

文化演艺项目：在旅游景区或历史文化场所，引入与地方文化相关的演艺项目，展现地方风土人情、历史故事或民俗文化，提升游客对当地文化的理解和体验。例如，实景演出和大型光影秀结合当地文化背景，为游客带来震撼的视听享受。

文旅节庆活动：通过举办与地方文化相关的节庆活动，吸引游客参与。节庆活动包括传统节日庆祝、地方特色文化节、音乐节等，形成文化旅游热点。

二、新文旅的基本特征

新文旅与传统旅游相比，具有以下五个显著特征。

（一）科技驱动

科技赋能旅游体验：新文旅通过 VR、AR、5G、大数据、人工智能等技术，全面提升旅游体验。例如，VR 带来虚拟旅游、AR 提供现实中的互动解说，智能导游和大数据分析能够精准服务游客需求。

智能化管理与运营：智慧旅游通过物联网和大数据技术实现景区的智能管理，包括实时监控游客流量、预测高峰期、自动调节景区的服务资源。科技赋能提升了景区的运营效率，改善了游客体验。

（二）文化为核心

文化旅游深度融合：新文旅强调文化在旅游中的核心地位。无论是传统文化遗产还是现代文化 IP，新文旅通过文化赋予旅游产品更深的内涵，提升文化传承与传播的效能，增强旅游的文化体验价值。

文化体验多样化：新文旅产品和项目注重为游客提供多层次的文化体验，从沉浸式的历史文化再现，到现代文化和旅游的融合，文化体验的多样性成为新文旅吸引游客的重要因素。

（三）互动与沉浸

高互动性：新文旅不仅是观光体验，更强调游客与文化内容的互动。通过 AR、VR 等技术，游客可以在文化场景中与虚拟人物、历史事件互动，甚至成为故事的一部分，互动式的体验增加了游客的参与感和兴趣。

沉浸式体验：新文旅提供沉浸式的旅游场景，通过多媒体技术、实景演出和智能交互手段，游客能够深度感知文化、历史和场景氛围。例如，游客可以通过沉浸式演出参与到古代文化的还原场景中，获得身临其境的体验。

（四）个性化与定制化

定制化服务：新文旅通过大数据分析游客的行为和偏好，为游客提供个性化的旅游推荐、线路设计和文化解说服务。智能化系统可以根据游客的需求定制专属的旅游行程，提升游客的满意度和体验感。

多元化产品：新文旅的产品设计更加多样化，包括虚拟旅游、文化体验、互动展览、沉浸式演出、主题公园等，满足了不同游客群体的个性化需求。

（五）线上线下融合

虚实结合：新文旅强调线上线下融合的体验模式。游客可以通过线上平台进行虚拟参观、预约购票，线下则通过智慧服务和沉浸式体验实现无缝衔接。此外，游客还可以通过 AR 技术将线下场景与线上文化内容进行互动连接，形成多维度的旅游体验。

全球化传播：新文旅借助互联网和数字平台打破了地域限制，虚拟旅游和在线文化内容推广可以让全球游客体验到特定文化的魅力，提升文化的国际传播力。

第二节　科技创新赋能新文旅产业发展目标

科技创新是新文旅产业发展的核心驱动力，它不仅推动了旅游业从传统观光向多元化、互动性强的沉浸式体验转型，也推动了文化资源的数字化、智能化和全球化传播。通过科技创新推动新文旅产业发展主要有七个目标。

一、提升游客体验的互动性与沉浸感

目标：通过科技手段提升游客与文化内容的互动性与沉浸感，使旅游体验更加丰富和个性化。

实现路径：利用虚拟现实、增强现实、全息投影等先进技术，提供沉浸式、互动性强的文化体验。例如，游客可以通过 VR 技术沉浸在历史场景中，感受文化遗产的独特魅力；通过 AR 技术，将景区的历史文化信息与现实环境相结合，为游客提供多层次的文化解读。同时，借助触控屏、智能设备等互动技术，增强游客与景区内容的互动性，使游客能够参与到文化体验中，提升体验的深度与个性化。

二、促进科技与文化的深度融合，推动文创产品多样化

目标：推动科技创新与文化创意产业的深度融合，推动文创产品多样化，满足不同游客群体的需求。

实现路径：科技创新使文化创意产业有了更广阔的发展空间，传统文化 IP 得以通过数字化转化为丰富的文创产品。例如，影视、动漫、文学等文化内容可以与旅游场景深度结合，开发互动性强的文化旅游产品，如虚拟文化展示、文化艺术展览等。此外，通过虚拟商品、数字艺术收藏品等，推动文创产品的创新与多元化，满足消费者的个性化需求，并拓展产品的附加值。

三、建设智慧旅游生态，提升景区管理与服务水平

目标：通过智能化技术提升景区的管理效率和游客服务体验，实现景区资源的科学调度与精准服务。

实现路径：利用物联网、大数据、人工智能等技术，构建智慧旅游生态。例如，物联网技术可以实时监测游客流量、景区设施的状态等信息，利用大数据进行游客行为预测与资源优化调配，提高景区的运营效率；人工智能技术可以为游客提供个性化的服务，如智能导览、精准推荐旅游路线、定制化的文化解说等，提升游客的整体体验和满意度。通过智能化管理，使景区运营更加高效，服务更具个性化。

四、促进产业链延伸，推动跨学科、跨行业融合发展

目标：通过科技创新推动文旅产业的跨学科、跨行业融合发展，形成更加多元和高效的产业生态。

实现路径：推动文化、旅游、科技、教育等多个领域的协同发展，增强产业链的联动效应。例如，通过科技手段推动文化创意产业与教育、科技行业的融合，打造数字化文化教育产品或虚拟课堂；同时，借助旅游大数据分析，推动景区与旅游演艺、餐饮、商品销售等周边产业的合作，拓展产业链的上下游发展，推动产业集群化和多元化发展。

五、推动文旅产业的可持续发展，促进绿色旅游与生态保护

目标：实现文旅产业的可持续发展，在推动产业增长的同时，注重生态保护和绿色发展。

实现路径：应用绿色科技与智能管理技术，推动旅游景区的低碳、环保运营。例如，通过智能能源管理系统实现景区的能源优化配置，降低资源浪费；利用大数据、人工智能等技术加强对景区环境的监测与管理，提升生态保护水平。同时，通过数字化技术保护和传承文化遗产，减少实体旅游对文化和自然资源的破坏，推动文化资源的数字化保护与全球传播。

六、提升全球化传播力，推动中国文化走向世界

目标：借助科技创新，提高中国文化的全球传播力，增强中国文化在全球文旅市场的影响力。

实现路径：通过互联网平台、虚拟展览和数字文化产品等形式，将中国的文化旅游资源传播到全球。虚拟旅游平台能够突破地域限制，为全球游客提供在线的沉浸式文化体验。此外，通过跨国合作与文化交流项目，推动新文旅产业的国际化发展，提升中国文化的国际知名度和认知度，吸引全球游客参与其中，推动文化软实力的提升。

七、推动新文旅产业的全产业链数据化转型

目标：实现新文旅产业全产业链的数据化转型，通过数据优化运营管理，提升产业效能与服务质量。

实现路径：通过大数据、云计算等技术的应用，全面推进产业链的数据化管理。具体来说，可以通过数据分析了解游客的行为习惯、偏好和需求，帮助景区管理者做出精准的市场决策；同时，推动文旅产业从内容创作、产品开发到营销推广的全链条数字化，提升各环节的运营效率，降低成本，提升服务的个性化与精准性。

第三节　科技创新赋能"七位一体"新文旅产业体系

一、科技创新赋能文旅新产品培育体系

科技创新赋能文旅新产品培育体系，将推动文旅产业的深度转型与升级。通过构建数字化平台、引入 VR/AR 技术、利用 AI 和物联网等智能化工具，文旅企业能够不断推出更具创新性和吸引力的新产品。同时，通过跨界合作与新商业模式的探索，文旅企业能够拓展市场空间，创造更多的商业机会。科技赋能文旅新产品的开发，不仅为游客带来了全新的文化体验，也为文旅产业的可持续发展提供了重要支撑。

（一）构建数字化平台支撑文旅产品开发

数字化平台是文旅新产品开发的重要基础。通过整合云计算、大数据、物联网等技术，文旅企业可以构建数字化的产品开发平台，提升创新效率和协同能力。

117

云计算支持的产品开发平台：文旅企业可以借助云计算技术，搭建覆盖从创意生成到产品发布的全流程平台，进行资源整合和数据共享。例如，文旅景区、博物馆、文化活动场馆等机构可以通过云平台共享资源，实现跨区域的合作开发。云计算还能够支持远程协同，创意团队、设计师、开发人员可以在不同地点共同完成产品开发，提升工作效率和创新力。

大数据驱动产品设计与优化：大数据技术为文旅产品的设计提供了宝贵的市场洞察和用户需求分析。通过收集和分析用户行为数据、社交媒体评论、游客反馈等，文旅企业可以更好地了解市场需求，精准定位新产品开发方向。例如，数据分析可以帮助企业了解不同年龄段、文化背景的游客对特定产品的偏好，从而为文旅新产品设计提供依据。

（二）引入虚拟现实与增强现实技术提升产品体验

虚拟现实和增强现实技术为文旅新产品的开发提供了巨大的创新空间。这些技术可以突破时间和空间的限制，打造沉浸式的体验场景，增强游客的参与感与互动性。

虚拟现实场景再现：VR 技术能够将游客带入虚拟的文化场景或历史事件中，让他们以"亲历者"的视角体验文化历史。例如，利用 VR 技术，游客可以"穿越"到古代历史场景，目睹某一历史事件的发生，或参与虚拟互动，增加文旅产品的吸引力和文化深度。这种沉浸式体验不仅提升了游客的参与感，还丰富了产品内容的表现形式。

增强现实互动导览：AR 技术可以为游客提供实时互动的导览服务。例如，游客在游览某一文化遗址或历史景点时，使用手机或 AR 眼镜可以看到该场景的历史信息、建筑原貌等虚拟内容叠加在现实环境中。这种增强现实导览不仅提高了旅游体验的趣味性，还让游客能够更好地了解文化背景，增加旅游产品的文化附加值。

（三）智能化工具助力文旅产品开发

人工智能和物联网等技术能够帮助文旅企业提升产品开发效率和智能化水平，提供更加个性化的产品体验。

AI辅助内容生成与产品设计：AI技术可以应用于文旅新产品的创意生成和内容设计。例如，AI可以根据用户需求或市场趋势，自动生成产品文案、广告设计等，为创作者提供创意灵感。对于虚拟产品的设计，如数字纪念品、虚拟文创产品等，AI技术可以自动生成初步设计稿或概念模型，帮助设计师快速实现创意落地。

物联网支持的智能场景设计：物联网技术可以实现文旅产品与智能设备的联动，为游客提供智能化的场景体验。例如，智慧景区中可以通过物联网设备监测游客的行为习惯，实时调整景区服务和活动安排。游客可以通过佩戴智能手环或使用手机App，实现与景区设施的互动，获得个性化的智能体验。

（四）创新商业模式推动文旅新产品发展

科技创新不仅可以提升文旅产品的开发能力，还能推动新的商业模式形成。通过科技手段，文旅企业可以拓展产品销售渠道、创造新的收入来源。

数字藏品与虚拟纪念品的交易：随着区块链和NFT技术的发展，文旅企业可以为游客提供数字藏品和虚拟纪念品。例如，游客在参观博物馆或文化景区时，可以购买基于NFT的虚拟纪念品，将其作为旅行中的永久记忆或数字资产。这种创新的虚拟产品不仅丰富了文旅产品的种类，也开辟了新的市场空间。

基于数据驱动的个性化服务：大数据与人工智能的结合，使得个性化服务成为可能。例如，文旅企业可以通过用户数据分析，提供个性化的旅行路线、定制化文化体验等服务。游客可以根据自己的兴趣爱好、旅行习惯获得定制的旅游产品和体验，提升了产品的附加值和用户黏性。

（五）跨界合作与生态构建

文旅新产品的培育不仅需要企业内部的技术创新，还需要跨界合作和生态系统的构建，推动文化、科技、商业等多方资源的整合与协同发展。

文旅与商业的跨界合作：文旅企业可以与商业品牌、科技公司等进行跨界合作，共同开发创新产品。例如，文旅企业可以与科技公司合作推出虚拟旅游项目，与时尚品牌联合推出文化衍生产品，增强产品的吸引力和市场竞争力。

构建开放的创新生态系统：文旅产品的开发应基于一个开放的创新生态系统。文旅企业可以与高校、科研机构、初创公司等共同设立创新实验室，探索前沿技术在文旅产品中的应用。通过开放式合作，文旅企业能够吸收更多创新资源，推动新产品的快速迭代与创新。

二、科技创新赋能文旅新场景体验体系

科技创新赋能文旅新场景体验体系，为文旅行业提供了全新的发展思路。通过虚拟现实、增强现实、大数据、人工智能、物联网等前沿技术的应用，文旅企业不仅能为游客带来更加丰富和多元的体验，还能提高场景管理和服务的智能化水平。未来，随着科技的不断进步，文旅新场景体验体系将进一步推动文化和旅游的融合发展，实现更高层次的文化传播与经济增长。

（一）虚拟现实与增强现实的场景体验应用

虚拟现实和增强现实技术已经成为科技赋能文旅新场景体验的重要手段。通过这类技术，文旅企业可以为游客提供沉浸式和互动式的文化体

验，尤其是在历史文化景区、博物馆等场所，能够让游客"身临其境"地感受历史文化。

VR虚拟景区与虚拟博物馆：VR技术能够为游客提供虚拟的旅游体验，让他们可以不受时间和空间的限制，在线上"游览"世界各地的景区或博物馆。例如，游客可以通过VR设备在家中体验长城、兵马俑或卢浮宫等世界著名景点，感受逼真的三维环境与文化氛围。通过高质量的VR场景，游客可以"走进"历史文化场景，获得与现实接近的沉浸式体验。

AR增强现实导览与互动体验：AR技术则能将虚拟信息叠加到现实场景中，增强旅游过程中的互动性和趣味性。例如，游客在游览历史遗迹时，可以通过AR眼镜或手机看到当年的建筑模型、文化人物的动画介绍等虚拟信息，这种体验使得游客不仅能看到现实中的遗迹，还能感受到历史文化的丰富背景。AR导览还能为游客提供智能导航、互动游戏等功能，使得旅游体验更加多元。

（二）大数据驱动的个性化场景推荐与服务

大数据技术在文旅场景体验中扮演着关键角色，能够为游客提供精准的个性化推荐和智能服务。通过分析游客的浏览行为、消费习惯和旅行偏好，文旅企业可以为每位游客定制专属的旅行体验，提升游客的满意度和旅游体验的个性化程度。

个性化旅行推荐：大数据技术可以根据游客的历史旅游记录、浏览偏好和兴趣爱好，为他们推荐合适的景点、活动和文化体验。例如，针对喜欢文化历史的游客，系统可以推荐本地的历史遗迹和博物馆，并根据游客的日程安排提供最优的旅行路线。此外，针对不同年龄段、兴趣的游客，系统可以提供不同的文化和旅游产品，满足游客的多样化需求。

智能化旅游服务：通过大数据技术，文旅企业可以为游客提供智能化的服务，包括实时天气预报、交通路况提示、门票购买、餐饮推荐等。例如，系统可以根据游客当前的行程和位置，推荐周边的特色餐厅或景区，游客只需点击推荐，便可获得一站式的旅行服务。这种智能化服务不仅提升了游客的体验感，也增强了文旅企业的服务效率。

（三）人工智能与物联网支持的智慧景区建设

智慧景区是科技赋能文旅新场景体验的重要组成部分，依托人工智能与物联网技术，景区管理和游客体验都能实现高度智能化和自动化。

AI 智能导游与语音助手：AI 智能导游可以为游客提供更加高效和智能化的导览服务。游客可以通过智能设备与 AI 导游互动，获取景区信息、文化背景和历史故事。此外，AI 语音助手可以根据游客的需求提供实时的解说和导航服务，使游客的旅游体验更加便捷和个性化。

智慧景区管理与游客流量控制：物联网技术能够帮助景区实现智慧管理。通过物联网设备，景区可以实时监测游客的流量和分布情况，智能调控景区内的游客数量，防止景点过度拥挤。例如，景区可以通过物联网设备设置智能感应区域，及时告知游客某一区域的人流密度，合理引导游客流动，提升景区管理效率，改善游客体验。

智能安防与应急系统：AI 和物联网技术还可以提升景区的安全管理水平。通过智能摄像头和安防设备，景区可以实时监测公共场所的安全状况，识别潜在风险并自动报警。游客的智能手环或手机 App 还可以与景区的应急系统联动，帮助景区及时处理紧急情况，保障游客的安全。

（四）区块链技术赋能的文创体验与数字资产

区块链技术为文旅新场景体验提供了新的可能性，尤其是在文创体验与数字资产领域，区块链能够确保数字内容的真实性和安全性，提升游客的参与感和互动体验。

数字艺术品与纪念品交易：区块链技术为数字艺术品的交易和收藏提

供了安全保障。游客在参观博物馆或文旅景点后，可以购买基于区块链的数字艺术品或虚拟纪念品，作为旅行的永久记忆。这些数字纪念品不仅具有收藏价值，还可以通过区块链进行交易，游客能够以虚拟藏品的形式保留独特的旅行体验。

NFT 赋能文旅文化传播：非同质化代币为文旅行业开辟了新的文化传播途径。景区或文化机构可以将一些独特的文化体验打包成 NFT，游客可以通过购买这些 NFT 获得专属的文化内容或服务。例如，特定的 NFT 可以为游客提供限定时间的虚拟导览、定制化文化体验等服务，增加游客的参与感。

（五）沉浸式互动体验与游戏化场景设计

通过科技赋能，文旅场景的体验不仅限于传统的观光模式，沉浸式的互动体验和游戏化设计正在成为文旅体验的新趋势。

互动游戏与文化探索：文旅企业可以通过游戏化的互动设计，吸引游客主动参与。例如，游客在游览古迹或文化景点时，可以通过智能设备参与文化探索游戏，回答问题或完成任务，以此深入了解历史文化。这种互动性体验不仅增加了旅游的趣味性，也提升了文化传播的效果。

沉浸式全息投影与虚拟互动：全息投影技术可以为文旅场景带来全新的视觉体验。例如，景区或博物馆可以通过全息投影技术，重现历史场景或文化活动，增强游客的感官体验。游客可以通过虚拟互动装置，与投影中的历史人物或文化符号进行互动，体验更加生动的文化故事。

三、科技创新赋能文旅新业态发展体系

科技创新赋能文旅新业态发展体系，不仅能够提升文旅产业的创新能力，还能够为游客提供更加丰富的体验。通过大数据、人工智能、物联

网、虚拟现实等技术的广泛应用，文旅企业可以持续开发创新性文化旅游产品，实现个性化、智能化服务，提升市场竞争力。同时，跨界融合和开放式创新生态的建设，能够推动文旅产业与其他行业的协同发展，创造更多商业机会和市场空间。

（一）数字技术赋能文旅新业态创新

数字技术是文旅新业态发展的核心推动力。通过大数据、人工智能、物联网等前沿技术的应用，文旅企业能够深入挖掘用户需求，优化产品和服务，推动业态创新。

大数据驱动的精准营销：大数据技术为文旅业态的创新提供了宝贵的用户数据和市场分析支持。通过收集和分析用户的旅行行为、消费习惯和兴趣偏好，文旅企业能够制定个性化的营销策略。例如，根据游客的浏览历史、预订记录和消费偏好，企业可以精准推送旅游产品和文化活动，提升营销效果。此外，大数据还可以帮助企业进行市场预测和需求分析，及时调整产品策略，推动创新。

人工智能辅助的智能服务：人工智能技术能够提升文旅产业的服务效率与个性化水平。例如，AI 智能客服可以为游客提供 24 小时在线服务，解答问题、推荐产品、规划路线。AI 还可以通过自然语言处理技术，提供多语言实时翻译服务，增强国际游客的体验。AI 导游系统能够根据游客的位置提供自动化的景点介绍和文化解说，减少人工成本的同时提升用户体验。

物联网支持的智慧景区建设：物联网技术使得景区管理和游客体验变得更加智能化和高效。智慧景区可以通过物联网设备监控游客流量、实时调控景区设施，并为游客提供智能导航和导览服务。例如，游客可以通过智能手环或手机 App 与景区设施互动，获取即时的信息提示、活动推荐等，提升旅游体验的个性化和便捷性。

（二）虚拟现实与增强现实技术提升体验

虚拟现实和增强现实技术为文旅业态发展注入了新的创新活力。通过这些技术，文旅企业可以为游客提供更加沉浸式的互动体验，拓展文化旅游的深度和广度。

VR虚拟旅游与文化体验：VR技术打破了时间和空间的限制，能够为游客提供虚拟旅游和文化体验。例如，游客可以通过VR设备"走进"远方的旅游景点，或者深入体验历史文化场景，如重现古代文明、观看历史事件等。文旅企业可以打造基于VR的虚拟景区或博物馆，游客无须出行便可享受身临其境的旅游体验，这种全新的旅游方式有望开拓出更多受众群体。

AR增强现实互动导览：AR技术则能够增强游客在现实世界中的互动体验。通过智能手机或AR眼镜，游客可以在参观景区时看到叠加在现实场景中的虚拟信息，例如历史建筑的复原模型、文化故事的动态演示等。这种互动方式不仅提升了旅游的趣味性和参与感，还能够通过数字化手段丰富旅游产品的文化内涵。

（三）科技赋能的文化旅游产品创新

科技赋能推动了文旅产品的持续创新。通过引入前沿技术，文旅企业能够开发出更加多样化和创新性的文化旅游产品，提升市场竞争力。

数字化文创产品开发：随着区块链和非同质化代币NFT的发展，文旅企业可以将传统的文创产品数字化，推出虚拟纪念品、数字艺术品等。例如，游客可以购买基于NFT的虚拟文物或艺术品，作为其旅游经历的纪念。这种虚拟产品不仅突破了实体商品的限制，还为游客提供了数字化收藏和交易的机会，拓展了文化旅游产品的商业模式。

沉浸式文化体验与游戏化设计：科技赋能的文旅新业态还体现在沉浸式体验和游戏化设计上。例如，景区或博物馆可以通过全息投影、互动游戏等手段，为游客提供更具参与感的文化体验。游客可以通过互动设备参与历史文化探索游戏，完成任务或解锁隐藏的文化知识，这种游戏化的旅游体验不仅增加了游客的娱乐性，还有效促进了文化传播。

（四）跨界融合推动文旅新业态发展

跨界融合是文旅新业态发展的重要策略之一。通过与其他行业的深度融合，文旅产业可以打破行业壁垒，创造更多创新模式和商业机会。

文旅与商业融合：文旅企业可以与商业品牌、时尚、娱乐等领域进行跨界合作，开发联名产品或服务，吸引更多游客。例如，景区可以与知名品牌合作推出联名文创产品、主题酒店、文化节日活动等，增强游客的参与感与品牌认同感。这种跨界合作不仅提升了文旅产品的多样性，还能够通过品牌效应吸引更多游客。

文旅与教育、健康产业融合：文旅企业还可以与教育、健康等领域进行合作，打造出兼具文化、教育和健康理念的旅游产品。例如，文旅企业可以与学校、教育机构合作推出文化教育旅游线路，或与健康产业结合，开发集文化养生、健康休闲为一体的旅游项目。这种跨界融合不仅丰富了文旅产品的内容，也满足了游客对健康、教育等多元化需求。

（五）构建开放的创新生态系统

构建开放的创新生态系统，是文旅新业态发展的重要保障。通过与科技公司、学术机构、初创企业等合作，文旅企业可以持续引入新技术、新理念，推动创新发展。

合作建立创新实验室：文旅企业可以与高校、科研机构合作，共同设立文旅创新实验室，探索前沿技术在文旅产品中的应用。例如，研究 VR、AR 在文化旅游场景中的最佳应用方式，或者开发基于 AI 的智能导游系统。通过这种创新合作，文旅企业能够不断进行技术积累，保持创新优势。

开放平台促进技术与文旅融合：文旅企业可以搭建开放平台，吸引初创公司、开发者和创意团队共同参与文旅产品的开发。例如，开放 API 接口，支持第三方开发者为景区设计创新的应用程序或互动设备。这种开放的生态系统能够带来更多的创新力量，推动文旅业态的多元化发展。

四、科技创新赋能文旅新商业模式体系

科技创新赋能的文旅新商业模式体系，不仅推动了文旅企业的数字化转型，还为其创造了多元化的收入来源和可持续发展的商业路径。通过大数据、AI、物联网、区块链等技术，文旅企业可以优化营销、提升服务效率，扩大产品和服务的消费场景。同时，通过跨界融合和数字化创新，文旅企业能够拓展市场空间、创造新商业机会，为文旅产业注入新的增长动能。

（一）数字技术驱动的商业模式创新

数字技术是推动文旅新商业模式发展的核心。通过大数据、人工智能、物联网、区块链等技术，文旅企业可以优化服务、拓展收入渠道，并实现商业模式的多元化。

大数据精准营销与个性化推荐：大数据技术能够帮助文旅企业深入了解消费者的行为和偏好，通过数据分析制定更加精准的营销策略。例如，通过分析游客的浏览历史、预订记录和消费习惯，企业可以推送个性化的旅游线路、文化活动和促销信息，从而提高营销效率，推动消费升级。此外，大数据还能帮助企业预测市场趋势，制定更具前瞻性的商业决策，优化资源配置。

人工智能赋能智能化服务：AI 技术可以通过智能客服、智能导游等形式，为游客提供高效、便捷的服务。AI 客服可以 24 小时在线解答游客问题，

推介产品或处理投诉。AI 导游则可以根据游客需求定制个性化的旅游行程，并提供实时的语音解说，提升游客的体验满意度。此外，AI 还能用于市场需求预测，帮助企业优化产品和服务的供给，推动商业模式的创新。

物联网赋能智慧景区运营：物联网技术使景区的运营管理更加智能化和高效。例如，通过物联网设备，景区可以实现游客流量的实时监控，帮助管理人员及时调度资源、优化游客分布，避免拥挤。同时，智能设备还能为游客提供无接触的自助服务，包括电子门票、智能导览和在线支付等功能，提升服务效率和游客体验。

（二）虚拟与增强现实技术带动新消费场景

虚拟现实和增强现实技术正在为文旅商业模式的创新提供新动力。这些技术不仅可以增强游客的沉浸式体验，还可以拓展旅游消费场景，吸引更多的目标用户。

VR 虚拟旅游与在线体验：VR 技术可以突破时间和空间的限制，帮助文旅企业开发出虚拟旅游产品，吸引无法亲临现场的游客。例如，游客可以通过 VR 设备参观远方的景区或博物馆，享受沉浸式的文化体验。虚拟旅游产品可以为游客提供多种消费选项，如虚拟门票、数字导览、虚拟纪念品等，扩大收入来源。

AR 增强现实互动与沉浸体验：AR 技术可以通过将虚拟信息叠加到现实场景中，增强旅游过程中的互动性和趣味性。例如，游客可以通过 AR 眼镜或手机 App，在游览历史遗址时看到该建筑的历史复原场景，或者参与互动式文化体验。这种基于 AR 的创新体验，可以通过附加收费的方式实现商业价值，例如提供高级虚拟导览、虚拟纪念品或文化互动游戏。

（三）数字化文创产品开辟新商业模式

科技赋能使文创产品的形式不断创新，数字化文创产品正在成为文旅产业的新增长点，特别是区块链技术和非同质化代币的应用，开辟了文旅产品的全新商业模式。

NFT 数字藏品与虚拟纪念品交易：文旅企业可以利用区块链技术开发基于 NFT 的数字藏品和虚拟纪念品。游客可以购买特定景区或博物馆的数字纪念品，并通过区块链进行收藏和交易。这些数字藏品不仅提供了增值机会，还为游客带来了独特的文化体验和附加价值，增强了消费的黏性。

数字化文创产品的开发与销售：文旅企业还可以通过数字化的方式开发更多创新文创产品，如虚拟艺术品、数字化文物展示等。例如，文旅景区可以与艺术家合作，开发结合景区文化的限量版数字艺术品，吸引游客收藏或交易。通过数字化销售渠道，企业能够突破时间和空间的限制，拓展文创产品的全球市场。

（四）跨界融合推动多元商业模式

跨界合作是文旅商业模式创新的关键之一。通过与其他行业的融合，文旅企业可以开发出更加多元化、体验丰富的消费场景，扩大商业合作的空间。

文旅与商业品牌联动：文旅企业可以与知名品牌合作，开发联名文创产品或打造主题文化活动。例如，景区可以与国际品牌合作推出联名产品、限定款纪念品，或者举办主题文化节，吸引更多年轻消费者。这种品牌联动不仅增加了文旅产品的附加值，还提升了景区的市场吸引力。

文旅与影视、游戏等娱乐行业的融合：文旅企业还可以与影视、游戏等娱乐行业合作，推出跨界产品或服务。例如，热门电影、电视剧 IP 与景区的深度合作，能够打造出具有沉浸感的场景游览或主题展览，吸引影迷消费。同样，游戏行业的虚拟体验也可以与文旅产品结合，开发互动式的文化游戏体验，增强游客的娱乐性和消费动力。

（五）会员制与体验式商业模式

科技赋能为文旅企业开发会员制与体验式商业模式提供了技术支撑，通过会员体系与用户数据的深度结合，企业可以构建长期的客户关系，增强消费黏性。

数字会员体系与增值服务：文旅企业可以通过大数据和 AI 技术开发数字会员体系，为会员提供个性化的增值服务和专属权益。例如，会员可以享受定制化的旅游路线、优先预订、折扣优惠等服务，提升用户忠诚度。同时，会员体系还可以整合线上线下资源，提供跨场景的会员权益，增加用户的活跃度和消费频次。

沉浸式体验与主题式消费：体验式商业模式是吸引游客的重要手段，文旅企业可以通过科技手段打造沉浸式的主题体验，例如主题式酒店、沉浸式演出、互动体验馆等。这种深度体验的商业模式不仅增加了游客的参与感，还为文旅企业带来了多元化的收入来源。

五、科技创新赋能文旅新人才培养体系

科技创新赋能文旅新人才培养体系，是文旅产业数字化转型的关键推动力。通过构建跨学科融合的课程体系、搭建数字化实践平台、加强校企合作和推动国际化发展，文旅人才培养体系能够为行业提供更多具备创新能力、科技素养和文化理解的复合型人才。这不仅能够满足文旅产业对高素质人才的需求，也为文旅企业的可持续发展提供了强有力的支撑。

（一）融合科技与文旅的课程体系建设

要培养具备科技能力和文旅知识的复合型人才，课程体系的设计是关键。传统的文旅课程需要引入科技元素，使学生能够在学习文化旅游知识

的同时，掌握最新的技术工具和创新方法。

跨学科课程设置：高校和职业培训机构需要在文旅相关专业中融入科技类课程，如大数据分析、人工智能、虚拟现实、增强现实、区块链技术等。这些科技课程能够帮助学生了解和掌握文旅产业数字化转型所需的技术技能。例如，学生可以通过学习 VR/AR 技术，了解如何将沉浸式体验应用于文旅产品设计；通过学习数据分析，掌握如何利用大数据进行旅游市场趋势预测和用户行为分析。

项目驱动的教学模式：采用项目驱动的教学方式，让学生在实际项目中应用科技知识解决文旅产业中的实际问题。比如，学生可以通过课程项目设计虚拟现实的旅游产品、开发智能导览系统或分析大数据预测游客流量。这种基于项目的教学模式，不仅能提升学生的实践能力，还能培养其创新思维和解决问题的能力。

（二）搭建数字化实践平台与创新实验室

理论学习与实践结合是培养文旅人才的有效途径，数字化实践平台和创新实验室可以为学生提供技术实操和创新实验的场所，帮助他们更好地掌握前沿技术并将其应用到文旅产业中。

建设数字化文旅创新实验室：文旅创新实验室可以为学生提供 VR/AR 开发平台、人工智能应用工具、智能硬件等前沿科技设备。通过参与实验室项目，学生能够亲身体验如何将科技创新应用于文旅产品设计和文化传播。例如，学生可以利用 VR 技术开发虚拟景区、通过物联网技术打造智慧景区的模拟环境等。

开发在线实践平台：随着在线教育和远程协作的发展，文旅人才培养体系可以依托云平台构建数字化的在线实践平台，支持学生远程学习和项目合作。在线平台可以提供虚拟旅游产品设计、在线项目管理、智能导游系统开发等多种实践模块，让学生不受地域限制进行实训。

（三）加强校企合作，推动产学研一体化

文旅人才培养离不开产业实践，校企合作是实现人才培养与产业需求紧密结合的重要途径。通过产学研一体化，学生可以在实际项目中积累经验，企业也能够通过合作培养满足行业需求的人才。

共建文旅实践基地：高校和文旅企业可以联合建立文旅创新实践基地，为学生提供真实的实习机会和实践项目。例如，学生可以在智慧景区实习，参与智能化景区管理系统的开发和应用，或在博物馆参与虚拟展览的策划与实施。通过实践基地，学生能够在实际工作场景中提升技术能力，并深入了解文旅产业的运营模式。

企业定制化培训：文旅企业与高校合作可以开设定制化培训课程，结合企业的技术需求培养专业人才。例如，企业可以提出对大数据分析、智能客服、虚拟导览等技术人才的需求，学校据此调整课程内容，为企业定制培养适合的人才。这种定向培养模式能够帮助企业缩短人才适应周期，提高人才的专业水平和企业匹配度。

（四）推动跨学科融合，培养复合型人才

文旅产业的数字化转型和创新发展需要具备跨学科能力的人才，跨学科的融合教育是培养复合型人才的有效途径。通过将文化、科技、设计、管理等多学科结合，学生可以更好地理解文旅产业的多样化需求，增强创新能力。

跨领域课程组合：文旅人才培养体系中，应该鼓励学生选修相关学科的课程，如计算机科学、设计艺术、管理学、市场营销等。例如，学习文旅管理的学生可以选修编程、数据分析等技术课程，帮助他们掌握数字化转型中的科技手段；而学习技术的学生可以选修文化艺术类课程，提升他们的文化素养和艺术审美能力。

多学科联合培养计划：高校可以推动多学科联合培养计划，组织跨学

科的创新团队。文旅专业学生与计算机、艺术设计、市场营销等专业的学生共同参与创新项目，如开发一款基于 AI 的智能导游系统，或设计一个结合文化故事的互动游戏，充分发挥团队的多学科优势。通过这种跨学科合作，学生不仅能提升创新能力，还能学会团队协作和跨界思考。

（五）国际化与持续学习能力的培养

随着全球文旅产业的融合，国际化视野和持续学习能力变得愈加重要。文旅人才需要具备应对全球市场竞争的能力，并能够随着科技进步不断更新自身的知识体系。

国际交流与合作：高校应为文旅专业学生提供国际交流和学习机会，帮助他们了解全球文旅产业的最新趋势和发展。例如，学生可以参与国际文旅展会、跨国企业的实习项目或参加全球文旅案例竞赛，增强其国际视野。同时，高校还可以与国外大学和企业合作，开展联合培养项目。

培养终身学习能力：未来的文旅人才需要具备持续学习的能力，以适应不断变化的技术和市场需求。文旅人才培养体系应重视自我学习能力的培养，鼓励学生通过在线学习平台、自学科技技能和文旅趋势，保持学习的主动性和前瞻性。高校可以提供持续教育课程，帮助在职人员不断提升技能，适应行业的发展需求。

六、科技创新赋能文旅新技术支撑体系

构建科技创新赋能的文旅新技术支撑体系，将推动文旅产业的数字化、智能化和个性化发展。通过整合数字基础设施、虚拟技术、大数据、智能服务和区块链等前沿技术，文旅企业能够提升用户体验、优化运营管理、保护文化资产，并进一步推动跨行业的创新合作。科技赋能文旅不仅带来了行业效率的提升，更为游客带来了一种全新的、丰富的文化体验。

（一）构建强大的数字基础设施

构建一个高效、灵活的数字化基础设施是文旅新技术支撑体系的核心。该体系应以云计算、大数据平台为基础，支持文旅企业在内容管理、数据处理、远程协作等方面的需求。

云计算支持的文旅平台：文旅产业涉及庞大的数据量，涵盖用户行为、景点信息、文化内容、资源管理等各个方面。通过云计算平台，文旅企业可以将这些数据集中存储与管理，并提供高效的远程访问与协作环境。例如，文旅企业可以通过云平台为不同地区的景点、博物馆、文化展馆等机构提供统一的资源调度与管理，优化运营效率。

物联网技术的集成：物联网技术在文旅产业中扮演着重要角色。例如，在智慧景区中，通过物联网设备可以实现景区的智能监控、游客流量管理和环境感知等功能。景区管理者可以通过物联网设备获取实时数据，分析游客行为、优化景区服务，并通过智能调度系统提供更为个性化的旅游服务。

（二）推动虚拟现实与增强现实技术的应用

虚拟现实和增强现实技术正在深刻改变文旅体验，通过这类技术，游客不仅能享受更加沉浸式的体验，还能探索更多文化内涵和历史故事。VR/AR 的引入能够扩展文旅产品的展示形式，带来前所未有的体验升级。

虚拟景区与虚拟博物馆：通过 VR 技术，文旅企业可以打造虚拟景区和虚拟博物馆，使游客即便在远程也能"亲临"景区或博物馆，享受逼真的视觉体验。例如，利用虚拟现实技术可以重现历史遗址、名胜古迹和文化场景，让用户通过虚拟方式深入体验这些地点的文化和历史。特别是针对一些濒危遗址或自然环境，虚拟旅游能够替代部分实体参观，保护脆弱的环境。

增强现实旅游导览：AR 技术则可以为实际场景叠加虚拟信息，提升现实中的旅游体验。例如，游客在参观博物馆或历史遗址时，可以通过智能手机或 AR 眼镜看到与景点相关的文字、音频、视频等信息，实现多感官的互动体验。此外，AR 还能用于游客导览，显示实时导航信息和景点介绍，使旅游过程更加智能和直观。

（三）大数据驱动的精准服务

大数据是文旅新技术支撑体系的关键组成部分，它为文旅企业提供了对用户行为、市场趋势和服务需求的深入洞察。通过数据分析，文旅企业可以更加精准地了解用户需求，优化产品和服务。

游客行为分析与市场预测：大数据技术能够分析游客的偏好、消费行为、旅行模式等，帮助文旅企业更好地理解目标市场。例如，基于用户的预订记录、旅游历史、社交媒体互动等数据，企业可以预测游客的未来需求，进而调整营销策略或推出定制化的旅游产品。

个性化推荐与智能导览：通过大数据技术，文旅企业可以构建个性化推荐系统，为游客推荐符合其兴趣和需求的景点、文化活动和旅游路线。例如，用户在旅游 App 上查看某一景点时，系统可以根据用户的浏览记录推荐相关的景区或文化活动，提供定制化的旅游行程。

（四）智能服务与智慧景区建设

智能化服务是提升文旅产业服务水平的重要手段，智慧景区的建设能够大大提高游客体验，同时提高景区的管理效率。

智能票务与服务系统：智能化票务系统能够为游客提供便捷的服务。通过线上预订，游客可以提前购买景区门票、预约导览服务，减少在景区的排队等候时间。同时，智能票务系统还能根据游客的行为数据，自动推荐相关的活动和体验项目，提升游客的体验质量。

智能游客管理与景区运营：通过人工智能技术，景区可以实现智能游客管理，包括游客流量监控、智能调度、交通引导等功能。例如，通过人脸识别技术，可以快速识别游客身份，实现无接触入园，提升景区管理的智能化水平。同时，AI还可以预测游客流量高峰，优化资源配置和人员调度，提升景区运营效率。

（五）区块链技术的应用

区块链技术在文旅产业的应用场景包括数字版权管理、虚拟资产交易以及供应链的透明管理。其去中心化、不可篡改的特性为文旅企业提供了安全可靠的数据存储和交易方式。

文化资产与版权保护：文旅产业中的数字内容，如虚拟展览、文创作品等，可以通过区块链技术进行版权保护，防止盗版或侵权行为。文旅企业可以将文化资源或创意作品上链，确保每一个作品的来源与版权得到有效保护。

数字藏品与旅游体验延伸：区块链还可以支持数字藏品的交易，游客可以购买景区的虚拟纪念品或艺术品，将旅游体验从现实延展到虚拟世界。例如，游客在参观博物馆或景区后，可以通过NFT交易平台购买虚拟艺术品，将虚拟藏品作为旅游的永久记忆和数字资产。

（六）推动跨行业融合与生态构建

文旅新技术支撑体系需要通过跨行业融合与生态构建，形成文旅、科技、商业、教育等多领域的协同发展。这种跨行业的融合不仅可以丰富文旅内容，还能拓展文旅产品的受众群体。

文旅与商业的跨界合作：文旅企业可以与商业企业合作，推出联合产品或服务。例如，旅游景区与电商平台合作推出联名文创产品，或与餐饮、住宿企业合作提供一站式服务，提升游客的整体旅游体验。

文化与教育的结合：文旅新技术支撑体系还可以与教育领域相结合，

通过科技手段实现文化传播与教育的融合。例如，文旅企业可以与学校、培训机构合作，推出基于 AR/VR 的文化学习体验课程，使学生在体验文旅的同时，接受文化和历史知识的教育，提升文旅的附加值。

七、科技创新赋能文旅新消费动能体系

科技创新赋能文旅新消费动能体系，通过数字技术、虚拟现实、智能服务和跨界融合，推动了文旅消费模式的转型与升级。文旅企业可以利用科技手段不断创新产品和服务，提升消费者的体验感与参与度，从而激发市场活力，促进文旅消费的可持续增长。未来，科技与文旅产业的深度融合将继续推动文旅消费动能的多样化，带动文旅经济的繁荣与发展。

（一）数字技术驱动的文旅消费创新

数字技术是赋能文旅新消费动能的核心要素。通过大数据、人工智能、区块链等技术，文旅企业能够更精准地了解消费者需求，推出个性化的产品和服务，提升文旅消费的活跃度。

大数据驱动精准营销：大数据技术能够为文旅企业提供深度的市场洞察和用户画像，通过分析消费者的行为数据、旅游偏好、消费习惯等，企业可以精准定位目标用户，制定个性化营销策略。例如，基于用户的旅行历史、预订记录、社交互动等数据，企业可以推送符合其兴趣的旅游线路、文化活动或优惠信息，提升文旅产品的匹配度和营销效果。

AI 智能推荐与个性化服务：人工智能技术能够帮助文旅企业实现个性化的消费体验。通过智能推荐算法，企业可以根据游客的浏览和消费历史，为其推荐个性化的旅游产品和文化服务。AI 还可以提供自动化的旅游行程规划服务，根据游客的兴趣和时间安排，生成定制化的旅游路线。此外，AI 客服可以 24 小时为游客提供在线服务，解答问题、推介景点、

处理投诉等，提升用户体验。

（二）虚拟与增强现实技术提升场景体验

虚拟现实和增强现实技术不仅改变了文旅产品的呈现方式，还为游客带来了全新的消费体验。这类沉浸式技术能够拓宽文旅消费的场景，打破传统物理空间的限制，为消费者提供更多元化的选择。

VR 虚拟旅游与线上体验：VR 技术赋予了文旅产业全新的消费模式，尤其是在远程或难以亲临的景点，VR 可以让游客在家中就能享受到身临其境的旅游体验。例如，利用 VR 技术，消费者可以参观虚拟版的世界文化遗产、博物馆展览，甚至"亲历"历史场景。这种虚拟旅游不仅为消费者提供了新的选择，还扩大了文旅消费的市场范围。

AR 互动消费场景：AR 技术增强了消费者在现实场景中的互动性和体验感。例如，游客在游览历史遗址或文化景区时，可以通过 AR 眼镜或手机看到叠加在现实场景中的虚拟信息，如建筑的历史复原图、文化人物的动态介绍等。这种基于 AR 技术的互动场景，不仅丰富了旅游过程中的信息传递，还可以通过定制化 AR 体验，激发游客的消费欲望，如购买虚拟纪念品或文创产品。

（三）数字化文创产品推动新消费模式

文创产品一直是文旅消费的重要组成部分，而科技的创新为文创产品注入了新的活力，尤其是通过区块链技术和非同质化代币 NFT 的应用，数字化文创产品逐渐成为文旅消费的新亮点。

数字藏品与 NFT 文创产品：随着区块链技术的发展，文旅企业可以推出基于 NFT 的数字文创产品和虚拟纪念品。例如，游客在参观景区或博物馆后，可以购买景区独有的虚拟纪念品或数字艺术品，并通过区块链进行收藏和交易。这种虚拟藏品不仅突破了传统文创产品的物理限制，还为游客提供了数字化资产的增值空间，增强了文旅产品的吸引力和消费黏性。

虚拟演出与文化活动：数字化不仅限于文创产品的交易，虚拟演出、虚拟文化节等也正在成为文旅消费的新模式。例如，文旅企业可以利用虚拟现实技术和实时直播平台，举办虚拟音乐会、文化表演等线上活动，吸引全球的消费者参与。这类虚拟文化活动不仅可以突破地域限制，扩大参与人数，还能够通过售卖虚拟门票、数字纪念品等方式，创造新的收入来源。

（四）智能化服务体系提升文旅消费体验

智能化服务是文旅新消费动能体系的重要组成部分。通过物联网、人工智能等技术，文旅企业可以为消费者提供更为便捷、高效的智能化服务，提升旅游消费体验。

智慧景区与智能服务：物联网技术的应用使智慧景区成为现实，景区可以通过物联网设备实时监控游客流量、优化资源配置、提升服务水平。例如，游客可以通过智能手环或手机 App，与景区设施互动，实现无接触入园、在线支付、智能导览等功能。此外，AI 技术还可以为景区管理提供智能化的分析和决策支持，提高运营效率的同时，优化游客体验。

智能导游与个性化行程规划：AI 智能导游系统可以根据游客的需求，自动规划旅行路线，并提供实时的语音导览服务。例如，AI 导游可以根据游客的兴趣推荐最合适的景点，并在游客游览过程中提供历史故事、文化背景等丰富的解说。游客还可以通过智能语音助手随时获取旅游信息、天气预报、交通建议等，享受个性化的智能化服务体验。

（五）跨界融合推动文旅消费生态升级

文旅消费的多元化趋势要求企业不断创新商业模式，跨界融合成为推动文旅新消费动能的重要途径。通过与其他行业的合作，文旅企业能够为消费者创造更丰富的消费场景和更具吸引力的体验。

文旅与商业、娱乐的融合：文旅企业可以与商业品牌、娱乐公司等进行跨界合作，开发出具有吸引力的综合性消费体验。例如，与知名品牌合作推出联名文创产品，或与主题公园、影院等娱乐设施合作推出文旅娱乐套餐，增加游客的消费选择。这种跨界合作不仅能够提升游客的消费体验，还能通过多元产品组合提高企业的盈利能力。

文旅与健康、教育产业的结合：随着健康旅游和研学旅游的兴起，文旅企业可以与健康产业、教育机构合作，推出兼具文化、教育和健康理念的旅游产品。例如，文旅企业可以与学校合作推出研学旅游项目，让学生在旅游过程中体验文化教育活动；或者与健康管理机构合作，推出集文化养生、健康理疗为一体的旅游产品，满足消费者的多元化需求，激发新的消费动力。

第四节　基于"七位一体"产业体系的新文旅产业发展路径

一、构建科技创新赋能新文旅产业体系发展模式

（一）新产品培育体系：科技驱动的创新产品开发

数字化产品开发与设计：借助人工智能、虚拟现实、增强现实等技术，推动文旅产品的数字化与智能化开发。例如，利用 AR 技术打造互动旅游纪念品，或通过 AI 辅助设计创造个性化、定制化的文化旅游产品。

虚拟产品与数字藏品的开发：开发基于区块链技术的虚拟文旅产品和数字藏品，如 NFT 文旅纪念品或虚拟景区体验。通过虚拟文创产品与数字资产交易，探索文旅产品的全新商业模式。

智能生产技术的应用：利用 3D 打印、智能制造等技术，提升文创产品生产的效率和精度，实现文旅产品的快速迭代和创新升级。

（二）新场景体验体系：沉浸式与互动体验提升

VR/AR 技术打造沉浸式文旅体验：通过 VR 技术重现历史文化场景，或通过 AR 技术为游客提供互动式导览服务，增强文旅场景的沉浸感和互动性。例如，在博物馆、历史遗址中，游客可以通过 AR 眼镜"看到"文物的动态背景或历史场景复原。

智能化场景设计：借助物联网技术，创建智慧景区。通过智能感知、实时数据监测和动态调度，实现景区资源的智能管理。游客可以通过智能手环、智能手机与景区进行互动，获取个性化的旅行建议与信息。

虚拟景区与在线文化体验：发展虚拟景区和在线旅游体验，为无法实地前往的游客提供虚拟游览服务。通过虚拟现实技术，游客可以远程体验旅游景区自然景观或文化遗址，丰富文旅消费场景。

（三）新业态发展体系：文旅产业的跨界融合与升级

文旅与文化创意产业融合：推动文旅与文化创意产业的深度融合，开发独具地域文化特色的文创产品，并将其融入文化节庆、展览等旅游场景，形成文创与旅游联动的消费业态。

文旅与健康、体育产业融合：开发文旅与健康、体育相结合的产品与服务，如结合当地冰雪资源发展冰雪体育旅游、文化养生度假等，通过跨界融合满足游客多元化的需求。

发展文旅科技产业集群：借助科技企业、文创公司与旅游企业的协同创新，构建以科技为核心的文旅产业集群。通过联合研发和产业链协同创新，推动文旅新业态的形成与升级。

（四）新商业模式体系：多元化与数字化的商业路径

数字文创商业模式：利用区块链技术和虚拟产品的普及，开发数字化的文旅产品销售模式，如 NFT 文创产品交易平台。通过数字资产的交易、收藏，探索全新的文旅收入来源。

沉浸式体验与主题旅游产品：开发以沉浸式体验为核心的文旅产品，如主题式酒店、沉浸式文化体验馆等。通过科技赋能，打造深度互动的旅游产品，提升游客参与感和消费体验。

会员制与线上线下融合的商业模式：建立数字会员体系，通过数据分析提供个性化的旅游服务、优惠信息和专属权益。同时推动线上预订、线下体验的融合，形成以会员为核心的文旅消费生态。

（五）新人才培养体系：复合型与创新型人才的培养

跨学科人才培养体系：高校和培训机构应开设文化、科技、艺术等跨学科课程，培养既掌握文创能力又具备技术技能的复合型人才，特别是具备数字化文创和科技应用能力的文旅人才。

校企合作与实践教育：推动文旅企业与高校合作，设立产学研结合的实践基地。通过项目合作和实践活动，培养具备实际操作能力和创新意识的文旅人才，缩短学生到职场的过渡时间。

国际化与创新人才培养：开展国际合作，鼓励学生参与全球性的文旅项目与实践。通过国际交流，提升文旅人才的创新能力与全球视野，培养面向未来的创新型人才。

（六）新技术支撑体系：科技驱动的创新基础设施

文化资源的数字化与虚拟化：通过大数据、云计算、区块链等技术，推动文旅资源的数字化和虚拟化。建立数字化文旅资源数据库，便于文化资源的管理、开发和再利用，为产业发展提供科技支撑。

智慧景区与大数据管理平台：建设智慧景区管理平台，集成游客行为分析、流量管理、资源调度等功能，实时优化景区运营效率。同时利用大数据分析平台，提升文旅企业的市场预测和精准营销能力。

文化创意产业区块链应用：引入区块链技术用于文创产品的版权保护、内容追溯以及数字化文旅资产的交易，保障知识产权的同时推动数字文创市场的规范发展。

（七）新消费动能体系：科技驱动的消费模式创新

数字化文旅消费升级：借助智能支付、电子票务和线上导览等数字化服务手段，提升游客的消费体验。例如，游客可以通过移动端预订门票、购买文创产品，或参与线上互动活动，形成线上线下融合的消费生态。

个性化与体验驱动的消费模式：通过大数据分析用户行为，提供个性化的文旅服务与产品推荐。通过沉浸式、互动化的文旅体验，提升游客的参与度和消费频次，推动体验驱动型消费模式的发展。

跨界消费场景与联动营销：文旅产业可以与时尚、餐饮、零售等行业跨界合作，打造联动消费场景。例如，推出联名文创产品、文化主题餐饮等多元化的消费场景，拓宽文旅产业的收入来源。

二、基于"七位一体"产业体系的新文旅产业发展实施步骤

（一）短期目标：奠定基础，构建体系框架

在短期目标阶段，核心任务是构建新文旅产业的基础框架和核心体系，涵盖七大方面，包括新产品研发、新场景打造、新业态培育、新商业模式探索、新人才培养、新技术应用及新消费动能激发。

新产品研发体系：聚焦创新文旅产品的设计与开发，结合地方文化特

色和市场需求，利用 VR/AR、AI 等现代科技手段，打造具有吸引力和竞争力的文旅产品。同时，建立产品评估机制，确保产品质量和创意性。

新场景打造体系：提升游客体验，通过引入沉浸式、互动式技术，如全息投影、裸眼 3D 等，打造震撼力强的新场景。加强景区环境整治和美化，提升整体游览体验。

新业态培育体系：推动"文旅+"跨界融合，发展数字文旅、研学旅游、体育旅游等新业态。通过政策引导和市场机制，促进新业态的快速发展和壮大。

新商业模式探索体系：探索平台化运营、共享经济、个性化定制等新型商业模式，提高文旅产业的运营效率和盈利能力。通过数据分析，为决策提供科学依据。

新人才培养体系：建立完善的人才培养机制，注重跨学科教育和实践锻炼，培养具有创新思维和跨界融合能力的人才。同时，加强与国际文旅企业的合作，引进先进人才培养理念和方法。

新技术应用体系：加大 5G、物联网、AI、大数据等领域的研发投入，推动新技术在文旅产业的应用和普及。通过产学研合作，促进技术成果的转化和应用。

新消费动能激发体系：通过科技创新提升文旅产品和服务品质，引导消费者向高品质、个性化需求升级。拓展智能消费场景，如智能零售店、无人超市，为游客提供便捷、高效的消费体验。

（二）中期目标：深度融合，构建生态体系

在中期目标阶段，重点是推动新文旅产业各环节的深度融合与协同发展，形成具有核心竞争力的文旅生态体系。

促进跨界融合：鼓励文旅产业与文化、科技、教育等领域的跨界合作，推动创新型文旅产品的产生，结合各行业优势打造独特性强的文旅内容。

加强产业协同：通过政策引导和市场机制，促进新产品研发、新场景打造、新业态培育、新商业模式探索、新人才培养、新技术应用以及新消费动能等各环节的紧密协作，形成良好的协同发展格局。

构建生态平台：打造一个集产品研发、场景打造、业态培育、商业模式探索、人才培养、技术应用、消费动能于一体的综合性文旅产业生态平台，为文旅企业提供全方位支持，提升产业整体运营水平和市场适应能力。

（三）长期目标：提升国际影响力，推动中国文化旅游走向世界

在长期目标阶段，聚焦提升中国新文旅产业的国际影响力，推动中国文化旅游走向世界。

加强国际交流：通过参与国际文化旅游交流活动、举办国际论坛等方式，加强与全球新文旅产业的合作与交流，提升中国新文旅品牌的国际知名度。

拓展国际市场：积极开拓国际市场，推动中国新文旅产品进入全球市场，满足海外消费者需求，传播中国文化和旅游的独特魅力。

打造国际品牌：培育具有国际影响力的新文旅企业和品牌，提升中国文旅产业的全球竞争力。加强品牌建设和营销推广，提升中国文旅产品在国际市场的认知度与美誉度。

（四）一体化融合：七大体系的协同发展

在整个发展过程中，各体系之间的紧密协作与一体化融合是成功的关键。新产品研发体系通过创新推动市场需求，新场景打造体系为文旅产品提供独特的沉浸式体验，新业态培育体系推动文旅产业的跨界发展，新商业模式体系创新运营模式并提高产业盈利能力，新人才培养体系为产业提

供持续的创新能力，新技术应用体系则为产业的现代化和智能化提供技术支撑，新消费动能体系通过科技手段引导消费升级。

通过七大体系的协同发展，文旅产业将在创新、技术、人才、市场及全球化方面实现全面突破，构建出智能化、数字化、全球化的文旅生态系统，确保新文旅产业的可持续发展和全球竞争力提升。

第二篇　区域应用策略

第七章　吉林省特色文化创意产业发展策略

特色文化创意产业是指基于特定地域文化、民族传统或现代科技，通过创意转化和市场化运作，形成具有独特性和高附加值的文化产品和服务的产业集合。它强调"特色"与"创意"的双重属性，既要求深挖文化内涵，又需创新表现形式，以满足日益增长的文化消费需求，推动文化产业的高质量发展。特色文化产业具有根植本土、彰显特色的地域性，弘扬民族精神、展现民族风采的民族性，各美其美、美美与共的包容性，衍生渗透、跨界融合的融合性，创意驱动、引领潮流的创新性，提升价值、增加收益的高附加值等特性。

第一节　吉林省一汽红旗汽车文化创造性
转化创新性发展研究

一、国内外汽车文化创意产业发展现状

（一）国外汽车文化创意产业

国外的汽车文化创意产业经过多年的发展，已经形成了多样化、深度融合和全球化的格局。各国根据其汽车工业的特点与文化传统，通过结合艺术、设计、旅游、娱乐、数字科技等领域，发展出丰富的汽车文化创意产业链，以下是几个主要国家在汽车文化创意产业方面的发展现状。

美国：汽车文化与娱乐的全球化标杆，美国是全球汽车文化的重要发源地之一，拥有强大的汽车工业和文化影响力。美国汽车文化创意产业以汽车设计、汽车赛事、娱乐产业等为核心，深刻影响着全球的汽车文化。首先是汽车赛事与娱乐产业，美国的汽车赛事文化非常发达，尤其是NASCAR（全国赛车协会）和 IndyCar 等赛事不仅吸引了大量汽车爱好者，还成为电影、游戏、电视节目等娱乐内容的重要素材。电影如《速度与激情》系列、《福特大战法拉利》不仅展示了美国汽车文化的速度与激情，也在全球范围内影响深远。其次是汽车主题博物馆与旅游产业，美国拥有众多知名的汽车博物馆，如底特律的亨利·福特博物馆、洛杉矶的彼得森汽车博物馆。这些博物馆不仅展示了美国汽车工业的辉煌历史，还结合了现代互动体验、艺术设计展览等，成为汽车文化旅游的重要组成部分。第三是汽车主题活动与展览，美国的"汽车巡游"（Car Cruise）和汽车展览如底特律车展（NAIAS）是美国汽车文化的重要标志。此类活动结合经典汽车展示、创新科技体验和车迷互动，成为汽车文化爱好者的盛会。

德国：汽车工业与科技创新的完美结合，德国是全球汽车工业的领导者，拥有奔驰、宝马、大众、保时捷等世界知名品牌。德国的汽车文化创意产业主要围绕科技创新、汽车博物馆和汽车赛事展开。首先是汽车博物馆与品牌文化，德国的每个主要汽车品牌都有其专属的博物馆，例如奔驰博物馆、宝马世界和保时捷博物馆等。这些博物馆展示了品牌历史、汽车设计、创新科技，吸引了大量汽车爱好者和游客。同时，这些品牌通过博物馆展示自身的文化价值和科技实力，增强全球品牌形象。其次是汽车主题乐园与体验中心，例如，宝马在慕尼黑的"宝马世界"不仅是一个展示汽车历史的博物馆，还提供了试驾体验、汽车设计工作坊等活动，游客可以深入参与汽车创意设计和驾驶体验。第三是汽车赛事与创新展示，德国的纽博格林赛道是全球最著名的赛车赛道之一，这里不仅是全球汽车赛事的举办地，也是许多汽车制造商进行新车测试和展示创新技术的场所。德国的汽车文化深刻融入了科技创新和速度与激情。

日本：汽车文化的精致与多样化，日本的汽车文化创意产业融合了科技、艺术与流行文化，表现出精致、多元和创新的特点。日本在改装车文化、汽车动漫、科技展示等方面形成了独特的文化创意产业链。首先是改装车文化，日本的改装车文化非常盛行，尤其是在东京、大阪等大城市。东京的台场和秋叶原经常举办汽车改装展，展示不同风格的改装车，吸引了大量年轻车迷。这种改装文化不仅限于外观，还涉及性能提升，推动了汽车创意产业的发展。其次是汽车动漫与影视作品，日本通过汽车动漫和影视作品传播汽车文化，最具代表性的作品是《头文字D》。这部作品不仅推动了漂移赛车文化的普及，也提升了日产、斯巴鲁等品牌的国际知名度。此外，《头文字D》的衍生产品，如模型、游戏和服装，也形成了丰富的汽车文创产品线。第三是汽车博物馆与科技展示，日本的丰田汽车博物馆和日产汽车博物馆展示了日本汽车工业的创新与设计。此外，东京汽车沙龙（Tokyo Auto Salon）是日本最大的汽车创意展览之一，展示了大量改装车、未来汽车技术和汽车艺术作品。

意大利：汽车设计与奢华文化的象征，意大利以其奢华、精致的汽车设计而闻名，法拉利、兰博基尼、玛莎拉蒂等品牌在全球享有盛誉。意大利的汽车文化创意产业主要围绕汽车设计、奢侈品文化和品牌体验展开。首先是奢华汽车品牌文化，法拉利、兰博基尼等品牌不仅是汽车制造商，更是奢侈品文化的代表。意大利通过这些品牌打造了奢华汽车的文化体验中心，如法拉利博物馆、兰博基尼博物馆和蒙扎赛车场等，吸引全球汽车爱好者前来体验和参观。其次是汽车设计与艺术的结合，意大利的汽车文化创意产业强调设计美学，许多汽车设计师和艺术家共同合作，创造出一系列融合汽车与艺术的作品。意大利的汽车设计学院如IED和Pininfarina培养了大量优秀的汽车设计师，推动了汽车设计文化的持续发展。第三是汽车赛事与奢华体验，意大利的汽车赛事如法拉利挑战赛（Ferrari Challenge）和摩德纳赛道（Modena Circuit）成为奢侈品牌展示和汽车文化体验的重要平台。游客不仅能观赏顶级赛车，还能参与试驾和体验奢华驾驶。

英国：传统与现代的融合，英国的汽车文化创意产业以传统品牌的复古魅力与现代科技创新相结合。英国拥有阿斯顿·马丁、劳斯莱斯、捷豹等世界知名的汽车品牌，汽车文化涵盖汽车赛事、复古车巡展和汽车主题旅游等方面。首先是经典汽车文化，英国的古董车文化非常发达，古典车展和复古汽车巡游在英国备受欢迎，如古德伍德速度节（Goodwood Festival of Speed）和银石古董车大奖赛等活动。车迷们可以欣赏经典的英国老爷车，同时体验传统汽车文化的魅力。其次是汽车主题旅游与博物馆，英国的汽车博物馆如考文垂交通博物馆和布鲁克兰汽车博物馆展示了英国汽车工业的辉煌历史，车迷还可以参加"伦敦到布莱顿老爷车拉力赛"（London to Brighton Veteran Car Run）等经典汽车巡游活动。

（二）国内汽车文化创意产业

国内的汽车文化创意产业随着中国汽车工业的飞速发展逐渐崛起。中国已成为全球最大的汽车生产和消费国之一，汽车不仅是交通工具，也逐渐成为文化、科技、旅游、娱乐等多个领域融合的载体，以下是国内汽车文化创意产业的现状分析。

汽车文化博物馆与展览：近年来，中国的汽车博物馆和大型汽车展览活动数量不断增加，成为汽车文化传播的重要平台。首先是汽车博物馆的发展，多个城市建设了汽车主题博物馆，展示中国汽车工业的发展历程及国际品牌的经典车型。比如，一汽红旗文化展馆、北京汽车博物馆、上海汽车博物馆等。这些博物馆不仅展示了汽车的技术进步，还融入了互动体验、虚拟现实技术，增强了文化传播的趣味性与参与感。其次是汽车展览与展会，国内举办的大型汽车展览会，如长春国际汽车博览会（长春车展）、北京国际汽车展览会（北京车展）、上海国际汽车工业展览会（上海车展）等，已成为全球汽车品牌展示最新产品与技术的主要平台。这些车展不仅展示了汽车制造商的最新成果，还成为汽车文化传播和品牌营销的重要手段。同时，车展还设有文创展区，展示与汽车相关的艺术设计、汽车模型、纪念品等，吸引了大量汽车爱好者。

汽车赛事文化的兴起：中国的汽车赛事文化逐步兴起，赛车、越野等活动正吸引越来越多的车迷和年轻观众。首先是汽车赛事的蓬勃发展，国内的汽车赛事逐渐增多，涵盖了赛车、拉力赛、越野赛等不同形式的活动。中国汽车拉力锦标赛（CRC）、中国房车锦标赛（CTCC）、中国越野拉力赛（CGR）等赛事逐渐成熟，吸引了众多国内外车手和车迷参与。与此同时，超级跑车赛事如 GT 赛车、场地赛车也逐步获得认可，这不仅推动了赛车文化的传播，也带动了相关汽车文化创意产品的开发，如周边商品、车迷纪念品等。其次是汽车俱乐部与车迷文化，全国各地的汽车俱乐部和车迷组织逐渐兴起，开展自发的汽车巡游、改装车聚会、汽车越野赛等活动，形成了特有的车迷文化。尤其是针对越野车、经典老爷车、改装车的车友会，越来越受到年轻人的追捧。这类活动增强了汽车爱好者的交流，也为汽车品牌带来了市场推广机会。

汽车主题公园与体验中心：为进一步推广汽车文化，多个城市建设了以汽车为主题的公园和体验中心，吸引了大量游客和车迷。首先是汽车主题公园，如长春国际汽车公园、上海国际赛车场汽车主题公园等，通过互动展示、试驾体验、汽车历史文化介绍等多种形式，向游客呈现汽车文化的魅力。部分主题公园还结合了汽车赛事和赛车体验项目，让游客亲身感受赛车驾驶的乐趣，增强了文化传播与娱乐体验的结合。其次是汽车科技体验中心，例如比亚迪、蔚来、小鹏等国内新能源汽车企业开设了体验中心，这些体验中心不仅展示最新的汽车科技，如智能驾驶、智能互联、自动泊车等，还通过互动体验吸引消费者，培养对品牌的认知与文化认同。

此外，这些中心还设置了科技体验区，展示新能源汽车的环保理念、技术优势，增强消费者对汽车品牌的情感连接。

改装车文化与汽车创意产业：改装车文化在国内逐渐兴起，特别是在年轻人群体中，汽车改装和个性化定制成为表达个性的方式。首先是改装车文化的传播，随着汽车消费市场的多元化发展，汽车改装逐渐被法律认可，部分城市如上海、北京等地定期举办改装车展和聚会，展示改装车辆的创意设计与性能提升。改装车文化的兴起推动了汽车改装相关的文创产品开发，如定制配件、车载智能设备、外观装饰等，形成了独特的市场。其次是汽车文化创意产品的开发，随着汽车文化的普及，汽车相关的创意产品日益丰富，包括汽车模型、车贴、车标、汽车周边配件等。例如，部分国内汽车品牌结合年轻消费群体的需求，开发了带有品牌 LOGO 的服饰、背包、模型等，形成了汽车文化创意产品的衍生市场。此外，汽车品牌还与艺术家和设计师合作，开发跨界产品，提升品牌的文化内涵。

新能源汽车与汽车文化的融合：随着中国新能源汽车市场的快速发展，新能源汽车不仅推动了科技创新，也成为汽车文化的新焦点。首先是新能源汽车品牌文化，如比亚迪、蔚来、小鹏等品牌通过打造特有的品牌文化，推动新能源汽车与年轻消费者的情感连接。例如，蔚来的"蔚来中心"不仅是汽车销售中心，还结合了咖啡馆、社区活动、品牌展示等功能，形成了用户社区文化，增强了用户对品牌的归属感和参与感。这种新的汽车文化模式将科技、生活方式和社交体验融合，形成了独特的品牌文化氛围。其次是新能源汽车文化活动，随着新能源汽车的普及，绿色环保的汽车文化逐渐深入人心。新能源汽车品牌通过举办技术讲座、环保出行推广、试驾体验等活动，向公众传播低碳出行和可持续发展理念，进一步推动了汽车文化的多元化发展。

汽车动漫与影视文化的兴起：随着中国文化产业的快速发展，汽车题材的动漫与影视作品也逐渐成为汽车文化传播的重要载体。近年来，国内汽车题材的影视作品和动漫逐渐增多，如电视剧《极速青春》、网络电影《漂移青春》、电影《飞驰人生》等作品，结合了赛车文化、改装车文化以及年轻人的生活方式，吸引了大量年轻观众。同时，一些网络平台推出的汽车科普节目、汽车知识分享等，也增加了汽车文化的传播渠道，提升了公众对汽车文化的兴趣。

二、吉林省汽车文化创意产业发展现状问题对策

吉林省作为中国汽车工业的重要基地之一，拥有一汽集团这样的龙头企业，汽车文化在当地具有深厚的工业基础。近年来，随着文化创意产业的兴起，吉林省的汽车文化创意产业取得了一定的发展，主要集中在汽车制造、文化传播、文创产品开发等方面。然而，在发展的同时，也面临着文化内涵不足、市场推广有限等问题。

（一）吉林省汽车文化创意产业的现状

汽车工业与文化的融合：吉林省以长春为核心的汽车产业集群，特别是中国第一汽车制造厂的历史地位，使长春的汽车文化具有标志性。首先是一汽红旗文化展馆与文化传播，一汽红旗文化展馆作为吉林省重要的汽车文化展示窗口，系统地展示了中国汽车工业的发展历程，并通过实物、影像、模型等方式，展现了中国汽车从无到有的全过程。展览馆不仅对当地居民和游客进行汽车文化的科普教育，也吸引了大量汽车爱好者。其次是汽车品牌与文创产品，一汽红旗作为吉林省的重要汽车品牌，在文化创意方面进行了一定的尝试。例如，红旗推出了一系列与品牌形象结合的文创产品，如高端车模、纪念徽章、服饰等，既宣传了品牌文化，也丰富了吉林省的汽车文化创意产品。

汽车赛事与体验：吉林省近年来也尝试推动汽车赛事文化的发展，尤

其是在冰雪季节，吉林的冰雪汽车赛事逐渐兴起，吸引了来自全国的赛车爱好者。首先是冰雪汽车赛事，吉林省利用冬季冰雪资源，开展了一些冰雪越野赛、汽车漂移等赛事，推动冰雪汽车运动的发展。这类赛事不仅增强了汽车文化的趣味性，也促进了汽车品牌的推广和地方旅游业的发展。其次是汽车体验中心，一些汽车品牌如一汽红旗等在吉林省内建立了汽车体验中心，游客可以在这里了解汽车技术、试驾车辆，体验最新的汽车科技，这些体验中心在一定程度上推动了汽车文化的传播。

汽车主题展览与活动：吉林省还定期举办各种汽车展览和主题活动，汽车博览会和车展成为推动汽车文化发展的重要平台。首先是长春国际汽车博览会，作为吉林省最重要的汽车展览之一，长春国际汽车博览会每年吸引了大量国内外汽车品牌参展，展示了最新车型和技术成果。这些展会不仅推动了吉林省汽车文化的交流与传播，也为当地汽车产业的发展创造了新的机遇。其次是文化艺术与汽车的融合，吉林省也在尝试将文化艺术与汽车相结合，开展了一些汽车主题的艺术展览、摄影大赛等，促进了文化创意与汽车产业的互动。

（二）吉林省汽车文化创意产业存在的问题

尽管吉林省在汽车文化创意产业方面取得了一定的发展，但也面临一些问题与挑战：

文化内涵不足：吉林省的汽车文化大多依赖于其深厚的汽车制造业基础，但在文化内涵的挖掘和传播方面仍显不足。目前的汽车文化更多集中在汽车制造、技术展示和历史呈现，缺乏对文化、艺术、时尚等方面的深度挖掘和创新。汽车文化的表达较为单一，未能充分体现本地汽车产业的文化特色。

市场推广力度有限：吉林省的汽车文化创意产业虽然有一定的影响力，但其市场推广和商业化运作相对有限。尤其是在文创产品的开发和推广方面，尚未形成成熟的市场体系，很多文创产品主要集中在汽车博物馆或品牌展览中，未能实现大规模的市场覆盖。

产业链不完整：吉林省的汽车文化创意产业链还不够完善，缺乏跨行业的协同发展。例如，文化创意产业与汽车产业的合作更多体现在汽车制造和技术展示方面，而文创、娱乐、数字科技等方面的合作较少，无法充分发挥汽车文化的创造力与商业潜力。

区域品牌影响力不足：尽管一汽集团和红旗品牌在全国乃至全球享有较高的知名度，但吉林省整体的汽车文化创意品牌影响力较弱。许多与汽车文化相关的创意活动和产品在国内外市场上的知名度较低，缺乏具有全球吸引力的品牌文化符号。

（三）吉林省汽车文化创意产业的发展对策

1.深化汽车文化内涵，挖掘本地特色

吉林省应在现有的汽车制造业基础上，进一步挖掘与汽车相关的文化内涵，如汽车历史、工业遗产、汽车与城市发展的关系等。同时，可以结合当地的民俗文化、冰雪资源等，打造具有吉林特色的汽车文化。例如，可以发展汽车与冰雪文化结合的创意产品，提升汽车文化的趣味性和文化深度。

2.加强跨界合作，推动产业融合

汽车文化创意产业可以通过与其他行业的合作实现更多创新。例如，与文化艺术、时尚、科技等领域的跨界合作，开发出更多汽车主题的艺术作品、数字文创产品，提升汽车文化的创造力与商业价值。可以借鉴国外汽车文化创意产业的发展经验，引入影视、动漫、游戏等元素，推动汽车文化的年轻化和大众化。

3.加大市场推广与品牌建设

进一步加大对汽车文化创意产品的市场推广力度，完善汽车文化创意

产品的商业化模式。例如，可以通过线上线下结合的方式，在电商平台销售汽车文化创意产品，扩大市场覆盖面。同时，打造具有全球吸引力的汽车文化品牌，将吉林省的汽车文化推广到全国乃至国际市场。

4.完善产业链，推动协同发展

推动汽车文化创意产业链的完善，鼓励汽车制造业、文化创意产业、旅游业、科技产业的协同发展。例如，可以建设汽车文化产业园区，集聚汽车博物馆、汽车体验中心、文创产品开发、汽车赛事等多种功能于一体，形成产业链协同效应，提升区域经济的整体竞争力。

5.推动汽车文化的国际化

通过举办国际汽车文化交流活动，如国际车展、汽车文化节、汽车主题论坛等，吸引更多国际汽车品牌和文化机构参与，提升吉林省汽车文化在国际上的影响力。同时，积极参与"一带一路"倡议，加强与国外汽车文化创意产业的合作，推动汽车文化创意产品的出口，提升吉林省的国际形象。

三、吉林省一汽红旗汽车文化创造性转化创新性发展研究

吉林省一汽红旗汽车文化创造性转化与创新性发展对策研究旨在通过深入理解红旗品牌的历史文化背景，将创造性转化与创新性发展相结合，推动红旗在新时代中的品牌竞争力和全球化扩展。以下分别对创造性转化与创新性发展两个方面进行系统的对策研究。

（一）吉林省一汽红旗汽车文化创造性转化对策研究

文化内核的传承与现代化表达：首先是提炼品牌文化精神，红旗品牌的文化核心在于其"国车"形象与民族自豪感。在创造性转化中，红旗应提炼出品牌文化的核心精神，如自主创新、科技进步与国家荣誉，并通过现代化的叙事方式向公众传达这一精神。可以通过品牌故事、广告、纪录

片等形式，重塑红旗与中国现代化进程的联系。其次是符号与设计的创新，红旗的品牌符号，如红旗标志、车体设计、颜色等，具有鲜明的象征意义。创造性转化应通过将这些符号现代化，融入中国文化元素，并与现代设计潮流相结合。例如，推出"国潮版"车型，将传统文化符号与现代设计风格相融合，吸引年轻消费者。

国潮文化与品牌故事的深度结合：首先是融入国潮元素，红旗可以通过结合中国传统文化的经典元素，如龙凤、祥云、书法等，推出限量版车型或品牌周边产品。在设计中注重中西文化的结合，以创新形式表达红旗的文化底蕴和新时代形象。其次是重塑品牌故事，通过品牌的历史故事与现代传播形式的结合，将红旗如何从诞生到中国汽车工业的引领者进行系统化叙述。利用短视频、网络营销、互动展示等形式，将红旗的品牌价值植入公众心中，增强品牌的文化认同。

文化体验的互动与情感连接：首先是文化体验中心与互动展示，建设红旗文化体验中心，展示红旗品牌的历史、技术成就与文化创新。通过沉浸式的互动体验，如 VR 驾驶体验、品牌文化展览等，让消费者在实际体验中深入理解红旗的文化底蕴。其次是车主文化活动与社区构建，通过组织红旗车主的品牌文化活动，打造品牌粉丝社群，增强车主与品牌之间的情感连接。通过品牌节日、车主聚会等形式，推动红旗品牌文化在车主中的传播与认同。

（二）吉林省一汽红旗汽车文化创新性发展对策研究

技术创新驱动文化转型：首先是智能化与品牌文化的深度融合，红旗应利用智能驾驶技术，将品牌文化融入汽车的使用体验中。例如，智能座舱系统可以结合中国传统文化，通过智能语音助手为车主提供个性化的品牌文化讲解，增强消费者的文化沉浸感。其次是新能源时代的环保文化，随着新能源技术的发展，红旗可以通过融入环保理念，推广"绿色国车"

的品牌形象。通过强调科技与环保的结合，传递品牌在推动绿色出行和可持续发展方面的文化责任与创新贡献。

全球化品牌文化的本土化创新：首先是国际市场文化传播，红旗可以根据不同市场的文化背景，通过本土化创新设计车型。例如，在欧洲市场可以融入当地的艺术设计元素，在中东市场则结合当地文化特色，增强品牌的国际化适应性。其次是全球品牌文化体验中心，吉林省可以在全球主要市场设立红旗品牌文化体验中心，展示中国汽车工业成就与红旗品牌的历史文化，通过互动体验、虚拟驾驶等方式吸引国际消费者，提升品牌在全球市场的认知度。

文创产品开发与产业链延伸：首先是高端文创产品开发，红旗可以通过开发高端文创产品，如限量版车型模型、品牌周边产品、纪念品等，延展品牌的文化内涵。与知名设计师或艺术家合作，推出定制产品，吸引高端消费者。其次是文化创意产业园建设，吉林省可以围绕红旗品牌，建设文化创意产业园区，集设计、研发、展示、文创产品开发为一体。通过产业园的集聚效应，吸引更多文化创意企业入驻，推动区域经济与文化的协同发展。

数字化品牌传播与粉丝社群建设：首先是线上品牌传播与互动平台，通过线上数字化平台，利用虚拟现实、增强现实等技术打造虚拟品牌体验与试驾环节，吸引年青一代消费者。通过线上互动，增强用户参与感，提高品牌影响力。其次是粉丝社群与品牌文化社区，通过线上线下结合的方式，打造红旗粉丝社群，增强品牌与车主之间的互动与情感连接。通过定期举办粉丝活动，增强品牌的忠诚度和传播力度。

（三）吉林省科技与文化深度融合赋能赋智赋效一汽红旗汽车行动计划研究

汽车是科学技术集大成者，汽车是"改变世界的机器"，不是汽车本身在改变世界，而是它所承载的科技文明在改变世界。就物理属性而言，汽车有机械产品、电子产品、电气产品，都是工程科技成果。就社会属性而言，汽车是人文和人性交织的艺术品，是奔驰着的艺术殿堂，是文化的平衡与传播者，也是先进文明的成果，更是安居乐业的第三空间。

科技与文化融合赋能汽车文化设计新内涵，特别是造型设计、驾座系统设计、标识设计。通过科技创新和文化创新，可以开发出更先进、智能化、个性化、舒适感更强的汽车产品和服务，提升汽车产业的技术水平和竞争力。

科技与文化融合赋智汽车产业，提升其智能制造能力和水平。结合文化元素，可以实现更智能、安全、便捷的汽车出行。科技与文化融合赋值汽车产业，增加其文化内涵和社会价值。通过结合文化元素，如地域文化、历史文化等，设计和提供具有独特文化内涵的汽车产品和服务，满足消费者对文化体验和情感认同的需求。同时，结合科技创新，提供更智能化、安全性能更高的汽车产品，赋予汽车更多的社会价值和意义。

科技与文化融合赋效汽车产业，提高其效率和效果。通过科技创新，如自动化生产技术、智能供应链管理等，结合文化元素，可以提高汽车生产和销售的效率，降低成本，提高产品质量和市场竞争力。

（四）吉林省汽车产业文化化、汽车文化产业化行动计划研究

实施汽车产业文化化、汽车文化产业化，搭建汽车科技文化产业发展新场景。

博物文化场景：中国一汽工业博物馆、汽车文化影像馆、音乐馆，一汽红旗汽车文化小镇、74 栋一汽展馆、林田国际汽车标识博物馆；

文化遗产场景：长春汽车历史文化街区、汽车工业生产遗存（1 号门，老一汽生产厂区、厂房、车间等）、历史文化遗产名人故里；

生活休闲场景：红旗里汽车文化旅游休闲街区、激情红旗国际汽车生

活城；

工业生产制造场景：红旗智慧观光工厂、一汽奥迪观光工厂等；

数字沉浸体验场景：长春汽车元宇宙透明工厂、长春红旗 / 解放典藏汽车数字藏品、长春红旗 / 解放未来汽车数字藏品；

节事会展场景：长春汽博会、长春汽车文化节、长春汽车音乐节、长春赛车节、长春冰雪汽车节、长春汽车模型竞技节、长春汽车文创节、汽车研学旅行节、汽车剧本创作节、汽车文艺节、汽车科普竞赛节；

研学潮玩场景：长春汽车玩具 DIY 研学、潮玩·赛车总动员、长春汽车文化真人秀场、汽车沉浸式剧本杀、车技演艺秀、炫风车手秀、生态游乐秀、汽车音乐秀、汽车 COSPLAY ；

主题文化场景：汽车主题露营地、汽车主题酒店、汽车主题商场、汽车主题电影院、汽车主题广场、国际汽车文化主题公园、红旗汽车英雄会、饮马河国际赛车公园等。

第二节　吉林省高铁文化创意产业发展对策建议

一、国内外高铁文化创意产业发展现状

（一）国外高铁文化创意产业

国外高铁文化创意产业在多个国家蓬勃发展，每个国家都结合自身的文化背景和高铁技术特色，形成了不同的高铁文化创意产品与体验。无论是日本新干线与地方文化的深度结合，还是法国 TGV 与艺术的跨界合作，各国都通过高铁文化创意产业提升了高铁的文化附加值和国际影响力。未来，高铁文化创意产业将进一步通过跨界合作、科技融合和文化传播，为高铁文化注入新的活力。

　　日本：日本的高铁文化创意产业是全球最成熟和典型的案例之一，尤其以新干线为代表，它不仅是一种高速交通工具，更是日本文化的象征。首先是高铁旅游与体验，日本将新干线与地方旅游紧密结合，打造了多个高铁旅游线路。例如，日本推出了著名的"铁路之旅"，游客可以乘坐新干线穿越富士山、京都、北海道等经典旅游目的地。为了增加文化体验，每条线路都会结合地方特色美食、历史景点和传统文化。其次是高铁文创产品，新干线的文创产品在日本乃至全球都有很大的市场，包括高铁模型、玩具、明信片、行李箱标签、T恤、毛巾等。特别受欢迎的是新干线便当（Ekiben），每个车站都推出了独具地方特色的便当，游客们在乘坐新干线时会购买不同的便当，形成了"新干线美食文化"。第三是文化活动与品牌形象，日本铁路公司（JR）定期举办高铁文化节和博览会，展示新干线的发展历史和技术进步。这些活动不仅面向日本国内游客，还吸引了大量国际游客，提升了新干线的国际知名度。新干线还与动漫文化结合，推出了类似"新干线变形机器人"的系列动漫，进一步扩大了其文化影响力。

　　法国：法国的高铁（TGV）是欧洲高铁文化的重要组成部分，TGV不仅是法国技术实力的象征，也是法国文化软实力的一部分。首先是高铁与艺术融合，法国的TGV在推广过程中非常注重与艺术的结合。例如，TGV列车的车厢内部经常展示法国著名艺术家的作品，如绘画、摄影作品等，成为移动的艺术画廊。乘客在旅途中不仅能体验高铁的速度与舒适，还能享受视觉艺术的熏陶。其次是高铁文化活动，法国铁路公司（SNCF）每年在巴黎和其他大城市举办TGV主题的展览，展示高铁的技术进步、文化影响和环保理念。同时，一些高铁站也被设计为艺术和文化展示的场所，特别是巴黎里昂车站，成为集交通、文化、商业于一体的综合体。第三是TGV文创产品，TGV的文创产品在法国铁路博物馆和大型车站内有销售，产品包括高铁模型、TGV玩具、铁路历史书籍、纪念邮票等。法国还将高铁文化融入其特有的美食文化中，在TGV的餐车中提供法国特色餐饮，让乘客在旅途中体验到法国美食的魅力。

德国：德国的高铁（ICE）注重高效、环保与科技，ICE文化创意产业更多的是与现代技术和设计美学相结合，突出其先进性和可持续发展理念。首先是科技与环保的文化符号，德国ICE高铁通过设计和体验，传达绿色环保和高效出行的理念。德国铁路（Deutsche Bahn）注重将环保理念融入高铁设计中，车厢内部使用可持续材料，乘客可以通过车上展示的环保信息和绿色出行宣传，体验到德国对环境保护的重视。其次是高铁体验与科普活动，德国铁路公司经常在学校、博物馆和车站举办高铁技术和环保相关的科普活动，推广ICE的技术优势与环保理念。ICE模拟驾驶体验也是一大亮点，参与者可以通过模拟器体验驾驶高铁的乐趣，尤其受青少年和铁路爱好者的欢迎。第三是高铁文创产品，ICE的文创产品以简洁现代的设计风格为主，售卖点遍布德国各大火车站，常见的产品有高铁模型、车票收藏册、环保主题的纪念品，以及带有ICE标志的日常用品，如杯子、T恤、背包等。这些产品既注重实用性，也体现了德国设计的精良与环保意识。

西班牙：西班牙高铁（AVE）是西班牙文化创意产业的重要部分，尤其在促进区域文化和旅游产业的融合方面，AVE表现出色。首先是高铁与区域文化结合，西班牙将AVE高铁与各个区域的文化、历史和景点结合，推出了高铁文化旅游线路。比如，乘坐AVE前往安达卢西亚地区，可以体验弗拉门戈文化与历史古迹；乘坐AVE前往巴塞罗那则可以欣赏高迪建筑与现代艺术。在这种高铁旅游的推动下，游客可以便捷地探索西班牙的文化遗产。其次是高铁文创与地方特色产品，AVE高铁与地方特色文化产品结合，如与西班牙橄榄油、葡萄酒、弗拉门戈服饰等文化符号结合的文创产品十分流行。高铁站内也经常设有地方特产销售点，让游客在高铁旅途中享受地方美食和特色产品。第三是高铁体验与品牌塑造，西班牙铁路公司Renfe打造了"文化之旅"项目，乘客不仅能欣赏沿途风景，还能通过列车上的文化介绍、艺术展示等活动深入了解西班牙的历史和艺术。这种独特的高铁文化体验将交通与文化融合，吸引了大量游客。

英国：英国的高铁文化创意产业正逐渐兴起，特别是随着 HS2 高速铁路项目的推进，英国正在探索高铁文化与创意产业的融合。首先是高铁设计与历史传承，英国高铁的发展与其悠久的铁路历史密不可分。英国铁路公司在规划 HS2 的过程中，注重将历史传承与现代科技结合，推出了一系列高铁文创产品，包括老式蒸汽火车的复古模型与现代高速火车的纪念品对比展览，吸引了铁路迷和历史爱好者。其次是跨界合作与高铁文化传播，英国的高铁文化创意产业注重与电影、电视等领域的跨界合作。例如，英国的铁路公司与影视作品《哈利·波特》合作，推出高铁旅行套餐，带游客前往电影中的经典取景地，甚至可以乘坐复古的蒸汽火车体验电影中的场景。

（二）国内高铁文化创意产业

国内高铁文化创意产业正处于蓬勃发展的阶段，涵盖了文创产品开发、旅游线路设计、文化体验活动等多方面。未来，通过加强创新设计、跨界合作与区域文化结合，高铁文化创意产业有望进一步提升文化价值，推动中国高铁文化走向全球。

高铁与旅游的深度融合：中国高铁已成为国内旅游业的重要推动力。通过高铁的便利性和速度，不同区域的旅游资源被快速串联起来，形成了"高铁+旅游"的发展模式。首先是高铁旅游线路，全国多个地区推出了以高铁为核心的旅游线路，如京沪、京广、成渝等高铁沿线旅游项目，将自然风光、历史文化景点和地方特色文化串联起来，游客可以乘坐高铁便捷地到达各大旅游目的地。例如，成渝高铁将成都和重庆两座文化名城连接，形成了独具特色的巴蜀文化旅游线路。其次是高铁专列与主题列车，一些地区推出了具有文化特色的高铁专列或主题列车。例如，东北地区推出了"长白山雪国专列"，该列车不仅为游客提供前往长白山的便捷交通，还在车内展示了东北的民俗文化和自然景观，提供了一种沉浸式的文化体验。第三是高铁旅游套餐，中国铁路公司与地方文化旅游局合作，推出了一系列高铁旅游套餐。这些套餐包括高铁车票与景区门票的联动优惠，进一步吸引游客前往高铁沿线的景区。特别是在长三角、珠三角等经济发达地区，高铁旅游已经成为文化传播和经济增长的重要手段。

高铁文创产品的发展：中国高铁相关的文创产品涵盖了纪念品、生活用品、玩具、文化艺术衍生品等多个方面，逐步形成了独具中国特色的高铁文化产业链。首先是高铁纪念品，高铁模型、火车票收藏册、明信片等纪念品是最常见的高铁文创产品，尤其是以"复兴号""和谐号"为代表的高铁模型在市场上非常受欢迎。中国铁路文化有限公司推出的限量版高铁车票收藏册，以及带有高铁线路图案的文具、钥匙链等，都成为铁路迷和收藏者喜爱的纪念品。其次是高铁文创生活用品，高铁元素也被融入日常生活用品的设计中，例如带有高铁标志的杯子、T恤、环保袋等，特别是一些具有设计感的高铁主题产品在年轻人群体中广受欢迎。此外，高铁相关的儿童玩具，如拼装火车、铁路场景玩具等，也成为家庭消费的热门选择。第三是跨界合作产品，中国高铁与知名品牌和设计师的跨界合作也推动了高铁文创产品的发展。例如，一些知名设计师设计了高铁主题的服饰、手提包和配饰，而铁路局则与文化产业合作推出了高铁主题的图书、影视作品周边产品等。这种跨界合作不仅提升了高铁文化的时尚感，还丰富了文创产品的种类。

高铁文化体验与展示：随着中国高铁技术的不断进步，多个高铁文化体验中心和博物馆相继建成，成为展示中国高铁发展和推广高铁文化的重要平台。首先是高铁博物馆与展览，中国铁道博物馆等多个铁路文化展览馆中设有专门展示高铁技术发展和文化传播的展区。这些博物馆通过高铁历史展览、互动体验项目和技术模型展示，让参观者深入了解中国高铁的发展历程。例如，北京的中国铁道博物馆展示了中国高铁从无到有的技术进步，上海的铁路博物馆则结合了现代科技，让参观者通过互动装置体验高铁驾驶的感觉。第二是高铁驾驶体验，全国多个高铁站和博物馆提供高铁驾驶模拟体验，让游客亲身体验驾驶高铁的感觉。通过高科技设备，参与者可以模拟高铁的驾驶操作，了解列车运行的原理和技术细节。这些体验项目深受青少年和高铁迷的喜爱，进一步增强了高铁文化的吸引力。第三是高铁文化宣传活动，中国铁路公司和地方政府定期举办高铁文化节、铁路科普日等活动，向公众传播高铁文化和技术知识。这些活动通过展览、讲座、互动游戏等多种形式，向大众尤其是青少年群体普及高铁知识和交通安全理念，增强公众对高铁的认知和兴趣。

高铁文化的跨界合作与国际化传播：随着中国高铁技术的国际化发展，高铁文化也通过各种跨界合作和国际传播逐步走向全球。首先是与影视、动漫的结合，中国高铁文化与国内影视、动漫产业的结合推动了文化传播的多样化。例如，中国铁路与知名影视作品合作推出了高铁主题的电视剧、纪录片等，展示中国高铁技术的创新和发展。此外，一些国产动漫和科幻影视作品也将中国高铁作为背景场景，进一步增强了高铁的文化影响力。其次是国际化发展，随着中国高铁技术的全球推广，高铁文化也逐步走向国际市场。在"一带一路"倡议的推动下，中国高铁在共建国家进行推广的同时，也结合各国文化推出了相关文创产品和文化活动。例如，中国铁路在参与海外高铁项目建设时，展示了中国高铁的发展历史和技术优势，并通过与当地文化的结合，推出定制化的高铁文创产品。

二、吉林省高铁文化创意产业发展现状问题

（一）吉林省高铁文化创意产业现状

首先是高铁网络与旅游资源结合，吉林省高铁网络发达，以长春为中心辐射至各地，包括长春至吉林市、通化、白山、松原等地的高铁线路。

这些线路有效串联了长白山、查干湖、净月潭等自然旅游资源以及东北抗联遗址、伪满皇宫等文化历史景区，形成了较为完备的"高铁＋旅游"模式，吸引了大量国内外游客。其次是高铁与冰雪旅游结合，吉林省是中国著名的冰雪旅游胜地，长春、吉林市和延边等地冰雪旅游资源丰富。高铁将这些冰雪旅游资源与其他省份和城市相连接，形成了独特的"冰雪高铁旅游"产品，如长白山和雾凇岛等冬季热门旅游目的地，借助高铁的便利成为国内外游客的热门选择。第三是高铁文创产品的开发，吉林省在高铁文创产品开发方面已经开始有所行动，推出了一些结合地方文化的纪念品、旅游指南等。例如，长白山高铁沿线的纪念品设计融入了当地的自然风光和民俗元素，如长白山天池、东北虎、参茸等吉林省的文化标志，这些文创产品为游客提供了多样的纪念选择。第四是文化展示与体验，吉林省部分高铁站点结合地方文化进行设计，如长春站和吉林站，车站内部的装饰和布局融合了东北特色的文化元素，如剪纸艺术、雪花图案等。此外，部分高铁车次还推出了地方特色食品和文化宣传片，让旅客在乘车过程中能够感受到吉林省的独特文化。

（二）吉林省高铁文化创意产业存在的问题

首先是文创产品的创新性不足，虽然吉林省已经推出了一些结合地方文化的高铁文创产品，但整体创新性和吸引力较弱，产品类型和设计缺乏多样性，导致一些文创产品无法给游客留下深刻印象。这种同质化现象限制了高铁文创产品的市场竞争力和文化传播效力。其次是高铁与地方文化的结合深度不足，尽管高铁网络与地方文化资源相结合，但这种结合在深度和广度上仍然有待提升。例如，地方文化元素的融入往往局限于简单的纪念品设计或车站装饰，而文化的传播与体验相对浅层，未能充分展示吉林省丰富的历史文化、民族特色和自然资源。再次是市场推广与品牌建设不足，吉林省在高铁文化创意产业的市场推广和品牌建设方面相对滞后，未能形成具有强大吸引力的文化品牌。尤其是与其他省份相比，吉林省的高铁文化产业在全国范围内的知名度和影响力仍需加强，未能有效借助高铁网络拓展其文化品牌的影响力。最后是与其他产业融合不够，高铁文化创意产业的跨界融合尚未充分发挥。高铁文化与科技、时尚、数字媒体等现代产业的结合较为薄弱，这导致了吉林省在高铁文创产品开发中的局限，未能吸引更多年轻消费者和创新型企业的参与。

三、吉林省高铁文化创意产业发展对策建议

（一）加强文创产品设计创新

要提升吉林省高铁文创产品的吸引力，首先需要加大产品设计的创新力度。可以通过与专业设计师、艺术家合作，深入挖掘吉林地方文化的精髓，将东北民俗、自然景观、冰雪文化等元素融入文创产品设计中，开发出更具创意和纪念意义的产品，避免同质化。例如，可以开发结合长白山神话、满族文化等主题的系列文创产品，并结合现代设计风格，使其更具市场竞争力。

（二）深化高铁与地方文化的结合

可以加强高铁文化与地方文化资源的融合，在高铁站点和高铁车厢中展示更多本土文化元素。例如，在高铁站内设立地方文化展示区，展示吉林省的非物质文化遗产、民间艺术和工艺品等；在高铁车厢内播放吉林省的历史文化介绍短片或地方风景宣传片，让旅客在旅途中体验到更为深入的吉林文化。

（三）强化市场推广与品牌建设

要加强吉林高铁文化创意产业的市场推广力度，利用互联网、社交媒

体等多种渠道宣传吉林高铁文化品牌。例如，吉林省可以借助高铁网络的影响力，打造"吉林高铁文化"主题活动，利用媒体和网络平台进行广泛宣传，提升品牌知名度。同时，可以通过与其他省份、城市的合作，打造跨省高铁文化旅游线路，扩大吉林高铁文化的影响力。

（四）推动高铁文创产业的跨界融合

吉林省可以加强高铁文化与其他现代产业的跨界融合，如与数字媒体、虚拟现实、增强现实等技术的结合，打造高科技文化体验项目。例如，可以开发高铁站点的 AR 互动体验项目，让游客通过智能设备体验吉林省的自然景观、文化故事等；也可以结合网络平台推出高铁文化相关的数字文创产品，吸引更多年轻消费者的关注。

（五）推动国际化与区域合作

吉林省应利用高铁网络的便利，加强与东北亚地区的文化交流与合作。例如，长吉城际高铁可与中俄朝旅游合作项目相结合，开发跨国高铁旅游线路，吸引来自俄罗斯、朝鲜、日本等国的游客。通过这种跨境合作，不仅能提升吉林省高铁文化创意产业的国际化水平，还能推动区域经济的共同发展。

（六）建设长春高铁文化创意产业园

在建设长春高铁文化创意产业园时，必须综合考虑文化、经济、技术、教育和市场等多个因素，确保园区不仅成为展示长春高铁技术与文化的窗口，还能成为推动区域经济、文化创意及职业教育发展的重要引擎。园区应涵盖高铁行业的核心技术、文化传承、人才培养与产业创新，并进行综合规划，以确保各功能区协调发展，形成完整的产业链和生态体系。

中国高铁文化博物馆：该博物馆的核心任务是展示中国高铁的发展历

史与文化传承，突出高铁技术的变革与里程碑事件。博物馆将设立历史长廊，展现从早期铁路到现代高速铁路的演进历程，包括蒸汽机车、内燃机车、电力机车以及磁悬浮列车的技术发展。通过实物展示、模型、历史文献及多媒体互动形式，生动呈现中国高铁的辉煌成就。游客还可以通过虚拟现实技术体验历史场景，并模拟驾驶历史列车，增强互动性和参观体验。

中国高铁科技体验馆：科技体验馆旨在展示高铁的最新技术及未来发展方向，特别是智能高铁和自动化系统。馆内将设立多个展示区，涵盖智能列车、无人驾驶系统、轨道监控与调度等先进技术。互动体验区将通过虚拟驾驶舱、增强现实模拟等设备，让游客参与高铁的操作与管理，体验尖端技术成果。此外，未来城市交通展示区将模拟未来智能城市的交通出行模式，展现高铁在未来城市中的应用。

高铁智能制造技术研发园区：研发园区将致力于高铁智能制造领域的技术创新，提供研发、测试和验证平台。园区将展示高铁车辆及核心部件的智能化生产流程，包括自动焊接、智能检测和装配等技术。园区还将设立研发实验室，专注于新材料、新工艺及智能控制系统的开发，并吸引技术型企业入驻，通过创新孵化机制形成高铁智能制造的产业集群。

高铁大国工匠孵化园区：该园区专注于培养高技能高铁工匠，并传承技术。技能展示区将呈现工匠在高铁设备制造、维护与修理中的精湛技艺。孵化区将为年轻技工提供实践机会，通过实操培训、技艺传承班等活动，培养更多高级技工。同时，园区将定期举办全国性技能大赛，促进技艺交流和人才选拔，推动技能创新与传承。

高铁文化创意产业校企合作示范区：示范区将融合高铁文化与创意产业，集文创设计、人才培养与市场运营于一体。通过与高校合作，设立文创设计工作室，开发高铁主题文化创意产品，如车模、纪念品及艺术品。园区将提供实习机会，推动校企共同培养创意设计人才，并定期展示和销售文创产品，提升高铁文化的市场影响力。

高铁研学旅游园区：该园区面向中小学生、家庭游客和学术团体，提供以高铁为主题的研学旅游项目。园区将设立科普教育区，采用互动展览和实践操作普及高铁知识，并设有短途高铁体验线路，游客可乘坐模拟列车体验运营过程。研学课程将结合理论与实践，吸引各地学校组织学生前来学习与体验。

高铁职业技术培训学校：学校专注于培养高铁行业技术人才，提供全面的职业教育课程，涵盖高铁制造、维护、调度和运营等领域。学校将与企业合作，提供实习和培训机会，并配备先进的教学设备，如模拟驾驶系统、维护设备等，通过产教融合培养高技能人才，以满足高铁行业的实际需求。

高铁主题酒店：主题酒店将结合高铁元素进行设计，提供沉浸式住宿体验。酒店的内部设计参照列车车厢布局，房间装饰融入高铁文化元素。酒店设有互动区域，如模拟驾驶体验设施，客人在住宿期间即可感受到高铁的独特魅力。酒店的餐饮与服务也将融合高铁文化，不仅为游客提供住宿，还将成为展示园区文化的窗口。

第三节　吉林省长春航空航天文化旅游发展规划纲要研究

通过科技创新赋能，吉林省的航空航天文化创意产业将能够打破传统文创产品的局限，实现产业的数字化、智能化和国际化转型。智慧文化园区建设、数字化文创产品开发、航天科技与文化创意的深度融合，以及国际化推广策略的实施，将为吉林省的航空航天文化创意产业注入新的活力，提升其在全球市场中的竞争力。未来，吉林省应继续推动科技与文化的深度融合，打造具有国际影响力的航天文化品牌，助力航空航天文化创意产业的高质量发展。

一、国内外航空航天文化创意产业现状

国内外的航空航天文化创意产业正处于蓬勃发展的阶段，各国通过不同的方式推动这一产业的发展，并加强公众对航天事业的了解与支持。未来，随着技术的进步和跨界合作的加强，这一领域将产生更多创新与突破。

（一）国外航空航天文化创意产业

美国：美国的航空航天文化创意产业较为发达，NASA 和一些私营航天公司（如 SpaceX）在推动航天文化上扮演重要角色。NASA 通过各种途径传播航天文化，例如开放博物馆、发布高质量的图像和视频资料，并与娱乐业合作，制作影视作品（如《火星救援》《星际穿越》）和纪录片。与此同时，商业航天公司，如 SpaceX 和 Blue Origin，也通过创新的营销手段推动航空航天的文化传播，增加了公众的参与感和兴趣。此外，航空航天相关的旅游业也逐渐兴起，如太空旅游、航天主题公园等。

欧洲：欧洲航天局（ESA）在推动航天文化方面也有相应的举措，主要通过展览、教育项目、艺术合作等方式。比如，ESA 支持了多个艺术家创作与航天相关的作品，并通过电影节、展览等形式推广。同时，欧洲的航天相关旅游项目，如法国图卢兹的航天主题公园 "Cité de l'Espace"，也为公众提供了深入了解航空航天技术和文化的机会。

俄罗斯：作为航天领域的传统强国，俄罗斯在航空航天文化创意产业上也有较大的影响力。莫斯科的宇航博物馆和太空城是展示俄罗斯航天历史与成就的重要场所。近年来，俄罗斯还推动了太空旅游，计划通过与私营企业合作，提供更加商业化的太空体验服务。

日本：日本宇宙航空研究开发机构（JAXA）在推动航天文化方面也采取了多个措施，如通过出版物、社交媒体、艺术项目等方式传播航天知识。日本的动漫、电影也经常涉及航天主题，这使得航天文化在年轻人中有很高的影响力。

（二）国内航空航天文化创意产业

国内航空航天文创产品的发展现状反映了中国航空航天事业的快速崛起和公众对航天文化的高度关注。航空航天文创产品作为文化产业的一部分，涵盖了从教育、纪念品、创意设计到高科技产品等多个方面。

航天主题文创产品的类型与发展趋势：首先是纪念品与周边产品，航天主题纪念品近年来发展迅速，常见的产品类型包括火箭模型、航天服饰、航天员周边玩偶、徽章等。比如，中国航天文化有限公司推出了一系列基于"神舟"系列飞船、"天宫"空间站、"长征"系列火箭的模型，广受航天爱好者和青少年的喜爱。这些产品不仅具有纪念意义，也作为科普工具帮助民众更好地理解航天技术。其次是航天文创生活用品，越来越多的日常用品也开始结合航天元素，如以航天科技为主题的文具、家居用品、电子设备等。比如，带有航天标志的笔记本、文件夹等文具，以及设计独特的航天主题家居用品，深受年轻消费者的欢迎。第三是航天科普与教育产品，以科普为目的的航天文创产品近年来蓬勃发展。包括儿童航天科普图书、航天科技玩具，如拼装火箭、航天探测器模型、虚拟现实体验产品等。中国航天科技集团通过与出版社和教育机构合作，出版了许多面向青少年的科普读物。这些产品不仅满足了孩子们的好奇心，还激发了他们对航天科技的兴趣。第四是航天科技体验产品，依托先进的虚拟现实和增强现实技术，航天文创产品逐渐向高科技互动体验方向发展。例如，有些展览馆和博物馆推出了航天 VR 体验项目，观众可以通过虚拟环境"亲身"体验航天员在太空中的工作场景，感受空间站的生活。这样的高科技产品增强了公众的参与感和体验感。

航天文创产品的渠道与平台：电商平台的迅猛发展：电商渠道成为航天文创产品的重要销售平台。通过天猫、京东等国内电商平台，各类航天文创产品得以迅速推广到全国范围。尤其是在"航天日"及重大航天发射任务期间，相关的文创产品销售大幅上升。例如，天猫上的"中国航天"官方旗舰店成为销售航天纪念品、模型等产品的重要平台。首先是线下博物馆与展览，全国各地的航天主题博物馆、科技馆和展览中心也是航天文创产品的重要销售渠道。例如，北京的中国航天博物馆、上海科技馆、深圳航天科普基地等，通过展览吸引了大量游客，并在展览中销售相关的文创产品。此外，在一些大型展览活动中，航空航天企业也推出限量版文创产品，吸引了大量收藏爱好者。其次是跨界合作，航天文创产品的跨界合作逐渐成为一种趋势，尤其是与影视、游戏、时尚等行业的合作。例如，电影《流浪地球》成功带动了航天文创产品的开发，模型、周边产品广受好评。此外，航天科技企业与国内顶尖的时尚品牌合作，推出联名款航天服饰和配饰，也成为航天文化与流行文化结合的典范。

航天文创产品的市场前景与挑战：市场需求旺盛，随着中国航天事业的发展，民众对航天文化的兴趣与日俱增。每当中国完成重大航天任务，如发射火箭、登月、火星探测等，航天文创产品的需求量都会显著增加。例如，在"天宫"空间站建设期间，许多航天模型、纪念品热销，航天文化成为大众关注的焦点。首先是技术创新推动产品升级，随着航天科技的不断进步，航天文创产品的科技含量也在提升。例如，基于 3D 打印技术的航天模型、结合虚拟现实技术的互动体验产品等，增加了产品的技术含量和趣味性，为消费者提供了全新的体验。尽管航天文创产品发展迅速，但仍面临一些挑战。首先，产品的设计与创新能力有待提升，一些文创产品缺乏独特性和创意，容易导致同质化竞争。其次，产品的价格较高，尤其是一些高科技体验类产品，可能会限制部分消费者的购买力。此外，航天文创产品的知识产权保护也需要进一步完善，避免盗版和抄袭现象的出现。

二、吉林省航空航天文化创意产业发展现状问题对策

（一）吉林省航空航天文化创意产业现状

近年来，吉林省依托长春市的航空航天资源，特别是长春航展、空军航空大学、长光卫星三大品牌，逐步推动航空航天文化创意产业取得了一定成就。这三大品牌的协同作用，助力了吉林省在全国航空航天文化领域的崛起，奠定了良好的发展基础。

基础设施逐步完善：长春市通过大力建设航空航天相关基础设施，如中国（长春）通用航空发展大会、航空航天产业园、通用航空机场等，推动了航空航天产业链的不断延伸和优化。依托空军航空大学和长光卫星的资源优势，吉林省初步形成了航空航天文化创意产业的雏形，成为未来发展的重要依托。

长春航展成为全国著名品牌：长春航展作为全国知名的航空文化品牌活动，通过定期举办航空文化节、飞行表演和无人机大赛等，吸引了大量国内外航空航天企业和爱好者，极大地提升了吉林省在全国航空航天文化领域的影响力和知名度。航展不仅展示了先进的航空航天技术，还通过文化传播活动增强了航空文化的影响力，成为推动产业发展的重要平台。

产学研协同发展：依托空军航空大学等高等院校和科研机构，吉林省形成了航空航天领域的产学研协同创新体系。这一体系推动了航空航天技术的研究与应用，为文化创意产业提供了强有力的技术支撑。空军航空大学不仅是人才培养基地，还通过与企业合作，促进了科技成果的转化和市场化应用。

长光卫星的产业化应用：长光卫星作为国内领先的卫星技术企业，成功发射了"吉林一号"卫星星座，成为中国商业航天的重要力量。通过不断推进卫星遥感、数据服务等技术的产业化应用，长光卫星带动了吉林省在航天科技领域的快速发展，并为文创产业提供了创新的技术支撑。

航空旅游和飞行体验项目的兴起：吉林省利用丰富的航空航天资源，发展了低空飞行体验、航空科普研学、航空文化旅游等项目，推动了文化和旅游的深度融合。航空主题的研学旅行、飞行体验项目吸引了大量游客，为旅游产业带来了新增长点。

（二）吉林省航空航天文化创意产业存在的问题

产业链条不够完善：吉林省航空航天文化创意产业链各环节发展尚不平衡，特别是在文创产品的开发与市场化转化方面存在较大不足。文创产品的开发力度不足，缺乏有效的市场运作机制，导致创意设计、技术成果难以顺利转化为商品，难以形成完整的产业生态。各环节的分散发展制约了整个产业的联动效应。

创新能力不足：尽管吉林省具备较强的航空航天技术资源，但在文化创意方面的创新能力仍相对薄弱。文化与科技的深度融合还不够深入，航空航天文化的挖掘和创意表达尚未达到全国领先水平。尤其是在航空航天文创产品的设计和市场推广上，吉林省尚未形成具有竞争力的创新成果。

复合型人才不足：高素质的航空航天技术人才、文化创意人才以及跨领域的复合型人才仍然不足。尽管空军航空大学和长春的科研机构具备培养高端人才的能力，但与文化创意产业的协作力度较弱，缺乏面向市场需求的人才培养体系。本地高校与文创企业的合作程度较低，人才供给未能有效满足产业发展的需求。

产业融合深度不够：航空航天文化与其他相关产业，如科技、教育、旅游等的融合深度不足，未能实现高效的跨界协同创新。文化产业、旅游产业与科技产业之间的协作项目较为有限，缺乏能够同时吸引多领域市场的综合型项目，这限制了吉林省航空航天文化创意产业的进一步发展。

（三）吉林省航空航天文化创意产业的发展对策

完善产业链条，推动文创产品市场化：通过加强航空航天文化创意产品的开发与市场化运作，完善从创意设计到生产销售的全产业链条。要引入市场化机制，培育创新型企业，加大对航空航天文创产品的投资和研发力度，推动航模、纪念品、航天文具等产品的开发与销售。建立完善的产业生态体系，确保从设计、生产到市场运作的高效联动，提升整体市场竞争力。

加大创新能力建设，提升创意文化水平：依托长光卫星和空军航空大学的技术优势，进一步加强航空航天技术与文化创意的融合。鼓励创意设计与高科技手段的结合，利用 VR/AR 等技术开发具有独特文化内涵的创意产品。通过创新表达方式，深入挖掘航空航天文化，打造独具吉林省特色的文创品牌，提升文化创意产业的整体创新能力。

建立跨学科人才培养体系，促进产学研结合：加强航空航天、文化创意、市场管理等多学科的协同培养，推动空军航空大学与本地高校、科研机构及企业的深度合作，建立创新型人才培养体系。通过产学研一体化合作，培养适应市场需求的复合型人才，确保人才供给与产业需求相契合。要为航空航天文化创意产业注入源源不断的创新动力。

加深产业融合，推动多元化发展：通过推动航空航天文化与科技、教育、旅游等产业的深度融合，打造跨界协同发展的产业生态。结合航空科普研学、低空飞行体验、航空运动等项目，推进文化与科技、教育和旅游的有机结合，形成以航空航天为核心的多元产业融合发展模式。同时，充分利用吉林省丰富的旅游资源，开发低空飞行线路与空中游览体验项目，提升旅游产业的吸引力。

提升品牌建设，扩大国际影响力：依托长春航展的知名度，进一步提升吉林省航空航天文化创意产业的国际化水平。通过打造高规格的国际航空航天展览、论坛、比赛等活动，吸引全球的行业企业和专家参展参会，增强吉林省在国际航空航天文化领域的品牌影响力。同时，加强空军航空大学与长光卫星的品牌联动，打造吉林省独具特色的航空航天文化品牌形象，推动吉林省在国内外市场中的竞争力。

三、吉林省长春航空航天文化旅游发展规划纲要研究

（一）航空航天文旅资源基本情况

航空航天研学文旅资源：空军航空大学航空馆是东北地区唯一以航空为主题的大型展馆，展示面积为 5600 平方米，分为序厅、东北老航校展区、航空大学展区、航天精英展区、航空航天科普展区。该馆被吉林省、长春市分别授予"爱国主义教育基地"和"国防教育基地"。2021 年，长春空军航空大学航空馆与长光卫星技术基地、长春一汽红旗文化展馆入选"建党百年红色旅游百条精品线路"。

航空航天活动文旅资源：始于 2011 年的长春航空展经过 10 余年的培育发展，成为全国参观人数最多的航空展会之一，"南珠海、北长春"双子星航展格局基本形成，作为航展重要活动之一的无人机集群表演受到市民和游客广泛关注，也已成为打造航空航天文化旅游的标志性品牌活动。长春航空展已经成为我市继东博会、汽博会、农博会等展会的又一会展品牌。长春航空展规模日益扩大、形式不断创新、长春元素更加突出、社会反响持续火爆。

航空航天科普文旅资源：长光卫星技术股份有限公司成立以来，先后将 100 余颗"吉林一号"卫星送入预定轨道。长光卫星航天科普教育基地

由公司自筹资金 700 万元建立，由三条科普长廊、科普教育厅、光影体验厅等 5 部分组成，总面积超过 5000 平方米，可同时容纳 500 人参观。自 2018 年 10 月免费对社会开放以来，被省市科技、教育部门授予科普教育基地称号 20 余项，累计接待超过 4 万人次。

低空飞行体验营地文旅资源：一是位于净月区的慢山里飞行营地，可开展低空飞行旅游观光、景区飞行器投放、研学教育和国防教育实践、无人机飞手资格培训、飞行表演等活动。二是位于双阳区的吉林省鹰之翼航空飞行营地（原吉林省双阳太平航空飞行基地），主要开展航空科普、大型表演等活动，特别是在 2019 年空军航空开放日活动中，出动 25 架动力伞，以"70"编队表演震撼全场，推动了航空体育与旅游的完美融合。

低空旅游观光机场资源：长春市已建成 1 个通用机场(榆树通用机场)，2020 年 10 月，首条通航短途运输航线榆树至松原航线正式开通；规划新增 5 个通用机场，分别位于双阳区、九台区、德惠市、农安县及长春新区。吉林通航、榆树通航及翼龙通航 3 家企业获得通用航空运营许可证，拥有各类通用航空器 10 余架，运营企业和通用航空器数量均占全省一半以上。

（二）航空航天文化旅游发展短板

有效资源和部分产品对外开放难度大：空军航空大学航空馆受多种条件制约始终无法实现面向社会开放；长光卫星航天科普教育基地受限于场地和保密要求只接受预约参观；长春航空展每两年举办一次，且只接受网络预约，无法在展期以外的时间实现常态化展出等。

资源分散：长春市航空航天文化旅游资源重点分布在朝阳、南关、绿园、新区、双阳、净月等不同区域，目前均未形成有效文旅产品，资源待整合。

产业规模小：低空旅游营地、俱乐部等企业数量少、规模小，缺乏成熟的商业运作模式，缺少龙头企业及文旅专业团队的运营支撑，低空文旅产品策划及开发建设专业性有待加强。

政策不完善：尚未出台鼓励航空航天文旅市场开发及运营的相关政策，尚未开通飞行空域及航线，低空应用场景单一。

市场潜力小：尚未形成规模化消费市场，消费群体亟待培育。

（三）长春市航空航天文化旅游发展规划纲要

总体思路：长春市航空航天文化旅游产业发展的总体思路是以空军航空大学为依托，以长春航空展为抓手，以产学研为纽带，以航空航天产业综合示范区、航空航天博览园、中国航空博物馆为平台，以中韩（长春）国际合作示范区、榆树市、九台区、农安县、双阳区通用机场为航飞体验基地，以航空航天文化旅游、航空运动和飞行体验旅游为核心产品，打造国内著名的航空航天文化旅游目的地。

发展战略：实施"12345"发展战略：

"1"：即一个目标。从航空航天文化旅游新兴城市向航空航天文化旅游名城转变，最终实现航空航天文化旅游强市的奋斗目标。

"2"：即双轮驱动。通过航空航天文化旅游、航空运动和飞行体验旅游双轮驱动，航空航天文化教育、航空运动教育和航空飞行体验等协同创新助推长春航空航天文化旅游产业繁荣发展。

"3"：即三大步骤。

第一步，近期（2023—2025 年）：航空航天文化旅游产业初见成效期。该阶段的主要任务是：解码长春航空航天文化基因，构建长春航空航天文化旅游产业体系，培养培训航空航天文化旅游产业人才，开发航空航天文化旅游产业新产品，创建新模式、新业态、新场景。到 2025 年，初步形成一批特色鲜明的航空航天文化旅游产业项目，拉动文化旅游产业增加值超过 50 亿元，长春航空城美誉度和影响力大幅提升。

第二步，中期（2026—2030 年）：航空航天文化旅游产业特色形成期。该阶段的主要任务是：实施航空航天文化旅游企业主体培育、航空航天文化旅游项目招商补链强链、飞行体验基地创建、旅游场馆场景搭建、IP 活动品牌提升、消费潜能释放六大行动计划。形成一批主业突出、具有核心竞争力的航空航天文化旅游企业，培育一批创新示范、辐射带动能力强的航空航天文化旅游重大项目，建成一批业态集聚、功能提升的航空航天文化旅游园区、航空运动和飞行体验基地，集聚一批创新引领、创意丰富的航空航天文化旅游人才。到 2030 年，形成特色鲜明的航空航天文化旅游产业集群，拉动文化旅游产业增加值超过 100 亿元，长春航空城美誉度和影响力全面提升。

第三步，远期（2031—2035 年）：航空航天文化旅游产业全面崛起期。该阶段航空航天文化旅游核心竞争力持续增强，自成标杆，成为国内著名、国际知名的航空航天文化旅游名城，建设成航空航天文化旅游强市。

"4"：即四大路径。通过航空航天文化和航空航天旅游深度融合、航空航天文化旅游和航空航天教育深度融合、航空航天文化旅游和航空航天体育运动深度融合、航空航天文化旅游和航空航天科技深度融合来实现这一目标，引领和带动全市航空航天文化旅游产业高质量发展。

"5"：即五大工程。航空航天文化基因解码应用工程；航空航天文化旅游人才、航空运动和飞行体验人才培育工程；航空航天文化旅游产品开发工程；航空航天文化旅游场景创建工程；航空运动和飞行体验基地建设工程。

产业布局：系统构建出长春航空航天文化旅游场景体系、产品体系、产业体系。

开发建设 1 个航空航天文化小镇：与南航集团合作，将中国航空博物馆整体搬迁至长春绿园区，开发建设航空航天文化小镇。

培育打造 1 个航天信息产业园：建设长春北湖航空航天产业园、长春新区航天博览园 2 个航空航天文化园区。

建设 8 大航空运动和飞行体验场所：伊通河流域、四大滑雪场及榆树市、九台区、农安县、中韩（长春）国际合作示范区、公主岭市、双阳区通用机场等。

构建 1 个低空旅游飞行网络体系：依托长春冰雪、森林等特色文化旅游资源，结合通用机场和景区直升机起降点的规划建设，构建辐射市内外的低空旅游网络体系。鼓励有条件的 4A 级以上旅游景区开展特色空中游览，利用直升机、三角翼、热气球、飞艇等航空器，提供空中旅游体验。

培育打造航空航天文化旅游产业集群：航空航天历史文化、航空航天红色文化、航空航天文创产品、航空航天旅游演艺、航空航天研学、航空航天运动、航空航天体验、航空摄影、无人机表演、航空航天节事会展等。

重点推进长春航空展引领产品：利用航空航天主题赋能会议、会展、文化、研学、家庭游玩、社交休闲等多种需求和功能，积极打造长春标志性的航空航天文旅产品。

强化航空航天产品创新：迎合"小众运动 + 大众旅游"市场态势，鼓励高等级旅游景区、乡村旅游经营单位及相关企业建设飞行营地、飞行主题乐园、航空科普研学基地等，利用轻型固定翼飞机、直升机、三角翼、动力伞等航空器提供空中游览服务，提升文化旅游的附加值。

开发航空航天文创产品：结合"长春礼物"系列文旅商品和文创产品征集开发活动，推动航空航天特色文旅产品向文旅商品快速转化，支持航空航天文创设计和航模、玩偶、玩具、纪念品、日用品等文创产品研发销售。

创作航空航天文艺精品：邀请专业院团创作以航空航天为主题的歌曲、舞蹈、戏剧，通过多种形式宣传展示空军航空大学创建及发展历史、载人航天精神、"吉林一号"卫星科研人员等的故事。

打造航空航天文化街区：空军航空大学、大房身机场等区域规划红色航空历史文化街区，充分挖掘航空军工文化，形成集航空文化宣传、航空文旅线路、工业遗存保护、群众文化集聚于一体的综合性航空爱国主义教育基地。

开发航空航天精品线路：支持航空服务企业及机构开展低空文旅产品踏线活动，编制低空旅游线路，充分利用长春市区位优势，积极开发长春市与吉林省内各市州机场及主要景区间通航线路，开发长春市与内蒙古、黑龙江、辽宁等地的通航线路，适应"快旅慢游"的文旅消费新趋势。

培育航空航天节事活动：依托长春航空航天文化旅游资源和航空节庆活动，积极谋划举办长春航空文化节、航空科普文化节、无人机表演等活动。以现有中国（长春）通用航空发展大会为依托，策划举办以低空文化旅游为主题的高峰论坛。利用传统媒体和新媒体开展宣传推介，面向境内外客源市场举办形式新颖、冲击力强的航空航天尤其是低空文旅营销活动，提高航空航天文旅产品的知名度和影响力，持续打造长春市航空航天旅游城市形象，把长春市建设成航空航天文化旅游名城和航空航天文化旅游强市。

第四节　吉林省长春影视文化产业发展对策建议

长春影视产业是吉林省文化创意产业的重要组成部分，凭借其历史悠久的电影传统和独特的文化资源，长春在中国影视产业中占有重要地位。推动长春影视产业高质量发展，实现产业升级和市场扩展，提出以下对策建议。

一、长影集团与新型商业电影公司的比较分析

(一) 历史背景与发展路径

长影集团成立于 1945 年，是新中国成立后首家国有电影制片厂，其历史与中国电影的发展紧密相连。长影曾拍摄了大量经典的主旋律影片，如《白毛女》《英雄儿女》《五朵金花》等，承载了中国电影的辉煌历史。在计划经济体制下，长影是中国电影的核心力量，其影片主要服务于政治宣传和教育功能。随着中国电影市场化改革的深入，长影逐渐面临激烈的市场竞争。尽管其改制为长影集团，并通过开发长影世纪城等文化旅游项目进行多元化转型，但其电影制作能力已不如从前，主要依赖政府支持和经典 IP 的重新开发。

与长影不同，新型商业电影公司如华谊兄弟、光线传媒、华策影视、博纳影业集团、万达影视传媒、阿里影业等是在中国市场化浪潮中诞生的。这些公司凭借灵活的资本运作和市场化运营模式迅速崛起。其核心目标是商业利益，通过投资、制作、发行热门电影，快速积累市场份额，构建完整的电影产业链。这些公司依托市场需求而生，迅速捕捉观众兴趣点，并通过商业化运营模式取得了巨大的成功。

(二) 运营模式与市场策略

长影沿袭了传统的计划经济模式，资金主要依靠政府拨款，影片制作以服务国家政策为主。虽然长影已转型为企业化运营，但由于历史积淀和体制原因，仍较为依赖国有机制。近年来，长影通过开发文化旅游项目长影世纪城和经典电影 IP 重新开发进行自我更新。然而，在市场竞争中，长影的反应相对迟缓，创新能力不足，难以应对快速变化的市场需求。

相比之下，新型商业电影公司在市场化运作中极具灵活性，依托强大

的资本力量快速布局电影制作、发行和市场推广，形成了高效的产业链。以华谊兄弟为例，该公司通过明星资源和商业大片迅速与市场挂钩，凭借强大的营销团队确保影片在上映前获得高曝光率，并通过资本运作实现多元化布局。光线传媒、腾讯影业等公司充分利用互联网平台和社交媒体进行精准营销，并通过线上线下联动发行策略，最大化影片的商业收益。阿里影业、猫眼娱乐等依托其母公司在互联网和电商领域的优势，借助大数据分析，精准捕捉市场需求，推动电影票务和电影衍生品的多元化销售。这些公司将市场需求放在首位，具备强大的市场敏感度，并依靠资本力量迅速扩展业务版图获取最大化商业利益。

（三）影片创作风格与市场表现

长影的影片创作以主旋律和历史题材为主，风格较为严肃、庄重，多数作品具有强烈的政治教育功能。尽管这些影片在中国电影史上具有重要地位，但与当代市场的娱乐化趋势脱节，难以吸引年轻观众。近年来，长影尝试与商业公司合作推出现代题材的影片，但产量和影响力较小，其代表作如《老阿姨》《黄大年》仍然以主旋律为核心，未能在票房上取得突破性成功。

新型商业电影公司则更注重娱乐性与商业性，影片风格多样，涵盖青春、爱情、喜剧、科幻、动画等类型，贴合大众口味。华谊兄弟凭借商业大片如《集结号》《私人订制》迅速占领市场，明星效应和大制作模式确保了票房与口碑双丰收。光线传媒则擅长青春片和动画电影，《致我们终将逝去的青春》和《哪吒之魔童降世》不仅吸引了大量年轻观众，还成为现象级影片。腾讯影业、阿里影业通过与好莱坞及国内知名导演合作，出品了如《流浪地球》等成功影片，推动了中国科幻电影的发展，进一步扩大了市场份额。

（四）创新能力与产业链布局

长影近年来在创新上相对保守，仍依赖于传统的主旋律影片生产模式。虽然通过长影世纪城等文化旅游项目进行多元化探索，但在影视内容上的创新较为有限，缺乏具备市场号召力的商业影片。

相对而言，新型商业电影公司在创新上更具活力，尤其在数字技术、IP开发和跨界合作方面表现突出。例如，阿里影业依托阿里巴巴的电商平台，通过大数据分析精准捕捉观众需求，推动电影与消费市场的联动。腾讯影业结合其在游戏和动漫领域的业务，形成了多元化IP开发模式，使电影、游戏、动漫等领域相互促进。猫眼娱乐不仅主导了电影票务市场，还通过电影投资、制作、宣传发行的多元化业务布局，形成了完整的电影产业链。新型商业电影公司凭借强大的资本运作和跨界整合能力，构建了从电影制作到发行、影院管理、衍生品销售的全产业链，极大地增强了市场竞争力。

二、长春影视产业与其他城市影视产业比较分析

中国的影视产业呈现出多中心、区域化发展的特点，各城市根据自身的资源优势、文化背景及政策支持，形成了不同的影视产业生态。本节将对长春、北京、上海、横店、青岛、厦门六个城市的影视产业进行比较，探讨它们的差异与发展特点。

（一）历史背景与文化资源对比

长春的影视产业起源于1945年成立的长春电影制片厂（长影），作为中国第一家电影制片厂，长影是新中国电影文化的摇篮，拍摄了大量经典影片，如《白毛女》《英雄儿女》《五朵金花》，是中国电影历史上的重要标志。尽管长影代表了新中国电影的辉煌历史，但近年来，随着市场化改革的推进，长春在影视制作方面的影响力有所减弱。

北京则是中国影视产业的绝对核心，聚集了北京电影制片厂、中影集团等重要的国有影视机构，同时还集中了众多电影公司、传媒机构和发行平台。凭借深厚的文化底蕴、政策支持和人才聚集效应，北京主导了中国影视产业的现代化发展。上海作为中国电影的发源地之一，早在20世纪初便是亚洲重要的电影制作中心，拥有上海电影制片厂等历史悠久的电影机构。上海的影视产业具有强烈的国际化特色，改革开放以来成为中外电影合作的重要平台。

横店是中国影视基地的代表，尽管其历史较短，但凭借大规模的影视拍摄场地和仿古建筑群迅速崛起，成为中国古装剧和历史剧的首选拍摄地。青岛近年来依托东方影都发展迅速，现代化的基础设施和良好的自然环境使其成为中国影视产业中最具现代化和技术优势的新兴影视基地。厦门则凭借其独特的自然景观逐步崛起，尤其在金鸡百花电影节的加持下，逐渐得到更多的关注与资源倾斜。

（二）产业规模与影视资源整合

长春的影视产业仍以长影集团为核心，依赖于电影拍摄与文化旅游的结合。尽管长春在电影历史上拥有资源优势，但近年来的电影制作量有限，产业链条相对不完整。影视资源整合能力有限，整体产业规模较小，更多依靠历史文化遗产和旅游资源维持影响力。

相比之下，北京的影视产业规模庞大，是中国影视制作、发行和市场化运作的核心，集中了全国最顶尖的影视公司、传媒机构、发行渠道与影院网络。无论是电影、电视剧还是网络剧，北京在产量与质量上均遥遥领先。上海是中国的第二大影视中心，尤其在中外合作项目中占据重要地位，其影视产业规模大，拥有强大的制作和发行能力。横店则以影视拍摄基地为中心，形成了一站式的服务模式，主导了古装剧、历史剧的拍摄。

青岛虽然影视产业规模较小，但其定位高端，专注于国际大片和技术含量高的影片制作，依托东方影都吸引了大量国内外剧组。厦门的影视产业规模相对较小，主要依托自然景观进行拍摄，随着金鸡百花电影节的落户，厦门的影视资源整合逐步加强，产业链条逐步完善。

（三）政策支持与政府扶持力度

长春市政府近年来加大了对影视产业的支持，尤其在文化旅游和影视文化体验方面给予了较多政策倾斜。但与北京、上海等一线城市相比，长春的政策支持力度相对较弱，尤其在吸引影视制作团队和资金支持方面缺乏全国性影响力。

北京的影视产业政策体系非常完善，拥有国家级的政策平台。北京市政府和中央政府对影视产业高度重视，提供了包括资金支持、税收优惠和土地使用等方面的政策保障，影视基金和电影版权保护制度处于全国领先水平。上海市政府通过上海文化产业发展基金等支持影视产业发展，特别是中外合拍项目。横店享有地方政府和企业合作的独特政策支持体系，提供了税收减免和拍摄补贴等一系列优惠政策。

青岛通过设立专项基金、提供税收优惠和拍摄资助，打造了有利的影视发展环境。厦门市政府在金鸡百花电影节的带动下，出台了多项支持政策，虽然目前政策体系尚在完善中，但政府对于影视产业的重视正逐渐增强。

（四）影视基础设施与拍摄条件

长春的影视基础设施主要依托长影世纪城和长影旧址博物馆，这些设施兼具拍摄和文化旅游功能。尽管具备一定的拍摄条件，但与其他城市相比，长春的影视基础设施较为有限，缺乏现代化和规模化的影视制作设备。

北京拥有全国最完善的影视基础设施，包括大型拍摄基地、后期制作中心、特效公司和发行网络，能够满足从本土到国际级的影视制作需求。上海的影视基础设施以国际化和现代化著称，特别是在后期制作和特效处理方面具有全球领先的水平。横店则凭借其大规模的仿古建筑群和配套设施，为古装剧和历史剧提供了完备的拍摄场地和服务。青岛东方影都具备全球领先的影视制作设备，尤其是在水下拍摄、虚拟拍摄和动作捕捉等领域，成为国际电影项目的重要拍摄基地。

厦门的影视基础设施正在逐步完善，依托其独特的自然景观吸引外景拍摄，但整体的影视制作配套设施还需进一步发展。

（五）人才引进与影视教育

长春的影视人才主要依托吉林艺术学院等本地高校培养，然而，长春的影视人才流失现象较为严重。由于影视产业规模有限，长春在吸引和留住高端影视人才方面面临挑战。

北京则拥有全国最丰富的影视人才资源，北京电影学院、中国传媒大学等知名院校为其影视产业输送了大量优秀人才。上海同样具备丰富的影视人才储备，依托其国际化的环境吸引了大量中外影视人才。横店的影视人才积累主要依赖于长期拍摄剧组的合作，现场培养了大量基层制作人员和剧组管理人才。

青岛则通过东方影都吸引了大量国内外的影视制作与后期处理人才，尤其是在高技术含量的电影制作领域具有较强的竞争力。厦门随着金鸡百花电影节的落户，正在逐步加强影视人才的引进和培养，尽管影视教育体系尚在完善中，但人才引进的步伐正在加快。

（六）国际化程度与产业链完善

长春的影视产业国际化程度较低，主要依赖本地资源进行影视制作，缺乏国际合作与交流机会，产业链也不够完整，尤其在电影发行、市场推广和衍生品开发方面存在短板。

北京则是中国影视产业国际化程度较高的城市，拥有丰富的中外合拍项目和国际合作经验，影视产业链高度完善，涵盖了制作、发行、市场推广、影院管理和衍生品开发。上海的影视产业以国际合作见长，具备强大的国际合作能力和完整的产业链条。横店的国际化程度较低，但凭借国内影视拍摄需求占据重要位置。

青岛凭借东方影都的建设迅速实现了国际化发展，吸引了大量国外电影项目。厦门则依托金鸡百花电影节，逐步加强国际合作，但整体的影视产业链仍在完善中。

（七）结论与展望

通过对长春、北京、上海、横店、青岛和厦门六个城市的影视产业比较，可以看出，北京是中国影视产业的核心，拥有最完整的产业链、最丰富的资源和强大的市场化运作能力。上海以国际化合作和后期制作见长，吸引了大量中外影视项目。横店凭借规模庞大的拍摄基地和一站式服务，在古装剧和历史剧方面占据主导地位。青岛依托东方影都，在高端电影制作领域迅速崛起，成为新兴影视基地。厦门依托金鸡百花电影节和独特的自然景观，正在崛起为东南部的影视拍摄基地。长春虽然拥有历史文化积淀，但在产业规模、国际化程度和基础设施建设方面仍有较大提升空间，未来需要进一步加强内容创新、市场化运作及国际合作。

三、吉林省长春影视文化产业发展对策建议

（一）长影旧址博物馆改造升级

长影旧址博物馆承载着长春电影制片厂（长影）的辉煌历史，见证了

中国电影从萌芽到繁荣发展的历程。为了进一步提升长影旧址博物馆的文化内涵和社会影响力，推动其成为长春市乃至全国的电影文化名片。结合其历史价值和当前影视产业发展的需求，长影旧址博物馆进行全面设计升级改造。改造的总体思路是：首先是保护历史文化与创新展示相结合，在改造中，既要保留长影的历史建筑和电影文化遗产，又要通过现代展示手段和互动体验，增强博物馆的互动性与科技感，使其兼具历史厚重感和现代化体验感；其次是电影文化和旅游融合发展，通过优化博物馆的内容设计和配套服务，将长影旧址博物馆打造成集影视文化、观光旅游、互动体验于一体的综合性文化景区，促进长春影视文化旅游产业的发展；第三是引入数字化技术和多媒体互动，在传统展示的基础上，引入 VR、AR、3D 全息投影等数字技术和多媒体互动设备，提升参观者的体验感，使博物馆成为沉浸式的电影文化体验中心。改造后，长影旧址博物馆将成为中国电影史上极具文化价值的地标。

（二）长影世纪城改造升级

长影世纪城作为中国首个电影主题公园，主要包含电影拍摄与影视科技体验、电影主题游乐项目、经典电影场景再现、影视互动与娱乐、影视教育与文化传播等特色板块。长影世纪城在推动长春市的影视文化旅游产业发展中发挥了重要作用，但在发展过程中也面临一些问题，制约了其进一步发展。

游客体验不足，互动性不强：长影世纪城虽然有许多电影主题场景和娱乐设施，但在互动体验方面仍有提升空间。部分项目的娱乐性和互动性较低，游客的参与感不足，尤其是年青一代对传统静态展示的兴趣不大。此外，部分体验项目的科技含量较低，未能充分利用现代影视科技手段提升游客的娱乐体验。建议：一是增加互动性强的体验项目，引入更多基于虚拟现实、增强现实和人工智能等技术的互动体验项目，如让游客参与电影特效制作，亲身体验电影中的经典场景。二是优化现有设施的科技含量，对现有项目进行升级，结合数字特效、声光电等科技手段，增强游客的沉浸感和娱乐体验。

市场推广不足，品牌知名度有待提升：长影世纪城市场推广力度不足，特别是在年轻人群体中，品牌知名度不够广泛。很多潜在游客对该项目的了解有限，影响了其吸引力。此外，与国内其他大型影视文化主题乐园相比，长影世纪城在全国范围内的市场影响力较弱。建议：首先是加强线上与线下的市场推广，通过社交媒体、短视频平台开展营销活动，吸引年轻人群的关注。可以组织影视拍摄体验、明星互动、电影短视频挑战等活动，提升品牌的线上影响力。其次是与旅行社、文化机构等合作，推出专门的旅游线路，吸引更多国内外游客。再次是提升品牌形象与影响力，定期举办影视文化活动和影视教育项目，通过名人效应和影视作品的影响力，提升长影世纪城在影视文化圈内的知名度。还可以与国内外知名的电影公司合作，举办联名活动或电影展览，增强品牌的国际影响力。

设施更新与维护不及时，项目老化：部分娱乐设施与展示内容较为陈旧，缺乏定期维护和更新，导致游客体验感下降。项目的长期运行需要定期维护和设备升级，部分老化的设施和场馆难以吸引回头客。此外，一些电影场景和展示内容未能及时更新，观众对于这些内容的兴趣逐渐减弱。建议：首先是定期更新设施和娱乐项目，为保持游客的新鲜感和吸引力，长影世纪城应每年更新一部分娱乐设施和互动内容。可以引进新技术、新设备，更新特效场景，确保项目的科技感与娱乐性。定期更新电影主题，增加与新上映电影相关的场景，让游客能够体验到最新的影视内容。其次是加强设施的维护与检修，制订完善的设施维护和检修计划，确保设备的安全性与稳定性。针对受欢迎的热门项目，可以提高维护频次，防止设备老化影响游客体验。

季节性旅游淡旺季差异大：长影世纪城所在的长春市冬季气候寒冷，

户外旅游项目受限，冬季游客数量明显减少，导致景区存在季节性淡旺季的明显差异。在寒冷的冬季，户外项目难以运营，这对长影世纪城的整体运营效率带来影响。建议：首先是开发适合冬季的室内项目，增加更多室内的互动体验项目，特别是适合冬季旅游的影视特效馆、电影体验馆、虚拟现实游戏等，让游客即使在寒冷季节也能享受到优质的旅游体验。其次是结合冬季特色资源打造新项目，利用长春的冰雪资源，开发与电影相关的冰雪娱乐项目。例如，打造"电影冰雪世界"，在冰雪雕塑中融入电影场景，为游客提供独特的冰雪电影体验，吸引更多游客在冬季参观。

产业链不完善，缺乏深度文旅融合：长影世纪城具备影视文化旅游的特色，但在产业链方面仍显单一，文旅融合的深度不足。与其他大型影视城相比，长影世纪城的影视拍摄功能和衍生文化产品开发力度不足，未能有效利用影视 IP 开发衍生品、文创产品等进行二次消费。建议：首先是拓展影视产业链，提升附加值，通过与长春电影制片厂、影视制作公司合作，推动影视拍摄和后期制作在长影世纪城内开展，增强产业链的完整性。可以吸引更多影视剧组入驻拍摄，通过影视拍摄与游客互动，增加游客的参与感。其次是开发文创产品和衍生品，基于长影世纪城的经典电影 IP，开发相关的文创产品、影视衍生品等，例如电影主题玩具、服饰、纪念品等。同时，可以与知名设计师合作，推出限量版产品，增强品牌影响力，提升游客二次消费的机会。

（三）建设长春国际影都，推动影视产业集群化发展

长春国际影都是一个集影视产业、文化旅游、科技发展等多功能于一体的大型项目，长春国际影都主要包含以下几个板块：

影视产业区：这是长春国际影都的核心板块，旨在打造国际化电影全产业链基地。该区域包括高标准建设的影视拍摄基地、5G 数字影视基地、影视文旅基地、影视教育基地、影视孵化基地和影视总部基地等"六大基

地"。这些基地将协同运营，共同发展，形成从剧本孵化、影视融资、拍摄生产、广告植入到云审片、云发行等完整的数字影视产业链。

5G 科技区：该板块聚焦于 5G 等前沿科技的应用与发展，推动影视产业与数字科技的深度融合。例如，长春国际影都内就规划有 5G 数字影视产业基地项目，旨在利用 5G 技术提升影视制作和传播的效率和质量。

文化旅游区：结合长春丰富的生态资源和历史文化底蕴，文化旅游区将打造成为世人向往的生态旅游高地。该区域包括长春净月高新技术产业开发区、莲花山生态旅游度假区等主要区域，为游客提供多样化的旅游体验。

教育区：长春国际影都还规划有影视学院区，如长春电影学院项目，这是长春国际影都核心区教育基地的重要组成部分。该区域致力于培养影视产业相关专业人才，为长春国际影都的持续发展提供人才支撑。

商业与综合服务区：为了完善影都的配套功能，提升游客和居民的生活便利性，长春国际影都还规划有商业与综合服务区。该区域包括万达MALL 等国际商业综合体，涵盖商业广场、星级酒店群、国际潮流街区等多种业态，满足人们购物、休闲、娱乐等多元化需求。

国际影都将从前期策划、剧本创作、演员培养、影视拍摄、后期制作、影视音乐、影视发行、影视放映、影视衍生品开发等实施全产业链开发。建议：首先是构建"国际影都＋"产品体系，推进"国际影都＋演艺""国际影都＋音乐""国际影都＋微电影""国际影都＋文创""国际影都＋教育""国际影都＋博物馆""国际影都＋体育""国际影都＋养生""国际影都＋婚礼""国际影都＋会务"等项目矩阵，实现"长春国际影都"高质量发展；其次是建设内容直接对标国家级文化产业示范园区评定规范，国际影都建成即可达到国家级文化产业示范园区标准。

（四）把长春电影节升级为 A 类电影节

国际 A 类电影节的概念：国际 A 类电影节是指由国际电影制片人协

会（FIAPF）认证的国际性竞赛电影节，代表了全球电影节的最高标准。这类电影节具备高度的专业性、影响力和公信力，涵盖了主流国际电影制作与发行的最新动向。世界上共有 10 余个 FIAPF 认证的 A 类电影节，其中包括戛纳电影节、柏林国际电影节、威尼斯电影节等。

国际 A 类电影节的影响力：A 类电影节在全球电影市场中具有巨大影响力，获奖影片往往在国际影坛上获得广泛关注和认可。许多 A 类电影节的获奖影片能够在世界范围内发行，并获得较高的商业票房和国际电影奖项的提名，如奥斯卡、金球奖等。因此，A 类电影节不仅是电影艺术的至高平台，也是电影市场的风向标。建议：首先是省市电影相关部门组成专家团队深入研究 A 类电影节相关政策标准，准备申报 A 类电影节相关文件资料；其次是严格按照 A 类电影节标准办好下几届长春电影节。

第五节　吉林省冰雪和避暑文化旅游产品体系构建研究

一、国内外冰雪文化创意产业发展现状

（一）国外冰雪文化创意产业

国外冰雪文化创意产业，特别是在北欧、北美和部分东亚国家，已经取得了显著的成就。通过深度挖掘冰雪资源，结合当地文化、体育和科技，形成了丰富多样的冰雪文化创意产业链条。这些国家的冰雪文化创意产业具有创新性、市场化、国际化和高科技化的显著特征。

北欧国家：冰雪文化与自然资源的深度融合，北欧国家，如挪威、瑞典、芬兰、冰岛等，依托其丰富的冰雪资源，将冰雪文化与本土特色文化相结合，形成了成熟的冰雪文化创意产业。首先是冰雪节庆活动和文化体验，北欧国家以冰雪节、北极光观赏、冰雕艺术节、冰酒店等形式，展现

其独特的冰雪文化。瑞典的"尤卡斯亚尔维冰酒店"每年冬季都由冰雪重新建造，吸引大量游客。芬兰拉普兰地区的圣诞老人村与冰雪旅游紧密结合，形成了国际知名的冰雪文化旅游品牌；其次是冬季体育与冰雪旅游的深度融合，北欧国家在冰雪体育项目上优势明显，冬季体育与冰雪旅游形成了紧密的产业链条。滑雪、滑冰、雪橇等项目已成为冰雪文化创意的重要组成部分。瑞典、挪威等国不仅有高质量的滑雪场，还通过滑雪赛事、冬奥会等活动吸引全球游客。此外，芬兰拉普兰地区以雪地摩托、驯鹿拉雪橇等项目为特色，推动冰雪旅游与体育活动的深度结合；第三是冰雪文化创意与数字技术结合，北欧国家注重将冰雪文化与数字技术相结合。例如，利用虚拟现实、增强现实等技术开发冰雪旅游的数字体验项目。芬兰和瑞典的科技公司开发了许多与冰雪文化相关的数字应用，使游客可以在线上预览冰雪场景或进行虚拟体验。冰雪节庆活动和文化遗产也通过数字平台推广到全球，扩大了冰雪文化的影响力。

北美地区：市场化与娱乐化并行，北美，主要是加拿大和美国的部分地区，依托其独特的自然地理条件和强大的市场机制，形成了丰富的冰雪文化创意产业体系。首先是冰雪节庆和赛事的全球影响力，加拿大的魁北克冰雪嘉年华是全球知名的冰雪文化活动之一，集冰雕比赛、冰雪运动、冰酒节等为一体，吸引了大量国际游客。美国的阿拉斯加州也举办类似的冰雪节庆活动，如冰雕比赛、狗拉雪橇比赛等，形成了独特的冰雪文化氛围。这些冰雪节庆活动极大地推动了冰雪文化的全球传播和旅游业的发展；其次是冰雪文化与体育赛事结合，北美地区的冰雪文化与冰雪体育赛事紧密结合，如冬季奥运会、冰球联赛等。这些赛事不仅具有较强的竞技性，还通过衍生的文化创意产品和市场运营，形成了庞大的冰雪文化产业链。加拿大和美国的滑雪场也将滑雪与冰雪文化创意结合，举办了许多冰雪文化艺术节、音乐会和创意体验活动，吸引全球滑雪爱好者和游客；第三是影视、游戏产业的冰雪文化开发，北美国家在冰雪文化创意产业的开发中，还通过影视和游戏等娱乐手段推动冰雪文化的传播。好莱坞电影、动画片和视频游戏等经常以冰雪为背景或主题，推动冰雪文化在全球范围的影响力。例如，《冰雪奇缘》（Frozen）等电影不仅大受欢迎，还带动了冰雪文化衍生品的销售，推动冰雪文化走向全球市场。

日本与韩国：东亚地区的日本和韩国在冰雪文化创意产业方面，取得了良好的成就，尤其是在科技和文化创意融合发展方面有着丰富的经验。首先是冰雪节庆活动与文化体验，日本的札幌冰雪节是全球知名的冰雪文化节庆活动之一，每年吸引了大量国际游客参观。该活动不仅展示了精美的冰雕作品，还结合了现代艺术和灯光秀，将冰雪文化与现代科技相融合。韩国的江原道地区也依托冬季体育资源，推动冰雪文化旅游的发展，特别是通过举办冬季奥运会等国际赛事进一步提升了冰雪文化的国际影响力；其次是冰雪文化与科技娱乐相结合，日本和韩国的冰雪文化创意产业尤其注重科技的应用，通过增强现实、虚拟现实等技术，为游客打造互动的冰雪文化体验。例如，日本的滑雪场利用VR技术为游客提供虚拟滑雪课程，增加了游客的参与度。韩国则结合K-pop文化与冰雪文化，推出了冰雪主题的娱乐项目，如冰雪主题K-pop演唱会，吸引了年轻游客；第三是冰雪文化与影视、动漫创意的结合，日本的冰雪文化还与其发达的动漫产业相结合，形成了大量以冰雪为主题的动漫作品和周边产品。例如，北海道的雪景和冬季场景经常出现在日本的动漫和影视作品中，带动了冰雪文化的传播和相关旅游业的发展。韩国也通过电影和电视剧展示冰雪景观，推动了冰雪文化旅游的国际化发展。

（二）国内冰雪文化创意产业

随着中国冰雪旅游业的快速发展，冰雪文化创意产业也逐步形成了较为成熟的体系，特别是北方省份，如吉林省、黑龙江省、内蒙古、河北省、新疆维吾尔自治区等，依托丰富的冰雪资源，将冰雪文化、旅游、体育与创意产业紧密结合，推动了中国冰雪文化创意产业的快速发展。

冰雪文化旅游产业快速发展：首先是冰雪节庆活动推动冰雪文化传播，在国内，冰雪文化节庆活动成为冰雪文化创意产业发展的重要载体。以哈尔滨国际冰雪节、长春冰雪节、吉林雾凇冰雪节等为代表的冰雪节庆活动，已经成为中国冰雪文化的重要展示窗口。这些节庆活动通过冰雕、雪雕、灯光秀、冰雪体育等多种形式展现冰雪文化，吸引了大量国内外游客，带动了冰雪旅游和相关文化产业的快速发展；其次是冰雪文化和旅游资源深度结合，中国北方的冰雪旅游资源丰富，特别是像长白山、崇礼、亚布力等地区，通过打造冰雪度假区、滑雪场、冰雪文化主题公园，推动了冰雪文化与旅游产业的深度融合。这些旅游资源不仅吸引了滑雪爱好者，也通过冰雪节庆、冰雪文化体验等活动，吸引了大量普通游客参与冰雪文化活动。

冰雪体育与文化创意产业融合发展：首先是冬季奥运会带动冰雪体育和文化产业的同步发展，2022年北京冬奥会的成功举办，极大地推动了中国冰雪体育和文化创意产业的发展。借助冬奥会，冰雪文化在全国范围内得到广泛传播，冰雪体育和冰雪文化的结合也更加紧密。许多冰雪文化创意产品，如冰雪主题的艺术展览、冰雪IP文创产品、冰雪动漫等迅速兴起，带动了冰雪文化创意产业的发展；其次是冰雪体育产业链逐步完善，随着滑雪运动和其他冰雪运动的普及，冰雪体育相关的产业链逐步形成，包括滑雪装备生产、冰雪体育场馆建设、滑雪培训和赛事等。通过推动冰雪体育赛事的市场化运营，以及冰雪文化创意的深度开发，冰雪文化创意产业链正在不断完善。

冰雪文化创意与数字科技融合：首先是冰雪文化与数字化、智能化技术结合，国内冰雪文化创意产业与数字科技的结合越来越紧密，通过虚拟现实、增强现实等数字技术，冰雪文化被赋予了新的生命力。许多冰雪文化节庆和旅游景区引入了数字体验项目，如虚拟滑雪、沉浸式冰雪文化体验馆等，增强了游客的参与感和体验感；其次是冰雪文化 IP 的数字创意化，国内冰雪文化创意产业正在积极开发基于冰雪文化的 IP 产品，例如冰雪动漫、游戏、虚拟人物等。这些数字化的冰雪文化创意产品不仅增强了文化的传播力，也为冰雪文化开辟了新的市场。部分互联网公司也利用冰雪文化 IP 进行数字内容创作，如制作冰雪主题的游戏、动漫等。

冰雪文创产品与市场化发展：首先是冰雪文创产品日益丰富，中国的冰雪文创产品日益多样化，不仅限于冰雕、雪雕等传统产品，还包括冰雪主题的文创商品，如纪念品、工艺品、冰雪主题的服装和日用品等。例如，冰雪文化纪念品、滑雪装备、冰雪运动服饰等，已经成为冰雪文化产业链的重要部分。通过文创产品的市场化推广，冰雪文化的商业价值不断提升；其次是冰雪文化创意产品的市场需求不断增长，随着冰雪旅游的兴起，国内对冰雪文化创意产品的市场需求呈现出快速增长的趋势。许多游客希望将冰雪文化体验带回家，这推动了冰雪文化衍生品的市场化发展。同时，冰雪文化节庆活动也推动了与冰雪相关的文创产品销售，如冰雕艺术品、冰雪节纪念品等，增强了文化与市场的互动。

政府支持与政策引导：首先是政策支持冰雪文化产业的发展，政府在冰雪文化创意产业的推动中起到了重要作用。自 2015 年国务院发布《冰雪运动发展规划（2016—2025 年）》以来，中国的冰雪文化产业获得了政策上的大力支持。许多地方政府出台了扶持政策，推动冰雪文化和旅游、体育、科技等产业的融合发展。例如，吉林、黑龙江等地积极推动冰雪文化和旅游的深度融合，开发冰雪文化创意产品，形成冰雪产业的聚集效应；其次是区域合作和产业协同发展，在冰雪文化创意产业的发展过程中，政府还推动了区域之间的合作与产业协同发展。例如，长白山、亚布力、崇礼等冰雪旅游重点区域通过区域联动，共同打造冰雪文化产业链，推动冰雪文创产品的市场化发展。这些地区通过政策引导、市场化运营和创意设计，正在成为中国冰雪文化产业的重要集群。

国际化与文化交流：首先是冰雪文化国际化传播，中国的冰雪文化创意产业正在积极向国际市场拓展。通过与国际冰雪节庆、冰雪赛事的合作，中国的冰雪文化逐步走向国际。例如，哈尔滨国际冰雪节已经成为全球知名的冰雪节庆活动，吸引了大量国际游客，推动了冰雪文化的国际化传播。同时，国内一些冰雪文化创意产品也通过国际市场得到了推广；其次是冰雪文化创意产业与全球冰雪产业链的融合，随着冰雪产业链的逐步完善，中国冰雪文化创意产业正在积极融入全球冰雪产业链。例如，国内的滑雪设备制造业与国际品牌合作，推动了冰雪文创产品的质量提升和市场拓展。

二、吉林省冰雪文化创意产业发展现状问题对策

（一）吉林省冰雪文化创意产业的现状分析

吉林省作为中国冰雪文化旅游的重要发源地，凭借其得天独厚的自然资源和气候条件，冰雪文化创意产业在近年来取得了显著的发展。吉林省的冰雪文化创意产业结合冰雪旅游、冰雪赛事、文化创意产品和节庆活动，形成了较为完整的产业链，逐渐成为区域经济发展的重要推动力量。

冰雪旅游资源丰富，产业基础坚实：吉林省的冰雪旅游资源丰富，拥有长白山、松花湖、北大湖等著名冰雪旅游景区。长白山作为世界知名的滑雪胜地，每年吸引了大量国内外游客。松花湖滑雪场、北大湖滑雪场等高端滑雪场地也为吉林冰雪文化产业提供了坚实的基础。以冰雪为主题的旅游体验已经成为吉林省冬季旅游的核心竞争力，推动了相关服务业和文创产品的发展。

冰雪赛事带动冰雪文化传播：吉林省近年来积极承办多项冰雪赛事，包括冬季运动会、滑雪比赛和冰雪马拉松等，这些赛事不仅提升了吉林省内冰雪运动的参与度，还吸引了全国乃至全球的关注。赛事的成功举办也

带动了相关冰雪文化创意产品的开发和传播，如滑雪装备、冰雪主题纪念品、赛事衍生品等。

冰雪节庆活动促进文化和旅游融合：吉林省每年举办的"吉林国际冰雪节""长春冰雪旅游节"等活动，已经成为展示吉林冰雪文化的重要平台。通过冰雕展览、冰雪艺术表演、冰雪文化交流等多种形式，冰雪节庆活动不仅吸引了大量游客，还推动了文化创意产业与冰雪旅游的深度融合。这些节庆活动为冰雪文化创意产业提供了重要的展示和推广渠道，推动了文化创意产业在冰雪旅游中的发展。

文创产品初具规模，创新潜力待挖掘：吉林省的冰雪文化创意产品逐渐多样化，涵盖了冰雪文化纪念品、冰雪艺术品、动漫IP、数字创意内容等方面。例如，结合长白山和滑雪文化开发的特色文创产品，以及围绕冰雪节庆创作的冰雪主题艺术品等，已开始具备市场影响力。然而，吉林冰雪文化创意产业的创新潜力仍待进一步挖掘，尤其在现代数字技术应用和文创IP开发方面，仍有较大提升空间。

冰雪文化传播力度不足，市场化程度有待提高：尽管吉林省在冰雪文化产业发展上取得了显著进展，但市场化运营水平相对较低，文化创意产业的产品转化率不高。冰雪文化创意产品的推广和市场影响力较为局限，尚未在全国范围内形成广泛的品牌认知度。此外，与冰雪相关的文创产品开发仍然较为单一，缺乏创新和高附加值产品，尚未充分挖掘吉林冰雪文化的丰富内涵。

（二）吉林省冰雪文化创意产业的发展对策

吉林省冰雪文化创意产业的发展从产品创新、科技融合、市场运营、人才培养等多个方面进行提升与优化。通过完善产业链、推动国际化合作、优化资源配置、加强品牌建设，吉林省可以打造具备国际竞争力的冰雪文化创意产业集群，实现产业的可持续发展。

　　加大文化创意产品的创新力度：开发多元化冰雪文化创意产品，结合吉林省的冰雪旅游资源和文化特色，开发多元化的文化创意产品，摆脱现有产品单一化的局限。除了传统的冰雕、雪雕等产品，还应探索更多的数字创意内容，如冰雪主题的动漫、游戏、虚拟体验等。引入创新设计理念，充分利用现代科技手段，提升文创产品的附加值，满足不同消费者的需求；加强数字技术的应用，在冰雪文化创意产业中，广泛应用虚拟现实、增强现实、人工智能等技术，开发沉浸式文化体验项目。例如，可以通过 VR 技术打造虚拟滑雪场景，增强游客的参与感与沉浸感；借助 AR 技术将冰雪文化与实景融合，打造虚实互动的文创产品，提升游客的体验。

　　推动冰雪文化与科技深度融合：建设冰雪文化与科技融合的创新平台，加强冰雪文化与科技融合的创新机制，设立冰雪文化创意产业的科技创新平台，整合吉林省的科研机构、文创企业、高校等资源，推动冰雪文化与数字化、智能化技术的融合发展。通过平台的技术支持和创新激励，促进新产品和新服务的研发，增强吉林冰雪文化创意产品的市场竞争力；探索智慧冰雪旅游项目，利用 5G、物联网、人工智能等新一代信息技术，打造智慧冰雪旅游项目。通过智能导览、智能互动、数字化场景等形式，为游客提供全方位的智慧旅游体验。例如，可以开发智能冰雪场景应用，结合数据分析提升游客的服务体验，推动冰雪文化创意产品的市场化和智能化转型。

　　加强冰雪文化创意产业的市场化运营：构建完善的产业链条，推动冰雪文化创意产业全链条发展，形成从创意策划、产品设计、市场推广到品牌运营的完整体系。引导企业、文化机构和科技公司深度参与冰雪文化创意产业的各个环节，提升产品的市场转化率。同时，推动冰雪文化和旅游、体育、教育等产业的跨界融合，提升冰雪文化创意产品的综合竞争力；打造吉林冰雪文化 IP，将吉林省冰雪文化打造成具有全国乃至国际影响力的文化 IP。通过开展大型冰雪节庆活动，如吉林国际冰雪节、长春冰雪旅游节，进行持续推广，并将冰雪文化与吉林的历史文化元素相结合，塑造独具特色的冰雪文化品牌。同时，积极参与国内外冰雪文化交流活动，提升吉林冰雪文化在国际市场中的知名度和影响力。

优化产业结构与资源配置：加强区域间的资源整合，推动冰雪文化资源的区域联动发展，避免资源分散造成的效益低下。整合吉林省各地的冰雪资源，推动冰雪文化创意产业形成集群效应。例如，长白山、松花湖、北大湖等重点旅游景区可以成为冰雪文化创意产业的核心区域，并通过景区合作形成"冰雪文化走廊"，吸引更多游客前来体验冰雪文化；完善文创产业生态，推动"文旅+"模式，推动冰雪文化创意产业与旅游、教育、体育、健康等相关产业的融合，构建"文旅+"产业生态。可以结合冰雪体育赛事、冰雪研学旅游等项目，开发跨领域的文化创意产品。例如，开发与滑雪运动相关的文创衍生品，开展冰雪运动和文化体验相结合的研学旅游，推动文创产业的多元化发展。

加大人才培养与引进力度：建立冰雪文化创意产业的人才培养机制，通过与高校和职业院校合作，建立系统的冰雪文化创意产业人才培养机制，开设相关专业和课程，培养具备文化创意、市场运营和科技创新能力的复合型人才。特别是要注重培养数字创意、设计和市场营销方面的人才，满足冰雪文化创意产业的发展需求；加强产学研合作，推动技术成果转化，推动冰雪文化创意产业与高校、科研机构的深度合作，设立冰雪文化创意人才培养基地和创新实验室，促进产学研的结合。通过实际项目合作、技术研发、人才交流等形式，推动高校技术成果在冰雪文化创意产业中的转化与应用。

推动国际化发展与文化传播：加强国际合作，提升吉林冰雪文化的国际影响力，推动吉林省冰雪文化创意产业的国际化发展，积极与国外冰雪文化产业发达地区，如瑞士、加拿大等，开展合作与交流。可以通过举办国际冰雪文化交流会、展览会等形式，推动吉林冰雪文化的国际传播，提升吉林冰雪文化品牌的国际影响力；推动冰雪文化的国际市场化，通过与国际冰雪文化创意企业合作，推动吉林冰雪文化创意产品进入国际市场。可以开发面向国际游客的定制化冰雪文化体验项目，推动冰雪文创产品的跨境销售与推广，增强吉林冰雪文化的国际市场竞争力。

延长冰雪文化创意产业的时间维度：开发四季文化创意产品，缓解季节性限制，针对冰雪文化创意产业的季节性特点，开发四季文化创意产品，延长产业的生命周期。例如，将冰雪文化与吉林的夏季山水旅游相结合，开发春夏秋冬四季皆宜的文创项目，使冰雪文化成为全年文化体验的一部分，提升资源利用率；通过"冰雪+"创新模式扩展产业外延，结合冰雪文化，探索"冰雪+"的产业创新模式。例如，开展"冰雪+健康""冰雪+影视""冰雪+科技"等创新项目，扩展冰雪文化的产业外延，拓展其应用场景和市场空间。

三、吉林省冰雪和避暑文化旅游产品体系构建研究

（一）游客视域下冰雪文化旅游产品体系构建研究

冰雪文化旅游产业不仅为游客提供了独特的自然景观和冬季运动体验，还通过深度融合地方文化、科技、艺术和农牧产业，形成了丰富的产品体系。下面从以下十个方面详细探讨冰雪文化旅游产品体系的构建思路和方向。

冰雪艺术文娱综合体：冰雪艺术文娱综合体作为冰雪文化旅游的核心产品之一，注重冰雪艺术的展示与文化娱乐活动的结合。冰雕、雪雕等艺术形式是冰雪文化的代表，而娱乐综合体则是集文化、艺术、娱乐于一体的多功能场所。哈尔滨冰雪大世界、长春冰雪新天地是典型的冰雪艺术文娱综合体。冰雪艺术文娱综合体一般包含：首先是艺术展示，设置大型冰

雕、雪雕展览，邀请国内外艺术家参与创作，展示艺术作品的多样性和冰雪文化的艺术内涵。同时，还可以融入灯光秀、音乐等元素，增强视觉与听觉的感官体验。其次是文化互动，游客可以参与冰雕、雪雕制作，体验冰雪艺术创作的乐趣。此外，还可以举办冰雪主题的手工艺工作坊，如制作冰灯、雪花工艺品等，增加游客的参与感与互动性。再次是娱乐配套，建设冰雪游乐设施，如冰上滑梯、冰雪迷宫等，为游客提供更多样化的娱乐选择。

冰雪体育运动产品：冰雪体育运动产品是冰雪旅游中最具活力的部分，尤其是在冬奥会的推动下，冰雪运动逐渐成为大众参与的体育项目。首先是滑雪产品，开发不同难度的滑雪道，满足初学者和专业滑雪者的需求。滑雪培训课程和装备租赁服务应配套齐全，吸引更多游客体验滑雪乐趣。其次是冰上运动产品，在城市或乡村冰雪旅游区，建设滑冰场、冰湖场、冰球场等设施，推广冰球、花样滑冰、冰湖等运动。通过举办比赛或表演，提升游客参与度。再次是大众冰雪运动，如雪地摩托、狗拉雪橇、雪圈滑行等趣味性较强的活动项目，适合家庭游客和年轻群体。

冰雪游艺竞技产品：冰雪游艺竞技产品注重趣味性与竞技性的结合，吸引游客通过游戏化的体验感受冰雪文化的独特魅力。首先是冰雪游乐园，打造专门的冰雪游乐园，设置如冰上碰碰车、雪地攀岩、冰雪滑梯等游艺设施，既能满足儿童和家庭游客的娱乐需求，又能够增加游客的停留时间和消费潜力。其次是竞技赛事产品，举办如冰上马拉松、雪地自行车赛等大众参与的冰雪竞技比赛，打造竞技与游艺结合的体验，既能提高娱乐性，又能吸引竞技爱好者。再次是团队竞技体验，结合冰雪自然环境，设计团队协作类的竞技项目，如冰上拔河、雪地障碍赛等，适合公司或团队团建活动。

冰雪美食品鉴产品：冰雪美食品鉴产品是将冰雪文化与地方特色饮食结合，通过美食体验丰富冰雪旅游内容。首先是地方特色美食，开发具有地方特色的冬季菜肴，如东北的火锅、炖菜、烤肉等。游客可以在冰雪主题餐厅中享用特色美食，感受冰雪文化与地方饮食的融合。其次是冰雪主题美食，设计以冰雪为主题的创意美食，如雪花造型的甜点、冰雕造型的餐点等，让游客在品尝美食的同时感受冰雪艺术的氛围。再次是美食节庆活动，定期举办冰雪美食节，展示地方特色的冬季美食，并通过美食竞赛、烹饪表演等活动增加游客的互动和参与。

冰雪生态康养产品：冰雪生态康养产品将冰雪旅游与养生理念相结合，满足游客对健康与养生的需求。首先是温泉康养度假村，结合冰雪景观与温泉资源，建设冰雪温泉度假村，提供温泉疗养、矿泉理疗、草药浴等康养项目，吸引中高端游客前来休闲度假。其次是冰雪森林疗养，依托冰雪覆盖的森林资源，开发如冰雪森林浴、冰雪瑜伽、森林徒步等项目，提供自然疗愈的康养体验。再次是冰雪生态旅游，组织生态旅游活动，如野生动植物观赏、森林穿越、雪地漫步等，帮助游客在冰雪环境中感受大自然，享受与自然融为一体的体验。

冰雪旅游演艺产品：冰雪旅游演艺产品通过文化表演丰富游客的夜间旅游体验，提升冰雪旅游的文化内涵。首先是冰雪主题演出，打造大型冰雪实景剧或户外演艺活动，将冰雪文化、历史传说与表演艺术相结合，增强旅游目的地的文化吸引力。其次是冰上表演，组织冰上舞剧、冰上芭蕾等冰上表演项目，吸引游客前来观赏冰雪艺术与表演艺术的结合。再次是灯光秀，结合冰雪节庆活动，设计冰雪灯光秀，配合音乐和音响效果，为游客带来视觉与听觉的震撼体验。

城市冰雪文化产品：城市冰雪文化产品通过在城市空间中融入冰雪元素，使冰雪文化与城市生活紧密结合。首先是城市冰雪节，每年冬季在城市举办冰雪节庆活动，如冰雪灯会、冰雪狂欢节等，吸引市民和游客参与，营造冰雪文化的城市氛围。其次是城市冰雕展览，在城市的公共空间设置大型冰雕展，展示冰雪艺术，增强城市的冬季旅游吸引力。再次是冰雪文化街区，在城市中打造冰雪主题街区，通过冰雕、雪雕、冰雪灯饰等，提升城市的冬季旅游景观。最后是城市公共交通，冰雪旅游目的地的交通设施和服务对于游客体验至关重要。开通冬季观光列车，让游客在列车上欣赏冰雪风光；开通冰雪专线大巴，提供从城市至冰雪旅游目的地的直通大巴服务；在城市公共交通工具装饰在地文化元素和冰雪文化元素。

寒地乡村生活体验：寒地乡村生活体验产品将冰雪旅游与乡村旅游结合，让游客体验寒地的传统生活方式和民俗文化。首先是冬季农耕体验，组织游客参与冬季农田管理、冬捕等乡村劳作活动，体验农村的传统生产方式。其次是民俗节庆体验，游客可以参与寒地乡村的传统节日庆典，如春节期间的打年糕、包饺子等活动，感受乡村的民俗文化。再次是乡村民宿与美食，开发冰雪主题的乡村民宿，提供地方特色美食，让游客在自然环境中体验乡村生活的乐趣。

冰雪文化美术产品：冰雪文化美术产品通过艺术创作与展览，展示冰雪文化的艺术价值。首先冰雪美术展，组织冰雪主题的绘画、摄影、雕塑展览，展示艺术家对冰雪文化的独特解读。其次是美术工作坊，为游客提供冰雪主题的艺术创作机会，如冰雪雕刻、绘画等，让游客参与艺术创作，增加互动体验。再次是冰雪雕塑车间，冰雪雕塑车间内配备了先进的冰雕、雪雕工具及设备，游客可以在专业人员的指导下，自己设计并制作各种主题的冰雕、雪雕作品，体验冰雪艺术创作的乐趣。通过亲身参与创作，游客不仅能感受到冰雪文化的魅力，还能将自己制作的作品作为独特的纪念品带回家，留下珍贵的旅游记忆。

数字沉浸式体验：随着科技的发展，数字技术为冰雪文化旅游带来了全新的沉浸式体验。首先是数字化冰雪博物馆，创建冰雪主题的虚拟博物馆，展示冰雪文化、艺术、历史与科学，通过线上平台让全球游客在任何地方都能进行"云旅游"，吸引更多远程观众参与。其次是互动投影与全息体验，在室内或室外场景中，利用全息投影技术展示冰雪主题的立体影像，如冰雕的 3D 动画或冰雪节庆的历史回顾，让游客以更直观的方式感受冰雪文化的多维度展示。

冰雪文化旅游产品体系的构建不仅需要涵盖冰雪资源的物理体验，还需要融合冰雪艺术、文化、生态、娱乐等多元要素，以满足不同层次、不同需求的游客。通过构建包括冰雪艺术文娱综合体、冰雪体育运动产品、冰雪游艺竞技产品、冰雪美食品鉴产品、冰雪生态康养产品、冰雪旅游演艺产品、城市冰雪文化产品、寒地乡村生活体验、冰雪文化美术产品及数字沉浸式体验等在内的完整产品体系，可以推动冰雪旅游向高端化、创新化和国际化发展。

每个产品类别既相互独立，又彼此融合，可以为游客提供全方位的冰雪旅游体验。通过多样化的产品体系，冰雪文化旅游不仅能够吸引大众游客，更能满足中高端消费者、文化爱好者、户外运动爱好者及科技爱好者的需求。

（二）避暑文化旅游产品体系构建研究

随着全球气候变暖和城市生活压力的增大，避暑旅游成为现代游客追求健康、休闲和文化体验的重要方式。避暑文化旅游产品体系的构建不仅要利用自然资源，还应结合历史文化、都市潮流、娱乐休闲等元素，打造丰富多彩的产品线，以满足不同游客群体的需求。下面从以下十个方面探讨如何构建系统化的避暑文化旅游产品体系。

自然景观览胜：自然景观是避暑旅游的核心，利用得天独厚的自然环境为游客提供避暑和视觉享受的双重体验。首先是山地观光与徒步，高海拔地区的山地景观是避暑的理想选择，通过设计登山、森林徒步、观光平台等产品，让游客在凉爽的气候中欣赏壮丽的自然风光，体验徒步的乐趣。其次是水体生态旅游，利用湖泊、河流、瀑布等水体资源，设计如划船、漂流、湖泊游泳等水上项目，游客可以在清凉的水环境中享受水上娱乐活动的同时，感受自然的清新和凉爽。再次是森林康养与生态保护，结合森林资源，设计如森林浴、森林徒步、生态探秘等项目，游客不仅可以避暑，还可以通过与大自然的亲密接触，提升身心健康。此外，开发生态保护主题旅游项目，增强游客的环保意识。

历史文化探查：历史文化是提升避暑旅游内涵的重要方面。通过深挖城市和地区的历史文化资源，可以打造出富有文化价值的避暑旅游产品。首先是历史遗迹与文化古迹游览，游客可以参观当地的历史遗址、古建筑、博物馆，了解城市的历史变迁和文化传承。在凉爽的气候中漫步于古城街巷，感受岁月的沉淀。其次是文化名人故居与故事解读，通过导览或自助游的方式，设计探访文化名人故居的线路，游客可以深入了解文化名人背后的故事，丰富文化探查体验。再次是传统工艺与民俗体验，开展如手工艺制作、传统戏剧表演等民俗活动，让游客亲身参与，深入了解当地文化传统和民俗，增加旅游的互动性和教育性。

核心商圈漫步：都市核心商圈是避暑旅游中的重要组成部分，通过漫步核心商圈，游客可以在购物、文化、潮流的氛围中避暑，同时体验都市的繁华和时尚魅力。首先是购物与美食街区，在城市的主要商圈中设立购物与美食街区，游客可以享受现代化的购物体验，品尝当地的美食小吃，同时在舒适的环境中休闲避暑。其次是艺术街区与创意园区，在城市的创意园区或艺术街区内，游客可以欣赏到各类现代艺术展览、雕塑作品和街头涂鸦等文化艺术表现形式，同时感受都市文化的潮流与创新。再次是步行街区与夜生活体验，在城市的主要步行街区，游客可以享受夜间的都市灯光与夜市文化，体验当地独特的夜生活，丰富避暑期间的娱乐活动。

特色美食品鉴：美食是吸引游客的重要因素之一，结合地方特色美食文化，为游客提供避暑期间的美食享受。首先是地方美食节与美食集市，举办地方美食节或美食集市，游客可以品尝到本地特色的夏季凉菜、冷饮以及地方特色小吃，增加对美食文化的体验。其次是避暑养生餐饮，结合地方的养生饮食文化，推出适合避暑的养生菜肴，如凉拌菜、清凉汤品等。注重食材的健康搭配，让游客在品尝美食的同时感受健康养生的理念。再次是美食体验与烹饪课程，为游客提供参与美食制作的机会，如凉粉、冰饮等夏季传统美食的烹饪课程，增强游客的参与感与文化认知。

都市炫酷潮玩：都市中的炫酷潮玩活动为年轻游客提供了创新、时尚和互动性强的旅游体验。首先是潮流运动与极限体验，开展如滑板、攀岩、极限飞盘等新潮运动项目，吸引喜欢挑战和运动的年轻游客，提升都市旅游的时尚感和活力。其次是现代科技与互动娱乐，利用现代科技，设计如VR/AR互动游戏体验、智能游乐园等潮玩产品，吸引科技爱好者与年轻游客群体，增强娱乐性与互动性。再次是创意市集与炫酷打卡点，结合城市的创意文化，举办创意市集，并在城市的网红打卡点设置炫酷的艺术装置和拍照背景，吸引年轻游客进行社交媒体分享。

休闲娱乐生活：休闲娱乐是游客在避暑期间的重要需求，结合城市的休闲资源，提供多样化的休闲娱乐产品。首先是夜间灯光秀与露天演出，在夏季的夜间举办灯光秀、露天音乐会、电影放映等活动，游客可以在凉爽的夜晚享受休闲娱乐，丰富夜间生活。其次是休闲娱乐综合体，结合娱乐、餐饮、购物为一体的大型休闲娱乐综合体，为游客提供一站式的休闲娱乐体验，满足家庭游客与年轻游客的需求。再次是运动与健身设施，提供如健身房、室内运动场、瑜伽馆等健身设施，让游客在避暑期间能够保持健康的生活方式。

露营野外活动：露营野外活动是近年来受到游客青睐的避暑旅游形式，尤其适合喜欢亲近自然的游客。首先是高山露营与户外活动，在高海拔的避暑胜地，设置露营基地，游客可以在凉爽的夜晚搭帐篷露营，并参与如山地徒步、篝火晚会等户外活动。其次是水边露营与亲水体验，利用湖泊、河流等水体资源，游客可以在水边露营，享受清凉的水体环境，还可参与垂钓、划船等水上娱乐项目。再次是家庭露营与亲子活动，为家庭游客提供露营活动，如亲子探险、儿童户外游戏等，提升家庭游客的旅游体验与亲子互动。

消夏避暑节庆：消夏避暑节庆活动通过丰富的文化娱乐内容，提升游客的参与感与旅游体验。首先是避暑文化节，举办避暑文化节庆活动，结合地方文化与夏季避暑的主题，游客可以在节庆中欣赏表演、参与互动，感受节日的热情。其次是音乐与艺术节，结合夏季凉爽的夜晚，举办音乐节、艺术节等大型活动，游客可以参与到音乐与艺术的盛会中，丰富避暑期间的娱乐体验。再次是凉爽运动赛事，举办如夜跑、夏季水上运动会等比赛，吸引运动爱好者参加，既能够避暑，又能通过运动感受到夏季的活力。

乡村田园观光：乡村田园观光通过展示自然风光与田园生活，吸引游客远离都市，回归自然。首先是田园采摘与农耕体验，游客可以在乡村参与果蔬采摘和农耕体验，感受田园生活的闲适与乐趣，体验农民的劳作方式。其次是乡村民宿与农家乐，提供具有地方特色的乡村民宿，游客可以品尝当地自家种植的蔬菜和农家菜，享受乡村生活的悠然与自在。再次是自然观光与摄影，结合乡村的自然风光，设计如徒步观光、摄影采风等活动，游客可以在乡村的田园景色中尽情享受自然的美丽。

数字沉浸体验：数字沉浸体验通过现代科技为游客提供身临其境的互动感受，结合虚拟现实、增强现实和全息投影等技术，提升避暑旅游的科技感与娱乐性。第一是虚拟现实避暑探索，运用 VR 技术，打造虚拟的避暑探险场景，游客可以通过戴上 VR 头盔，仿佛置身于凉爽的高山、森林、湖泊等自然环境中，体验如攀岩、漂流、探险等高难度的娱乐项目，即使身处城市，也能感受大自然的清凉。第二是增强现实文化探索，在城市的历史遗址、博物馆或文化区运用 AR 技术，游客可以通过手机或 AR 眼镜看到增强现实的历史重现，如古城的样貌、历史事件的重现等，让历史文化体验更加生动有趣，增强文化旅游的互动性。第三是沉浸式夜游项目，结合夜间旅游，通过全息投影、灯光秀等技术打造沉浸式夜游产品。

游客可以在夜间凉爽的环境下，参与光影互动，体验如星空漫步、幻彩灯光秀等活动，打破传统的观光模式。第四是互动博物馆与数字导览，利用数字导览系统，游客可以通过手机应用或智能设备获取虚拟解说、动态地图和互动体验信息，随时随地了解景点的历史文化。博物馆也可以通过数字化技术打造互动展览，让游客在沉浸式场景中探索文化知识。第五是沉浸式剧场与演出，通过沉浸式剧场设计，游客可以参与到演出情节中，成为剧中人物的一部分。例如，城市内设立沉浸式古装剧场或未来科幻场景，让游客与演员互动，享受全方位的沉浸体验。第六是虚拟导览与个性化推荐，数字技术可以为游客提供虚拟导览和个性化旅游推荐服务。通过大数据分析，旅游应用可以根据游客的喜好推荐最适合的避暑景点和活动，提供个性化的避暑旅游体验。

第六节　吉林省黑土地音乐文化创造性转化创新性发展研究

一、黑土地音乐文化的形成机制、人文内涵与生活意象

黑土地音乐文化主要以东北地区的乡村和农业为背景，生动展现了人与自然之间的紧密联系，尤其是劳动与生活的深度交融。它突出表现了东北地区广袤的黑土地这一独特环境，强调了劳动中的坚韧精神和人与土地的深厚依存关系。通过音乐，黑土地文化传递了劳动者与自然和谐共生的智慧与韧性，描绘了劳动人民在严酷自然条件下的顽强生命力和对土地的深情厚谊。其文化背景主要是东北地区的采集、农耕、渔猎和游牧等多样的劳动场景，它起源于世界三大黑土带之一的我国东北广袤的黑土地，与土地、自然、劳动息息相关。反映了移民历史中东北人民开荒、垦殖以及

与大自然的互动，展现了农业文明中的生活与劳动。音乐表现形式主要为劳动号子、秧歌、大秧歌等与农村生产和农民生活直接相关的音乐形式，具有强烈的劳动节奏感，旋律朴实、质朴，歌词多为口语化的劳动号子或简朴的民歌，反映的是自然环境和劳作过程中的情感。

（一）黑土地音乐文化的内涵特征

黑土地音乐文化是指中国东北地区尤其是东北地区所孕育的独特音乐文化，它深深扎根于东北地区的自然环境、历史进程以及多元文化的交融。这种文化表现出浓厚的地方性和人民性，充满了对生活的热情、对土地的依恋以及对艰苦奋斗精神的歌颂。

黑土地音乐文化的本质特征可以概括为地域性、功能性、集体性、情感性、朴实性、多样性、历史传承性、节奏性、审美性和自然联结。这些特征共同构成了黑土地音乐文化的独特性，反映了东北人民的生活方式、情感表达和文化传承，同时也展现了东北地区丰富的自然与人文景观。

黑土地音乐文化的地理文化特征：黑土地音乐文化的地理文化特征，主要体现在东北地区特有的自然环境、地理位置以及由此形成的独特人文景观对音乐的深远影响。这种音乐不仅承载着当地的自然风貌，还深刻反映了东北人民在特定地理环境中的生存方式和文化特质。第一是黑土地的自然环境对音乐文化有直接的塑造作用，东北地区，尤其是松嫩平原和三江平原的黑土地，土地肥沃，气候寒冷且季节变化明显。这种自然条件使得当地的农业生产、劳作方式和生活节奏与其他地区有很大不同。音乐作为生活的反映，展现了东北人民与这片土地的紧密联系。例如，东北民歌、劳动号子和秧歌舞中，旋律富有张力，节奏宽广，往往表现出一种粗犷、豪放的气质，反映了人们在广袤大地上劳作和生活的艰辛与坚韧。音乐中的这种辽阔感和力量感，源于人们对这片黑土地的深厚情感。第二是地理位置的特殊性也影响了黑土地音乐文化的形成与发展，东北地区位于中国的东北边陲，靠近俄罗斯和朝鲜等国家，处于多个文化交汇的节点。这个地理位置使得黑土地音乐文化既有内地传统的汉民族音乐元素，又吸收了外来文化的影响。尤其是满族、蒙古族、朝鲜族等少数民族的音乐形式，对黑土地音乐文化产生了深远影响。例如，满族的特色音乐、蒙古族的长调和朝鲜族的民间音乐元素在东北音乐中得到了融合，形成了独特的多元音乐文化格局。第三是东北地区的气候特征也是黑土地音乐文化的地理特征之一，冬季漫长而寒冷，对人们的生活方式产生了深刻影响。音乐在这样严酷的环境中，往往具有安抚情绪、表达集体情感的功能。例如，东北的"二人转"在表演中融入了丰富的音乐、戏剧和舞蹈元素，既是娱乐活动，也成为人们抵御寒冷和孤独的一种方式。音乐旋律中的豪放与质朴、幽默与风趣，反映了东北人民在寒冷环境下形成的坚韧性格和乐观精神。第四是东北的黑土地也是中国重要的农耕区，农业生产在东北人民的生活中占有重要地位。农业劳动与四季变换深刻影响了黑土地音乐的内容和形式。例如，东北民间音乐中有很多反映丰收、播种以及自然变化的内容，这些音乐作品通过歌颂土地和自然，体现了人们对大自然的敬畏和依赖，展示了人与自然的和谐关系。

黑土地音乐文化的历史记忆特征：黑土地音乐文化的历史记忆特征体现在它对东北地区特定历史事件、社会变迁和集体记忆的深刻反映与传承。作为东北人民历史经历的重要文化载体，黑土地音乐不仅表达了生活中的情感，还记录了该地区的历史风云和人民的共同命运。第一是移民潮的历史记忆在黑土地音乐文化中占据重要地位，自清代以来，东北地区成为移民的聚集地，来自山东、河北等地的大批移民在这片黑土地上开垦、定居，形成了独特的移民文化。移民经历的艰辛、劳作的苦楚以及对家乡的思念常常通过音乐表达出来，民歌和劳动号子中充满了对生活的反思和奋斗的痕迹。例如，许多东北民歌反映了开荒者的艰难处境、对家乡的怀念以及对未来的希望，这种集体历史记忆通过音乐代代相传，形成了特有的文化符号。第二是抗日战争的记忆在黑土地音乐文化中有着浓墨重彩的表现，东北是抗日战争的主战场之一，特别是九一八事变后，东北人民进行了长达14年的抗日斗争。在此期间，革命音乐成为抗日斗争的重要组成部分，激励了人民的斗志。抗战歌曲如《松花江上》生动地反映了东北人民在沦陷期间的悲愤、屈辱和反抗情绪。这些歌曲不仅是历史的见证者，也成为东北人民不屈精神的象征，将抗战历史深深镌刻在黑土地音乐的文化记忆中。第三是解放战争和新中国成立后的集体记忆在黑土地音乐中得到了传承，东北地区在解放战争中发挥了重要作用，人民军队和普通百姓的牺牲与贡献通过音乐得到了讴歌。随着新中国的成立，东北地区的工业化进程加快，音乐中开始出现大量与工人、建设有关的主题。许多歌曲记录了当时的社会变革，反映了东北人民在新中国建设中的积极参与，这些音乐作品成为那个时代的声音，凝聚了人们对美好未来的期盼。第四是黑土地音乐文化中的革命精神和集体主义也带有强烈的历史记忆特征，音乐不仅是个人情感的表达，更是集体情感的体现，尤其是在表现重大历史事件时，音乐成为传递集体记忆的重要工具。无论是劳动号子还是革命歌曲，都带有集体行动的特征，反映了东北人民在共同奋斗中的集体意识和历史经验。这种历史记忆通过音乐的形式代代相传，使得黑土地音乐成为东北人民共同历史记忆的文化象征。

黑土地音乐文化的文学叙事特征：黑土地音乐文化的文学叙事特征指的是其音乐作品中蕴含的叙事性和文学性。通过歌曲的歌词、故事情节以及表现手法，黑土地音乐展现了丰富的文学价值和叙事结构，具有鲜明的地方特色和文化内涵。第一是生活化的叙事，黑土地音乐文化常常通过朴素的语言和简单的叙事结构，描绘东北人民的日常生活、劳动场景和生活琐事。歌曲中的情节通常围绕着农业生产、四季变化、婚丧嫁娶等日常事件展开，贴近普通人的生活。这种生活化的叙事反映了东北地区人民的真实生活状态，富有浓厚的地方色彩。第二是口语化的文学表达，黑土地音乐文化中的歌词多采用口语化的表达方式，语言质朴、直接，便于传唱。例如，二人转、民间小调等音乐形式中的歌词经常使用乡土语言，具有很强的民间文学特质。这种口语化的文学表达拉近了音乐与普通人的距离，使其更具亲和力。第三是叙事中的戏剧性，黑土地音乐，尤其是二人转等形式，具有很强的戏剧性。许多歌曲通过对话、场景转换、人物刻画等戏剧化的手法，将一个完整的故事展现给听众。例如，二人转中的"唱、念、做、打"融合了叙事和表演，使音乐不仅仅是听觉上的享受，也成为一种视听结合的文学叙事艺术。第四是历史与现实的交织，黑土地音乐文化的叙事不仅限于当前生活，还往往包含对历史事件的反思与记述。许多音乐作品记录了东北地区的历史变迁，如移民潮、抗日战争和解放战争等。这些历史事件通过音乐的叙述传承下来，形成了历史与现实交织的叙事特征，表现了人们对过去的集体记忆与现实生活的联系。第五是情感丰富的叙事，黑土地音乐中的叙事往往伴随着浓厚的情感表达，尤其是在表现悲欢离合、爱情、亲情等主题时，音乐通过细腻的叙述让听众感同身受。这种情感化的叙事不仅反映了个人的情感世界，也表现了集体情感的共鸣，增强了音乐的文学感染力。第六是寓意性与象征性，黑土地音乐中的叙事有时带有深刻的寓意和象征意义。例如，歌词中使用的自然景象、农作物、动物等元素常常被赋予特定的象征意义，表达对生命、自然、社会的哲学思考。这种象征性叙事使得黑土地音乐文化不仅是一种生活化的艺术形式，也承载了更深层次的文学意涵。第七是人物刻画与性格描绘，黑土地音乐中的叙事经常通过塑造生动的人物形象，表现他们的性格、命运和情感变化。例如，在一些叙事性歌曲或二人转的演出中，歌者通过语言、节奏和表演手法，塑造了鲜明的角色形象，使听众能够在短时间内对人物有深刻的认知和情感共鸣。这种通过音乐叙事刻画人物的文学手法增强了音乐的艺术表现力。第八是民俗文化的叙事载体，黑土地音乐文化中融入了大量的民俗文化元素，许多叙事围绕着地方风俗展开，如节庆、仪式、婚嫁等。通过对这些民俗的叙述，音乐不仅传达了人们的生活习惯，还起到了文化传承的作用。音乐成为民间文学的重要载体，通过叙事保留和传递了东北地区的民俗传统。第九是幽默与风趣的叙事风格，黑土地音乐的叙事常带有幽默和风趣的元素，尤其是在二人转等表演形式中，通过夸张的语言、动作和情节设置，让观众感到轻松愉快。这种幽默感不仅增强了音乐的娱乐性，也使叙事更具感染力，成为东北民间文化的一大特色。第十是时间与空间的多维叙事，黑土地音乐文化中的叙事常常涉及不同的时间维度和空间背景。通过音乐，过去与现在的生活、乡村与城市的景象交织在一起，展现了一个多层次的社会结构。通过对时间和空间的灵活处理，音乐中的叙事更加丰富和立体，增强了文学的叙事深度。

黑土地音乐文化的艺术表现特征：黑土地音乐文化的艺术学特征以其地域性、多民族融合、戏剧性、叙事性、简洁性与情感强度为核心，展现了东北地区音乐文化的独特风貌。它不仅仅是音乐表现的形式，更是一种文化、历史、情感的综合载体，代表了东北人民的精神面貌和生活方式。第一是地域性与自然情感的交融，黑土地音乐文化深受东北寒冷、广袤、辽阔的自然环境的影响，其音乐常带有自然的苍凉与豪迈。音乐旋律多富有开阔感，节奏感强烈，反映了东北地区特有的自然情感。如东北民歌中的许多曲调带有质朴和粗犷的韵味，表现了对土地的敬畏和热爱。第二是多民族文化的融合，东北地区是多民族聚居的区域，汉族、满族、蒙古族、朝鲜族等多民族在此共同生活，黑土地音乐中明显呈现了多民族音乐元素的融合特征。例如，满族的特色音乐与蒙古族的长调音乐影响了黑土地音乐的旋律结构和演唱风格；朝鲜族的音乐形式也为该区域音乐增添了丰富的节奏和旋律变化。第三是音乐表现中的戏剧性，黑土地音乐，尤其是在民间艺术形式如二人转、秧歌和东北大鼓中，展现了极强的戏剧性。二人转作为东北地区极具代表性的表演艺术形式，以唱、念、做、打的综合表演方式著称，音乐旋律富有戏剧张力，表演中融合了音乐、舞蹈和说唱，极具娱乐性和表现力。第四是叙事性与生活化的内容，黑土地音乐常常以叙事的方式表现人民的生活、劳动和历史故事，尤其是劳动号子、民歌以及革命歌曲，往往具有鲜明的叙事性。音乐中的歌词通常直接反映了劳动人民的生活方式、社会变迁和历史事件，内容质朴而真切。例如，在东北民歌中常常出现描述农民种地、伐木、捕鱼等劳动场景的歌曲，歌词生动具体，旋律亲切动人，体现了黑土地音乐文化的生活化和叙事性特征。第五是音乐旋律的豪放与简朴，黑土地音乐的旋律往往以豪放、简朴见长，符合东北人民的性格特征。与南方音乐相比，黑土地音乐的旋律大多明朗、大气，节奏较为简洁而有力，常常带有强烈的情感表达。这种旋律特点反映了东北地区人民在面对严酷自然环境和历史困境时表现出的坚韧和豪放精神。第六是强烈的集体性与互动性，黑土地音乐文化具有极强的集体性和互动性，尤其是在节庆、劳动和民间集会中，音乐常常伴随着集体的歌唱、舞蹈和互动表演。例如东北的秧歌、二人转等表演形式，常常需要演员与观众之间的互动，参与者不仅是音乐的欣赏者，也是表演的一部分。这种强烈的集体性与互动性使黑土地音乐在艺术表现上更具亲和力和参与感。第七是音乐中的情感强度与质朴性，无论是喜悦、悲伤还是豪情，黑土地音乐中都充满着强烈的情感张力。民歌中的质朴情感尤其突出，歌者通过简单的旋律、自然的嗓音传达真挚的情感，这种情感表达往往直击人心。第八是音乐结构中的简洁性与重复性，黑土地音乐多采用简单的曲式结构，旋律线条清晰，富有重复性。这样的结构便于传唱，贴近民众的日常生活需求，也增强了音乐的记忆性和流传性。

黑土地音乐文化的文化认同特征：第一是地域性认同，黑土地音乐通过对自然与土地的描绘，强化了东北人民对家乡的认同感。辽阔的田野、寒冷的冬季、春耕秋收等主题在音乐中频繁出现，表现出对土地的依赖与深厚的热爱。音乐中的劳动场景，如打谷号子、伐木号子，展示了集体劳动和合作精神，成为劳动者表达文化归属的重要形式。严酷的气候特征也深刻影响了音乐的节奏和旋律，使其具有宽广、厚重的特点，反映出东北人民坚韧不拔的性格。此外，黑土地音乐通过方言的使用进一步强化了地域认同。第二是劳动与生活的集体认同，黑土地音乐通过描绘劳动生活和集体合作，强化了劳动者对自身身份的认同。东北地区的集体劳动，如农业耕作、伐木等体力劳动，塑造了人们强烈的集体意识与劳动精神，音乐作为劳动场景中的重要元素，成为劳动者文化认同的载体。通过音乐传递劳动中的合作精神，强化了劳动者对集体劳动的认同与自豪感。第三是民族融合与多元文化认同，东北是一个多民族聚居的地区，汉族、满族、蒙古族、朝鲜族等多个民族共同生活，形成了独特的文化交融现象。黑土地音乐吸纳了各民族的音乐元素，形成了具有民族融合特质的音乐风格，成为多元文化认同的关键表达形式。音乐中既有汉族的劳动号子，也融入了满族、蒙古族的民歌和乐器元素。这种多元化的音乐形式不仅丰富了黑土地音乐的表现力，也增强了各民族的文化认同感。通过音乐，各族人民表达了共同的生活经历和情感，展现了东北文化的包容性和多样性，成为民族融合的重要象征。第四是历史记忆与身份认同，黑土地音乐承载着东北地区的历史记忆，特别是"闯关东"移民潮、抗日战争等重大历史事件，音乐在传播历史记忆的同时，也增强了东北人民的历史认同感。音乐通过传唱历史故事和集体记忆，强化了对过去的认同，并激发了对共同命运的认知。第五是家乡与乡土认同，黑土地音乐无论是抒情民歌还是劳动号子，音乐中常常充满了对家乡、亲人的思念与眷恋。这种对家乡的认同感通过音乐传递给听众，形成了强烈的乡土情感和文化归属感。如小调和二人转中对家乡生活的描绘，表现了游子对家乡的思念与对亲人的感情。这种情感认同通过音乐传递，使听众感受到文化上的归属感和身份认同。第六是情感表达与情感认同，黑土地音乐中的情感表达非常直接和真挚，音乐通过歌词和旋律表达亲情、乡愁、爱情等情感，这种情感认同强化了人们对共同文化和社会背景的认知。民间小调和二人转常常通过对家庭关系、爱情故事的叙述，传递出东北人民对于家庭和社会的价值认同，使音乐成为情感和文化认同的纽带。第七是语言与方言的文化认同，黑土地音乐的语言风格多采用东北方言和地方土语，语言本身就带有强烈的地域文化特征。通过方言演唱的音乐，不仅增强了地方文化的传播力，还使听众对家乡和文化背景产生认同感。方言成为黑土地音乐中一个重要的文化符号，承载了地方文化认同。通过方言的使用，音乐更贴近当地人群，强化了他们对地方文化和身份的认同，使得音乐成为地方文化认同的重要载体。第八是文化象征与符号认同，黑土地音乐已经成为东北文化的象征性符号，如大秧歌、二人转已经成为东北文化的重要象征，音乐不仅是表演艺术，更是东北文化认同的标志性符号，传播过程中强化了文化身份的归属感。第九是东北人格认同，东北人的人格特征受到自然环境、历史背景和文化传统的深刻影响，形成了鲜明且独特的群体性格。坚韧不拔、豪爽直率、热情好客、幽默乐观、忠诚义气、勤劳能干、集体主义精神等是东北人格特征的典型代表。

黑土地音乐文化的民族文化特征：第一是满族特色音乐的独特性，满族是黑土地地区的主要少数民族之一，其音乐文化在东北地区音乐中占据重要地位。满族的特色音乐尤其具有显著的个别特征，其音乐通过独特的韵律、节奏和器乐编制，展示了满族人民对自然和祖先的崇拜。在特色仪式中，通过击鼓、唱咒和舞蹈与神灵沟通，音乐通常带有强烈的节奏感，旋律重复且具有神秘感。其音乐不仅仅是一种音乐形式，更是满族文化精神世界的体现，表现了人与自然、人与神灵的紧密联系。第二是朝鲜族音乐的细腻与优美性，朝鲜族是黑土地地区的主要少数民族之一，其音乐文化具有鲜明的个性特征。与满族的音乐不同，朝鲜族音乐以细腻、优美的旋律著称，尤其是在情感表达上更加柔和和细腻。朝鲜族的传统民歌如《阿里郎》便是这种音乐风格的代表。朝鲜族的音乐常常采用伽倻琴、长鼓等传统乐器，这些乐器的声音柔和且富有表现力，能够精准地表达出音乐中的情感变化。此外，朝鲜族音乐常用于节庆、婚礼等社交场合，音乐中的旋律轻盈而优雅，展现了朝鲜族人民的生活情趣和美学追求。第三是蒙古族长调的悠远与辽阔，在黑土地音乐文化中，蒙古族长调音乐具有独特的个性特征。长调音乐以悠远、深沉的旋律著称，常常用来表达对草原的热爱和对游牧生活的赞美。蒙古族长调旋律悠长，节奏缓慢，通常由独唱或长调歌手演唱，伴随着马头琴等民族乐器。长调音乐反映了蒙古族人民的生活方式和精神追求，音乐中流露出的辽阔与宁静正是草原生活的写照。黑土地的蒙古族音乐与东北其他民族的音乐相比，带有更多的游牧文化特质，表现了蒙古族人民与自然的深厚联系。第四是赫哲族渔猎音乐的简洁与质朴，赫哲族是黑土地地区的一个民族，其音乐文化主要与渔猎生活紧密相关。赫哲族的音乐以简洁、质朴为特点，旋律多为单一调式，歌词通常与自然和渔猎生活相关，反映了赫哲族人民与大自然的和谐共处。赫哲族的渔猎歌谣通常伴随着简单的乐器演奏，如口弦琴等，这些乐器音色清脆，能够表现出赫哲族音乐的质朴和自然。这种音乐形式展现了赫哲族人民在黑土地上与自然环境共生的独特文化视角。第五是东北二人转的幽默与通俗，二人转作为东北民间文化的典型代表，它吸收了汉族的戏曲唱腔与民间小调、满族的音乐和民歌节奏、蒙古族的长调与马头琴音色、朝鲜族的打击乐和抒情旋律、赫哲族和鄂伦春族的自然声效与祭祀音乐。通过这些多民族音乐元素的融合，二人转的音乐风格多样、表现力丰富，成为展现东北多元文化交融的独特艺术形式。这种融合不仅让二人转更具地方特色，也展现了东北地区多民族共存的文化包容性。

黑土地音乐文化的生存哲学特征：生存哲学特征不仅反映了黑土地音乐文化的深度内涵，还展现了东北劳动人民面对生活、自然和历史时的思考与智慧。第一是人与自然的和谐共生，黑土地音乐文化中强烈体现出人与自然的紧密联系。东北地区的自然环境严酷，四季分明，冬季漫长，这让东北人民对自然形成了一种敬畏和顺应的哲学观念。黑土地音乐中常通

过描绘东北的广袤大地、寒冷的冬季，展现劳动者对自然的崇敬与适应，
体现出顺应自然、敬畏自然的哲学思考。东北四季分明，自然的四季变化
在黑土地音乐中不仅是自然现象，更被赋予了哲学意义，象征着生命的循
环与再生，表达了东北人民对自然规律的深刻认知。第二是生命的坚韧与
抗争，黑土地音乐的哲学特征中充满了对生命坚韧与抗争的思考，尤其是
在表现劳动者面对自然和社会压力时的音乐作品中，展现了强烈的生命韧
性。这种抗争不仅是对艰苦环境的应对，也是对生活困境的反抗与突破。
如伐木号子、靠山调等音乐表现了劳动者在恶劣自然环境下的艰苦工作，
音乐充满力量感和坚毅的情感，展现了劳动者对命运的抗争精神。黑土地
音乐的悲壮旋律不仅传达了生活的艰辛，更传递了东北人民在逆境中坚持
不懈的力量，体现了对生命韧性的深刻思考。第三是集体主义与合作精
神，在东北的劳动与生活中，集体合作是维持生存的重要手段，这一合作
精神在音乐中得到了充分表达。音乐通过集体合唱、领唱与合唱的形式，
展现了劳动者团结互助的哲学理念。如劳动号子、大秧歌等音乐形式表现
了劳动者集体协作、互相帮助的场景，音乐不仅是个体情感的表达，也是
集体智慧与力量的体现，反映了集体合作中的哲学理念。通过音乐表现的
集体劳动和集体庆典，展示了东北人民依靠团结合作来应对自然和社会挑
战的生活哲学。第四是苦乐交织的生命哲学，黑土地音乐中充满了对苦乐
交织的生命哲学思考。音乐中既有对艰苦生活的描述和对命运的抗争，也
有丰收后的喜悦与节庆中的欢快。东北人民在面对艰难的生存环境时，表
现出乐观积极的生活态度，这种苦中作乐的哲学思维在音乐中得到了充分
展现。如大秧歌、二人转等音乐形式，虽然表面上是欢快的歌舞，但背后
往往隐含着对艰辛生活的调侃与自我安慰。这种乐观的生活哲学反映了劳
动者面对困境时苦中作乐的积极心态。音乐中的丰收主题不仅表现了对劳
动成果的喜悦，还反映了劳动者对自然的感恩，这是一种对生命苦乐交织
的深刻理解。第五是生死轮回与自然法则的认知，黑土地音乐在表现生命

与自然的关系时，常常涉及生死轮回的哲学思考。自然中的四季变化象征着生命的循环与更替，音乐通过描绘春耕、秋收、冬藏等自然现象，传递了对生死和自然法则的深刻理解，表现了对生命自然律动的顺应哲学，体现了对生命与自然共生关系的深刻认知。这种哲学特征表达了东北劳动人民对生命无常和生死轮回的接受。第六是历史记忆与文化传承的哲学，黑土地音乐不仅表达了对自然与生命的思考，还具有历史记忆与文化传承的哲学特征。音乐中反映了东北地区的历史变迁，如"闯关东"移民潮、抗日战争等重大历史事件，音乐成为承载集体记忆和文化传承的重要媒介，展现了劳动者对历史的深刻反思和文化认同。第七是简朴生活的哲学思维，黑土地音乐的哲学特征还表现在对简朴生活的肯定和追求。音乐中没有复杂的技巧，旋律和歌词都非常简单直接，反映了东北劳动人民追求质朴、真实的生活哲学。这种简单、实在的生活态度在音乐中表现为一种去繁从简的美学和哲学思维。第八是幽默与智慧的生活哲学，黑土地音乐中充满了对生活的幽默与智慧。通过对日常生活中的小事进行调侃，展现了劳动人民对生活的达观和乐观态度，反映了东北人民以智慧面对困境的哲学思维。二人转和民间小调常以轻松诙谐的方式处理生活中的矛盾与困境，音乐通过幽默的表达方式，将生活的难题转化为乐观的力量，展现了劳动者的生活智慧。

（二）黑土地音乐文化的形成机制

黑土地音乐文化的形成机制是一个复杂的社会、历史、地理、文化等多重因素共同作用的结果。通过对这一机制的分析，可以看出，黑土地音乐文化的形成并非偶然，而是东北地区独特的自然环境、劳动生活、文化习俗以及历史变迁等多种要素相互作用的产物。

自然环境的适应机制：黑土地音乐文化的形成首先依赖于东北独特的自然环境，这包括寒冷的气候、广袤的农田和茂密的森林。地理条件影响劳动音乐，东北地区的四季分明和极端气候条件使得农耕、狩猎和伐木等成为主要的生计方式。这些劳动过程需要体力和协调性，劳动者通过号子等音乐形式，借助音乐的节奏调节劳动中的动作，减轻体力负担。例如，伐木号子、打谷号子和靠山调等就是在这种自然环境下，伴随劳动过程逐渐演变出的音乐形式。环境中的情感投射，自然环境不仅为劳动提供背景，还成为情感表达的对象。在黑土地音乐中，大自然、季节变化和气候特征常常成为歌词的内容，通过对自然的描述，劳动者表达出对生活、劳动和命运的理解。音乐成了人们与自然对话的一种方式，表现出东北人民对自然环境的适应与情感共鸣。

劳动和集体生活的推动机制：劳动生活是黑土地音乐文化形成的核心机制。首先是劳动号子，劳动号子是黑土地音乐文化的代表性形式，源于农耕、伐木、打鱼等集体劳动活动。劳动号子的主要作用是协调集体劳动的节奏，提高工作效率，同时也是一种精神宣泄的手段。东北农民和伐木工人在劳作过程中，通过集体唱号子来表达他们的劳动情绪和对自然的感知。其次是集体合作，东北地区的劳动方式多以集体合作为主，农耕、收获、伐木、打鱼等活动需要多人协同作业，这为音乐的传播提供了良好的条件。在这种背景下，音乐不仅是娱乐和情感表达的工具，更成为劳动过程中不可或缺的功能性元素，具有强烈的实用性和协调性。

历史文化交融机制：东北地区的移民历史和多民族文化交融，是黑土地音乐文化形成的重要背景。首先是移民潮的影响，清代"闯关东"时期，大量来自中原和北方的移民迁徙到东北，带来了丰富的中原民间音乐传统。这些移民与东北原住民族，如满族、蒙古族、朝鲜族等文化相融合，形成了独特的音乐形式。移民带来的音乐元素经过本地化，逐渐与黑土地的生活方式、自然环境结合，形成了具有东北特色的音乐风格。其次是民族文化的交融，东北地区是满族、蒙古族、朝鲜族等多个民族的聚居地，各民族的音乐文化相互影响，共同促进了黑土地音乐文化的多样性。不同民族的音乐风格、仪式、节庆习俗在互相融合中,丰富了黑土地音乐的表现形式。例如,朝鲜族的音乐旋律抒情、优美,与汉族劳动号子的质朴力量形成互补,使得黑土地音乐文化在风格上更加多元。

社会经济和生产方式的推动机制:黑土地音乐文化的形成还与东北地区的社会经济结构和生产方式密切相关。首先是农耕与林业经济,东北地区是重要的农业生产区,农耕活动在其中占据主导地位。与此同时,伐木、打猎、捕鱼等经济活动在东北广泛存在。黑土地音乐文化中的劳动号子、靠山调、打谷号子等,正是从这些生产活动中发展起来的。这些音乐形式不仅是劳动者表达情感和凝聚力量的工具,还反映了不同生产方式下人们与自然、与社会的关系。其次是市场化影响,20世纪初,东北的商业化和城市化进程加快,二人转等艺术形式逐渐成为黑土地音乐文化的一部分。二人转融入了许多民间小调、劳动号子的元素,使得黑土地音乐文化在民间娱乐中得以更加广泛传播。同时,市场化带动了表演形式的多样化和艺术性的提升,为音乐文化的延续和创新注入了新的动力。

口头传承和民间习俗的推动机制:口头传承和民间文化习俗是黑土地音乐文化延续和发展的重要机制。首先是口传心授的形式,黑土地音乐文化多以口头形式代代相传,音乐的传播途径主要依靠劳动者、民间艺人的演唱。由于缺乏文字记录,这些音乐形式更多地依赖集体记忆和实践来延续。劳动中的即兴创作、口耳相传的方式,使得音乐内容不断丰富,表现形式也更加灵活。其次是民俗节庆的影响,东北地区的传统节庆,如春节、元宵节、农历二月二等节日中,民间音乐扮演着重要角色。像大秧歌、二人转等表演形式,不仅是节日庆祝的重要组成部分,还通过节庆活动广泛传播。音乐和表演结合,使黑土地音乐文化在民俗节庆中不断得到巩固和创新。

情感表达与文化认同机制:黑土地音乐文化的形成还深受情感表达和文化认同的驱动。首先是劳动者的情感宣泄,东北地区气候寒冷、生活环境相对艰苦，劳动者通过音乐来表达他们对生活的情感、对命运的抗争。劳动号子和靠山调等音乐形式正是劳动者在面对艰苦生活时所形成的情感出口，音乐成为他们与自然、与生活进行对话的方式。这种音乐形式既有感伤、艰辛的一面，也表达了他们对未来的希望与坚持。其次是文化认同的建立，通过音乐，东北人民在劳动和生活中建立了共同的文化认同。黑土地音乐文化不仅仅是劳动中的协调工具，还是一种情感纽带，凝聚了当地人民的精神力量。在集体歌唱中，音乐成为东北人民表达对家乡、对土地的深厚情感的象征。

黑土地音乐文化的形成机制是多层次、多元化的，受到自然环境、劳动生活、历史文化、社会经济以及情感表达等多方面因素的影响。自然环境和劳动方式构成了黑土地音乐文化的基础，历史上多民族文化融合丰富了其表现形式，社会经济的发展推动了音乐文化的传播与创新。同时，口头传承、民俗节庆以及情感表达使得黑土地音乐文化不断延续，并成为东北地区人民重要的文化认同标志。这种多重机制共同作用，塑造了独具东北特色的黑土地音乐文化。

（三）黑土地音乐文化的人文意蕴

从哲学的生存思考、美学的感知、文学的叙事、历史的记忆到自然的依存，各个维度共同构成了黑土地音乐文化丰富的精神世界。

哲学意蕴：黑土地音乐文化的哲学意蕴深刻反映了东北人民对自然、劳动、集体与生命的独特理解与思考。这种哲学意蕴体现在人与自然、人与劳动、人与集体的关系中，展现了东北人民的生存智慧与人生态度。第一是黑土地音乐文化体现了人与自然的和谐共生。东北大地的广袤和四季分明的气候深刻影响了当地人民的生活，音乐中经常描绘农耕、伐木等劳动场景，反映了人们对自然的敬畏与依赖。通过这些音乐，东北人民展现了对自然力量的顺应与感恩，体现了"天人合一"的传统哲学思想。第二是劳动在黑土地音乐中占据重要地位，反映了劳动与生命意义的统一。劳动号子、伐木号子等音乐形式通过节奏感强烈的旋律，表现了劳动中的艰辛与力量。劳动不仅是物质生产的手段，也是自我实现和生命价值的体现，展现了东北人民面对艰苦环境时的坚韧精神。第三是黑土地音乐中也蕴含了深厚的集体主义精神。许多音乐作品表现了集体劳动中的协作与默契，展示了集体力量的伟大。个体通过集体的合作实现了自我价值，这种哲学观念强调了集体在东北人民生活中的重要性。总的来说，黑土地音乐文化的哲学意蕴体现了东北人民对自然的敬畏、对劳动的尊重以及对集体的依赖，展示了他们对生活的深刻思考与乐观态度。

美学意蕴：黑土地音乐文化的美学意蕴展现了东北地区自然环境、劳动生活与乡土文化的独特审美特质。它通过音乐的旋律、节奏和表现形式，反映了东北人民对美的理解与追求，充满了自然的壮丽、劳动的韵律和生活的质朴。首先是黑土地音乐的美学意蕴与自然密切相关。辽阔的黑土地、四季分明的气候以及广袤的田野和森林，赋予了音乐广阔、粗犷的审美特征。音乐的旋律常常带有强烈的空间感，宽广的旋律和激昂的节奏传达出大自然的磅礴气势，展现了东北大地的壮美与雄浑。其次劳动是黑土地音乐美学的核心。劳动号子、伐木号子等音乐形式通过富有节奏感的旋律和呼应的号子声，表现了劳动中的力量与韵律之美。音乐通过再现劳动场景，展现了东北人民在辛勤劳动中的坚韧与顽强，劳动成为生命的象征，赋予了音乐强烈的生命力和艺术张力。再次是黑土地音乐还融合了东北人民特有的幽默与乐观精神，展现出浓厚的生活美学。二人转、大秧歌等形式通过诙谐、轻松的旋律，表现了生活中的乐趣与人情味，音乐中充满了质朴的乡土气息，反映了东北人民的乐观与豁达。总的来说，黑土地音乐文化的美学意蕴体现了自然的壮丽、劳动的韵律以及生活的质朴，展现了东北文化的深厚底蕴与独特审美追求。

文学意蕴：黑土地音乐文化的文学意蕴深刻反映了东北人民的生活智

慧、情感表达和历史记忆。通过朴实生动的语言、叙事性强的歌词和口语化的表达方式，黑土地音乐展现了浓厚的文学特质，既有叙事性又充满了抒情意味。首先是黑土地音乐的叙事性突出，很多歌曲通过生动的语言讲述东北人民的劳动、迁徙和生存故事。比如，在劳动号子和伐木号子中，歌词通常描绘具体的劳作场景，表现出艰辛劳动中的合作与坚韧。这些叙事性歌词不仅记录了人们的生产生活，还反映了集体精神和历史背景，展现了东北地区特有的生活图景。其次是黑土地音乐的抒情性表达，许多民歌、小调通过细腻的描绘，表现了人们对家乡的依恋、对亲人的思念以及对土地的热爱。例如，思乡歌和摇篮曲等音乐作品通过质朴的语言和真挚的情感，传达了深刻的乡愁和亲情，抒发了东北人民的情感世界。再次是黑土地音乐的口语化特征上，歌词中大量使用乡土方言、日常用语，具有浓郁的地方色彩，使得音乐更加生动、接地气，富有文学的表现力与亲切感。总体而言，黑土地音乐文化的文学意蕴通过叙事与抒情的结合，展现了东北人民的生活状态、情感世界与历史记忆，赋予音乐深厚的文化内涵。

历史意蕴：黑土地音乐文化的历史意蕴深刻反映了东北地区人民的历史记忆和集体经历，成为记录和传承东北社会变迁的重要文化载体。它通过音乐展现了东北人民在不同历史时期的生活状态、历史事件以及文化传统，使音乐成为历史与文化传承的桥梁。首先是黑土地音乐承载了"闯关东"移民历史的重要记忆。大量来自中原地区的移民涌入东北，为了开垦广袤的黑土地，他们在艰苦的条件下奋斗生存。音乐通过劳动号子、伐木号子等形式，记录了他们在这片土地上的艰辛劳作与开拓精神，展现了他们对自然的抗争和对美好生活的向往。其次是黑土地音乐反映了东北人民在抗日战争和解放战争中的英勇抗争。许多抗战民歌通过激昂的旋律和富有民族精神的歌词，表达了东北人民在面对侵略时的不屈与顽强。这些歌曲不仅凝聚了抗战精神，也成为历史记忆的一部分，传承了东北人民的爱国主义精神。再次是黑土地音乐还展现了新中国成立后的乡村建设与社会发展。大秧歌、劳动歌曲等音乐形式歌颂了社会主义建设中的集体劳动与丰收喜悦，表现了人们对新生活的憧憬与奋斗精神。综上所述，黑土地音乐文化的历史意蕴通过对移民、抗战、现代化建设等重大历史事件的描绘，不仅记录了历史变迁，也承载了东北人民的集体记忆与民族精神，成为独特的文化遗产。

自然意蕴：黑土地音乐文化的自然意蕴深刻展现了东北大地独特的自然环境与人民生活的紧密联系，体现了人与自然的和谐共处与依存关系。音乐通过描绘广袤的田野、辽阔的森林和四季变换，展现了自然的伟大力量和人们在这种环境中的生存智慧。首先是黑土地音乐中的自然意象十分丰富，四季的变化常常成为音乐创作的重要主题。春天的播种、夏天的劳作、秋天的丰收、冬天的伐木，音乐通过细腻的旋律描绘出东北大地的四季轮回。春耕号子展现了春日里万物复苏的景象，旋律轻快、充满希望；而伐木号子则通过低沉有力的旋律表达了寒冬中的坚韧与不屈，展现了东北冬季的严酷与力量。其次是黑土地音乐反映了东北人民对自然的依赖与感恩。自然不仅是劳动的背景，更是生命的来源。音乐中，土地、森林、河流等自然元素象征着生命的繁衍与延续。人们通过音乐表达了对土地的感恩之情，对丰收的喜悦和对自然馈赠的感激。再次是黑土地音乐中也体现了人们对自然力量的敬畏。特别是在冬季，东北严酷的自然环境让人们深刻感受到自然的无情与伟大，音乐中的旋律常常表现出对自然的顺应与尊重。总的来说，黑土地音乐文化的自然意蕴通过对四季变化、土地和自然力量的描绘，展现了人与自然之间深刻的情感联系与和谐共生的生活哲学。

（四）黑土地音乐文化的生活意象

黑土地音乐文化的生活意象的生活景：黑土地音乐文化的"生活景"展现了东北人民丰富多彩的日常生活，涵盖了劳动场景、自然景观、节日庆典、集体劳动和人间烟火的生活细节。通过这些生活景，音乐生动地再现了东北这片广袤黑土地上人们的生存状态与情感。第一，劳动场景是黑土地音乐文化中最典型的表现。春耕号子、伐木号子等劳动歌曲描绘了东北人民在田间和森林中辛勤劳作的画面。春天的田野，农民们在黑土地上挥汗耕作，号子声整齐有力，反映了人们对丰收的渴望与劳动的坚韧。冬季的伐木场景则通过低沉而厚重的伐木号子，展现了工人在寒冷天气中坚持劳作的景象。第二，自然景观是黑土地音乐中的常见元素，音乐通过旋律表现东北的广袤大地和四季更替。春天的大地复苏、秋天的丰收、冬天的冰雪覆盖，音乐将这些自然景色融入旋律，带给人强烈的自然气息，表现人与自然的和谐共生。第三，节日庆典中的大秧歌是另一个重要的生活景。逢年过节时，村庄里处处洋溢着大秧歌的欢快旋律，男女老少齐上阵，载歌载舞，欢庆丰收与新年。音乐中的欢快节奏展现了东北人民的集体狂欢和对生活的热爱。第四，在人间烟火场景中，音乐也生动地表现了人们的日常互动。无论是集市上的讨价还价，还是邻里之间的亲切对话，黑土地音乐中的轻快旋律与幽默歌词，都流露出东北人民对日常生活的幽默与智慧，展现了他们平凡生活中的欢乐与温情。通过这些生活场景，黑土地音乐文化描绘了东北人民的劳动、自然、节日与日常生活，充满了质朴、乐观和生机勃勃的生活气息。

黑土地音乐文化的生活意象的生活情：黑土地音乐文化中的"生活情"展现了东北人民在劳动、家庭、自然和社会生活中的丰富情感，涵盖了互助合作的劳动情、家庭亲情、人与自然的和谐共生、爱情、友情以及浓厚的乡情。第一，劳动中的互助与合作情感是黑土地音乐中的重要表现。劳动号子、伐木号子等音乐形式通过节奏和旋律，表现了集体劳动中人们的紧密协作与共同奋斗。在伐木工人和农民的号子声中，不仅有劳动的辛苦，更有彼此间的支持与鼓励，表现了东北人民面对艰难环境时的团结精神。第二，家庭亲情是黑土地音乐文化中温暖感人的部分。摇篮曲、思乡歌等作品通过简单的旋律和真挚的歌词，表达了父母对子女的关怀、妻子对丈夫的思念，展现了东北人民质朴而深沉的家庭情感。这些音乐充满了对家人的爱与依恋，传递了家庭的温馨与纽带。第三，人与自然的和谐共生情感也是黑土地音乐的重要主题。音乐中常常描绘广袤的田野、森林与四季的变迁，表现了东北人民对自然的敬畏与感恩。通过大自然的变化，音乐传达了人们对土地和生命的珍视，体现了人与自然的紧密联系。第四，爱情和友情也是黑土地音乐中不可或缺的情感。民间小调、二人转中，常常通过幽默风趣的对唱描绘男女之间的爱情，表现出朴实的浪漫；而在集体劳动和生活中，朋友之间的互助和深厚的友情也得到了生动展现。第五，乡情在黑土地音乐中贯穿始终。许多歌曲充满了对故乡的眷恋与思念，通过音乐表达对家乡黑土地的深深依恋，这种情感成为东北音乐文化中最具代表性的情感符号。通过这些情感的表现，黑土地音乐文化生动展现了东北人民的生活情感世界，充满了温情、坚韧与对生活的热爱。

黑土地音乐文化的生活意象的生活味：黑土地音乐文化中的"生活味"充满了东北人民质朴的生活气息，展现了乡村生活的丰富多样，涵盖了美食的味道、田野的青草味、田园的丰收味和浓厚的人情味。这种生活味通过音乐传递出东北独特的地域文化和人们的生活情趣。首先是黑土地音乐中有着浓郁的美食味。东北是大豆、玉米的产地，丰收后，人们用这些作物制作出各种丰盛的美食，音乐通过歌颂丰收、庆祝丰年，反映了人们对食物的感恩与珍惜。民间小调、二人转中的喜庆场面时常伴随着吃喝，歌曲中表达了丰收之后家家户户大摆筵席的场景，充满了浓郁的乡土美食味。其次是田野的青草味和田园的禾田味是黑土地音乐中最常见的自然元素。音乐中的旋律与歌词描绘出田间地头的清新与丰收景象，农民在春耕时闻着青草的清香，在秋收时感受着沉甸甸的谷物香气，劳动号子、秧歌调等音乐作品通过欢快的节奏表达了这些独特的自然味道。再次是人情味在黑土地音乐中尤为浓厚。无论是集体劳动中的互助合作，还是邻里之间的互动，音乐都通过对话式的演唱形式和诙谐的歌词，展现了人与人之间的温情和团结。二人转中的夫妻打趣、邻里调侃等，也充满了朴实幽默的人情味，让音乐充满了生活的活力。黑土地音乐文化的"生活味"是东北人民在日常生活中与自然、食物和人际关系相互交融的真实写照，这些味道通过音乐展现了东北大地的生机勃勃与人们对生活的热爱。

黑土地音乐文化的生活意象的生活趣：黑土地音乐文化中的"生活趣"充满了东北人民日常生活中的乐趣与生动细节，涵盖了劳动趣、童趣、游戏趣、耕读趣、看戏趣和赶集趣等多方面。这些趣味性场景通过音乐表现出来，展现了东北人乐观、质朴、热情的生活态度。第一，劳动趣是黑土地音乐文化中最常见的趣味性场景。劳动号子、伐木号子等音乐不仅协调劳动中的节奏，还通过幽默的歌词和充满力量的旋律，让辛苦的劳动充满趣味。工人在伐木时用号子彼此呼应，边劳动边调侃，使劳动的单调和辛苦被趣味性的音乐氛围冲淡。第二，童趣和游戏趣在黑土地音乐中表现得生动活泼。许多东北民歌和小调中描绘了孩子们在田野里追逐、捉迷藏的情景，旋律轻松欢快，歌词简单有趣，展现了儿童世界里的天真无邪和欢乐气氛。游戏中的趣味性，通过音乐传递出童年的无忧无虑与美好回忆。第三，耕读趣也通过黑土地音乐得以展现，在东北乡村的日常生活中，农民们不仅重视劳动，还注重子女的读书教育。音乐通过对农耕与读书场景的描绘，表达了"耕读传家"的传统，展现了劳动与学习并存的生活情趣。第四，看戏趣则是乡村娱乐中的一大亮点，二人转等传统表演艺术通过音乐和表演，给人们带来了欢乐。观众看戏时的欢笑和演员之间的调侃，音乐中的诙谐与夸张让看戏成为集体娱乐活动中的重要乐趣。第五，赶集趣也在黑土地音乐文化中占据一席之地。集市上人声鼎沸，交易的热闹场面通过音乐表现得淋漓尽致。音乐中的节奏欢快，反映了集市上人们讨价还价、互相调侃的有趣场景，充满了浓厚的乡土生活味道。黑土地音乐文化的"生活趣"通过多种场景展现了东北人民日常生活中的轻松与愉悦，反映了他们在劳动、娱乐和社交中的欢乐与智慧，充满了对生活的热爱与享受。

二、黑土地音乐文化体系矩阵构建

(一) 黑土地音乐文化数据库的构建

黑土地音乐文化数据库的建设，是一项浩大的工程。黑土地音乐文化数据库建设，就是深入全国各地，就黑土地音乐的理论研究专家、词曲作家采访调研，特别是搜集整理反映东北三省和内蒙古东五区的黑土地音乐作品、影视作品及相关的文学艺术作品、产品、物品，挖掘黑土地音乐文化元素，解码黑土地音乐文化基因，创建一个全方位的多检索功能的黑土地音乐文化数据库、语料库。这是深入开展黑土地音乐文化研究的基础。

(二) 黑土地音乐文化体系矩阵构建

在黑土地音乐文化数据库、语料库建设的同时，从宏观层面分析黑土地音乐文化研究现状，找出黑土地音乐文化存在的主要问题，为政府及相关企业制定黑土地音乐文化发展战略提供理论指导；从学术层面构建黑土地音乐文化体系，为黑土地音乐文化研究者、实际工作者提供数据服务；为黑土地音乐流派构建提供数据支撑。

(三) 从文化形态学视角构建黑土地音乐文化形态体系

文化形态学视域下，黑土地音乐文化体系可分为采摘音乐文化、农耕音乐文化、游牧音乐文化、渔猎音乐文化、工业音乐文化、生活音乐文化、红色音乐文化、现代都市音乐文化等若干种文化形态。通过全面深入地分析这些形态及其相互关系，可以构建黑土地音乐文化形态体系。

(四) 从艺术形态学视角构建黑土地音乐艺术形态体系

从艺术形态学视角分析，黑土地音乐文化可分为音乐形态、表演形态、传承形态、技术形态、教育形态、民俗形态等多种艺术形态，通过全面深入地分析这些形态及其相互关系，可以构建黑土地音乐艺术形态体系。

（五）从文化生态学视角构建黑土地音乐文化生态体系

从文化生态学视角考察黑土地音乐每一个元素的个体、种群、群落、生态系统、生态景观、东北亚文化生态圈，利用生态学原理考察研究黑土地音乐文化生态系统，通过全面深入地分析黑土地音乐个体、种群、群落及其这些形态的相互关系，可以构建黑土地音乐文化生态体系。

（六）从人文地理学视角构建黑土地音乐文化地理体系

从人文地理学视角考察东北民族交往交流交融"三交"情况，通过全面考察黑土地音乐区域空间结构、民族人口特征、聚落文化形态、生产地理依赖、流通传播网络、历史文化记忆及其相互关系，可以构建黑土地音乐文化地理体系。

（七）从文化产业学视角构建黑土地音乐文化产业体系

从文化产业学视角考察黑土地音乐创作生产体系、黑土地音乐表演展示体系、黑土地音乐教育培训体系、黑土地音乐传播营销体系、黑土地音乐与旅游融合体系、资本运作体系，培育黑土地音乐代表性作品、标志性产品，培育黑土地音乐词曲唱领军人物，全产业链培育打造黑土地音乐文化品牌。通过全面深入分析黑土地音乐文化全产业链各核心要素及其这些要素的相互关系，可以构建黑土地音乐文化产业体系。

（八）基于大数据构建黑土地音乐文化 4×6 矩阵体系

依据以上文化形态学、艺术形态学、文化生态学、文化产业学四个视角构建的不同形态的黑土地音乐文化体系，就可以系统构建黑土地音乐文化体系矩阵，如表 7-1 所示。

表 7-1 黑土地音乐文化 4×6 矩阵体系

人文地理学	区域空间结构	民族人口特征	聚落文化形态	生产地理依赖	流通传播网络	历史文化记忆
文化形态学	采摘音乐文化	农耕音乐文化	游牧音乐文化	渔猎音乐文化	工业音乐文化	民俗音乐文化
艺术形态学	音乐形态	表演形态	传承形态	技术形态	教育形态	民俗形态
文化生态学	个体	种群	群落	生态系统	生态景观	东北亚文化生态圈
文化产业学	创作生产体系	表演展示体系	教育培训体系	传播营销体系	文旅融合体系	资本运作体系

黑土地音乐文化 4×6 矩阵体系释义：文化地理学阐述了文化形态学阐述了黑土地音乐从哪里来？艺术形态学阐述了黑土地音乐以何种方式表述。文化生态学阐述了黑土地音乐文化与自然与人群有何互动？文化产业学阐述了黑土地音乐如何转化为现实的文化价值和经济价值。

整个逻辑体系以"黑土地音乐文化"为主体对象，以人文地理学的六类划分为地理—文化互动的基础维度，并在此基础上进行跨学科映射，构建起从黑土地音乐来源（文化形态学）—黑土地音乐表现（艺术形态学）—黑土地音乐环境（文化生态学）—黑土地音乐产业化（文化产业学）的全链条式结构模型。

三、黑土地音乐文化转化实践路径研究

黑土地音乐文化的转化实践路径有数字化传播、与现代音乐结合、文化旅游、非遗保护和商业化开发等多种路径。

（一）数字化传播路径

一是创建黑土地音乐文化数据库，搜集整理黑土地音乐音频、视频、

乐谱等资源，建立黑土地音乐文化数据库，并通过互联网向公众开放；二是加强音频与视频制作，利用现代录音技术，将黑土地音乐的表演录制成高质量的音频和视频，并通过视频网站、音乐平台等进行传播；三是强化虚拟现实与增强现实体验的深度融合，将二人转等表演形式与现代技术相结合，打造沉浸式文化体验，让观众通过 VR 设备感受传统音乐的现场魅力；四是开发数字音乐产品、音乐游戏等，拓宽其传播渠道和市场空间，利用新媒体平台推广黑土地音乐文化，提高其在全国乃至全球的知名度和影响力。

（二）与现代音乐相结合

黑土地音乐可以与现代音乐形式进行融合，创造新的音乐风格，吸引年青一代的关注。首先是跨界合作，通过与流行音乐、电子音乐等现代音乐风格的融合，赋予黑土地音乐新的表现形式，将传统的音乐元素与现代音乐节奏、旋律相结合，形成具有时代感的作品；其次是通过音乐节和现场演出，展示黑土地音乐与现代音乐结合的作品，吸引更多年轻观众对传统音乐文化的兴趣。

（三）教育传承

在学校教育中融入黑土地音乐文化。首先是在中小学音乐课程中设置专门单元介绍黑土地音乐文化，通过教授民歌、舞蹈等方式，让学生了解并喜爱本土音乐文化；其次是在高校开设相关课程或微专业，培养专门研究和传承黑土地音乐文化的人才；再次是在社区和乡村中开展黑土地音乐文化的传承活动，如组织民歌比赛、秧歌表演等，让更多的人参与到本土音乐文化的传承中来。

（四）文化旅游

利用黑土地音乐文化的特色，开发相关文化旅游产品。一是举办黑土地音乐节、黑土地音乐会等活动，吸引游客前来体验黑土地音乐文化；二是设计以黑土地音乐为主题的旅游线路，让游客在欣赏美景的同时，亲身体验音乐表演、参与音乐活动；三是创建黑土地音乐工作坊、沉浸式互动体验厅等音乐研学课程，让更多人了解并参与黑土地音乐的演奏和表演；四是将黑土地音乐元素融入文创产品中，开发音乐文化衍生品，让传统音乐融入现代生活；五是将黑土地音乐引入影视、动画、游戏等领域，通过音乐的叙事性与情感表现力，提升传统文化在这些产业中的应用。

（五）非遗保护

设立专项资金支持黑土地音乐非遗保护传承，支持黑土地音乐非遗进校园、进社区、进景区；实施黑土地音乐非遗与文化旅游相结合行动计划，实现黑土地音乐赋能文旅产业高质量发展。

（六）学术研究

在实践中，离不开学术研究的支持。通过加强对黑土地音乐文化的研究，可以为其传承与创新提供理论依据。首先是开展黑土地音乐学研究，深入研究黑土地音乐的结构、旋律、乐器等，通过学术论文、著作等形式传播研究成果，扩大其影响力；其次是开展黑土地音乐文化研究，探讨黑土地音乐与地域文化、历史变迁的关系，挖掘其深层次文化内涵，为传承和创新提供文化根基。

四、吉林省红色音乐文化创造性转化创新性发展研究

（一）吉林省红色音乐文化资源现状与问题

吉林省红色音乐文化资源的现状：吉林省拥有丰富的红色音乐文化资源，这些资源主要源自中国抗日战争、解放战争和新中国成立初期巩固新

生革命政权的斗争。在这些历史时期，吉林省涌现了大量的革命歌曲、战斗民歌和反映东北人民抗战精神的音乐作品，这些歌曲不仅具有浓厚的地方特色，还反映了革命的历史进程和人民的斗争意志。一是革命历史歌曲，吉林省的红色音乐文化中，最具代表性的就是革命历史歌曲。著名的歌曲如《松花江上》《东北人民革命歌》《杨靖宇将军歌》等，反映了抗日战争和解放战争期间，东北人民在中国共产党领导下进行反抗斗争的历史。这些歌曲以鲜明的政治立场和革命精神，鼓舞了无数人投身于民族解放的洪流中。二是红色戏曲与民间音乐，在吉林省的红色文化中，戏曲与民间音乐也占有重要位置，尤其是结合当地满族、朝鲜族和蒙古族等少数民族文化创作的革命戏曲和民歌。红色戏曲在战争年代不仅是民众娱乐的一部分，也成为革命宣传的重要工具。例如，《红灯记》《白毛女》等戏曲通过音乐表现了革命精神，激励了无数东北人民。三是红色庆典与纪念音乐，吉林省通过举办各种红色庆典活动传播红色音乐文化。在抗战胜利纪念日、国庆节等重大节日中，吉林省各地广泛组织红歌比赛、纪念演出等活动，通过红色歌曲再现历史，传承革命精神。这些庆典音乐是弘扬爱国主义精神和革命传统的重要形式。四是吉林老工业基地音乐，吉林老工业基地音乐是指在吉林省特定的历史背景下，伴随着工业化进程而形成的独特音乐文化。吉林作为中国重要的老工业基地之一，其音乐文化不仅反映了工人阶级的奋斗精神，也见证了中国工业化发展历程中的种种变化。通过音乐，老工业基地的工人们表达了他们的生活、情感、斗争与希望，这种音乐文化成为吉林工业历史的重要组成部分。

　　吉林省红色音乐文化面临的问题：尽管吉林省红色音乐文化资源丰富，但其发展和传播仍面临一些挑战和问题：一是资源挖掘不足，吉林省红色音乐文化的资源虽然丰富，但由于系统性挖掘不足，许多宝贵的红色音乐作品未能得到充分的保护和利用。部分珍贵的革命歌曲和民间音乐未能很好地传承，许多历史悠久的红色音乐资源逐渐被遗忘。二是形式单一，缺乏创新，目前，吉林省的红色音乐文化主要以传统形式进行传播，表现方式较为单一，缺乏与现代文化的融合和创新。在音乐的表现形式上，仍以传统演唱、合唱等形式为主，未能与现代音乐形式相结合，难以吸引年青一代的关注和参与。三是数字化传播滞后，在新媒体和数字技术快速发展的时代，吉林省红色音乐文化的传播渠道相对滞后，未能充分利用互联网、社交媒体、短视频等平台进行推广和传播。传统的宣传方式难以触及年轻群体，导致红色音乐文化在社会大众尤其是年青一代中的影响力有所下降。四是市场化和文化产业化不足，吉林省红色音乐文化的开发仍主要集中在公益性文化活动，市场化程度较低，未能充分发挥文化产业的作用。缺乏与文创产业、旅游产业的深度结合，导致红色音乐文化的经济价值未能充分挖掘，也制约了其长远发展。

（二）吉林省红色音乐文化的创造性转化发展对策

保持核心精神内涵，适应现代社会需求：首先是传承红色精神，更新表达方式，红色音乐文化的核心是革命精神和爱国主义，这些精神内涵在创造性转化过程中必须保留。通过新的方式将这些精神融入现代社会，使其符合当代的审美需求。例如，可以根据现代社会热点、时代精神创作新的红色音乐作品，结合现代音乐元素，创作反映当代社会与革命精神相契合的新作品，确保红色文化在新的时代仍能吸引年轻人。其次是挖掘地方特色，丰富红色音乐形式。吉林省是多民族聚居地，红色音乐文化的创造性转化可以充分融合当地的民族音乐特色，如满族、朝鲜族、蒙古族等音乐元素，丰富音乐的表现形式。在保留革命精神的同时，结合这些民族的音乐风格，创作出既具地方特色又富有时代感的红色音乐作品，从而丰富吉林红色音乐文化的表现形式，增强其吸引力。

加强红色音乐与新媒体融合：利用互联网和新媒体扩大传播渠道，红色音乐文化的创造性转化可以通过新媒体平台，如短视频、直播、社交媒体等进行传播。特别是利用年轻人喜欢的短视频平台，通过红歌挑战、线上演唱会、音乐互动等方式，扩大红色音乐文化的传播范围，增强其社会影响力。同时，借助新技术手段，如虚拟现实和增强现实，将红色音乐与革命历史场景相结合，提供沉浸式体验，增强观众的互动感。

加强红色音乐文化教育与传承：推动红色音乐进入校园教育体系，红色音乐文化可以通过校园教育的方式进行传承。在中小学和高校中加强红色音乐课程的建设，将经典红色歌曲与革命历史结合，通过合唱、音乐剧等形式，使学生在实践中深入理解红色文化的精神内涵。同时，鼓励学校开展红歌比赛、红色音乐剧表演等活动，培养年青一代对红色音乐文化的兴趣与认同。

（三）吉林省红色音乐文化的创新性发展对策

引入现代音乐元素，拓展音乐风格：融合多种音乐风格，创作新的红色音乐作品，红色音乐文化的创新性发展可以通过融入现代音乐风格来实现，如将红色歌曲与流行音乐、电子音乐等相结合，创造出新的音乐作品。这种融合不仅能够保留红色文化的核心精神，还能够通过新的音乐风格吸引更多的年轻观众。例如，创作红色音乐与流行文化相结合的歌曲，通过与现代歌手、音乐制作人合作，让传统红色文化与现代音乐对话，形成新的文化形式。

跨界合作，推动红色音乐与其他艺术形式融合：推动红色音乐与影视、戏剧、动漫等艺术形式融合，红色音乐文化可以通过跨界合作，融入其他艺术形式，例如影视、戏剧、动漫等。通过将红色音乐作为影视剧、动画、游戏的背景音乐或主题曲，不仅可以增强红色音乐的表现力，还能够通过这些流行艺术形式提升红色文化的传播力和影响力。同时，制作红色音乐题材的音乐剧、歌舞剧等，吸引观众参与观看，增强红色音乐文化的互动性与娱乐性。

打造文化创意产业，推动红色音乐市场化发展：开发红色音乐文创产品，提升文化经济价值，红色音乐文化的创新发展可以通过文化创意产业的途径实现，开发富有创意的红色音乐文创产品。例如，制作与红色歌曲相关的文化周边，如红色音乐主题的纪念品、服饰、乐器模型等，通过线上线下结合的方式推广销售，推动红色音乐文化的市场化发展。同时，可以结合吉林省丰富的红色旅游资源，开发红色音乐文化旅游项目，在红色景区中举办红色音乐节、演唱会等活动，将红色音乐与旅游经济相结合，提升文化经济价值。

利用数字技术，打造沉浸式红色音乐体验：运用虚拟现实和增强现实技术创新红色音乐传播：随着数字技术的发展，红色音乐文化可以通过虚拟现实和增强现实技术打造沉浸式音乐体验。例如，通过 VR 技术还原革命历史场景，观众可以在虚拟环境中聆听红色歌曲，感受历史氛围；或通过 AR 技术增强红色音乐的视觉表现，使观众在观看红色音乐表演时获得全新的感官体验。这样的创新形式不仅提升了红色音乐的表现力，还增强了其传播的互动性和吸引力。

（四）吉林省老工业基地音乐文化创造性转化创新性发展对策

吉林省作为中国老工业基地之一，其音乐文化在伴随着工业化进程的过程中产生了深厚的历史积淀和独特的艺术表现形式。为了让这些音乐文化在新时代焕发新的生机，促进其创造性转化创新性发展，提出以下具体的对策：首先是吉林省相关部门就《吉林省老工业基地音乐文化资源挖掘整理与创造性转化创新性发展研究》立项，予以资助，项目组深入老工业基地相关部门、社区调研搜集相关文献资料，构建老工业基地音乐文化资源库。其次是研究提炼老工业音乐文化核心精神内涵，制定创造性转化创新性发展对策。再次是政府相关部门及相关企业组织编制老工业基地音乐文化开发行动计划，组织开发利用，构建传播矩阵，增强老工业基地音乐的社会影响力，增强吉林省文化软实力，助力吉林省经济高质量发展。最后是组织大型工人音乐节，打造文化品牌，定期举办"吉林老工业基地音乐节"等大型文化活动，将工人音乐与现代流行音乐、摇滚音乐相结合，吸引不同年龄层的观众参与。通过工人合唱团、流行歌手的共同演绎，提升音乐节的吸引力，将其打造成吉林省独特的文化品牌。

第七节　吉林省梅花鹿文化旅游产业链发展对策建议

一、吉林省梅花鹿文化创意产业发展现状问题对策

（一）吉林省梅花鹿文化创意产业发展现状

资源基础雄厚：吉林省是中国梅花鹿养殖和相关产品的重要生产基地，尤其是长白山地区，拥有得天独厚的自然条件和优质的生态环境，适合梅花鹿的生长。吉林省不仅梅花鹿的数量在全国占据前列，鹿茸、鹿胎、鹿血等产品在国内外市场享有较高的声誉，形成了较为完整的产业链。

传统养殖与现代化结合：梅花鹿养殖历史悠久，特别是长白山、长春双阳、辽源东丰的鹿文化根基深厚。近年来，吉林省的梅花鹿养殖逐步与现代技术相结合，养殖企业不仅注重传统养殖方式的传承，还引入了现代化饲养技术，大幅提升了鹿茸、鹿角等产品的质量与产量。目前，吉林省许多梅花鹿养殖场已实现规模化和标准化运营，促进了鹿产品的多元化发展。

产业规模逐步扩大：目前，吉林省已形成了从梅花鹿养殖、鹿产品加工到文化旅游融合发展的完整产业链。梅花鹿相关产品涵盖鹿茸、鹿血、鹿胎、鹿骨等滋补品，产品形式不断多样化，进入了滋补品、保健品和高端养生市场。此外，梅花鹿文化与生态旅游、养生体验等领域的结合，也使得该产业逐步走向文化创意产业化的道路。

文化品牌逐渐提升：吉林省通过挖掘梅花鹿的历史文化价值，推动了梅花鹿文化品牌的提升。以长白山、长春双阳、辽源东丰为核心，结合当地丰富的生态资源，梅花鹿逐渐成为吉林省的标志性文化符号。特别是在文化旅游和文创产品的开发方面，梅花鹿主题的文创产品如旅游纪念品、健康产品逐渐受到市场的青睐。

文化旅游融合发展：吉林省积极推动梅花鹿文化和旅游产业的融合，打造了多个与梅花鹿相关的旅游项目，如梅花鹿观光园、鹿文化博物馆、梅花鹿养生基地等。这些项目通过展示梅花鹿的养殖、加工及历史文化，丰富了旅游内容，吸引了大量游客前来参观与体验，推动了当地经济和旅游业的发展。

（二）吉林省梅花鹿文化创意产业存在的问题

尽管吉林省梅花鹿文化创意产业在近年来取得了一定的进展，但仍面临诸多挑战和问题，主要体现在以下几方面：

品牌建设和推广不足：尽管吉林省拥有丰富的梅花鹿资源，但整体品牌知名度依然不足。多数梅花鹿产品企业缺乏全国性、国际性的品牌效应，无法在高端市场和国际市场上形成足够的竞争力。品牌宣传和市场推广手段传统，未能有效利用新媒体和数字化营销手段，导致品牌影响力局限于区域内。

产品存在同质化现象：梅花鹿产业产品种类单一，同质化现象明显。大部分企业的产品集中在鹿茸、鹿胎、鹿血等传统滋补品，缺乏差异化的创新产品。创新不足导致市场竞争加剧，消费者的选择余地小，难以吸引年轻消费群体。

文化创意挖掘不足：虽然梅花鹿文化具有丰富的历史和文化内涵，但文化创意产业的挖掘不够深入。文化产品的开发以传统产品为主，缺乏对梅花鹿文化的现代化解读和创意呈现，文化与商业的结合度不高。尤其在文化旅游项目中，文化体验的深度和参与性较弱，无法形成有吸引力的文化旅游品牌。

产业链整合度不高：梅花鹿文化创意产业的上下游产业链整合不足，尤其在生产加工环节与文化创意、市场销售之间缺乏紧密联系。部分企业缺乏全产业链运作的能力，导致产品附加值低、市场竞争力不强。

科技创新能力不足：吉林省梅花鹿产业在科技创新和产品研发方面相对滞后，未能充分利用现代生物技术、数字化技术等手段提升产品质量和研发水平。技术瓶颈限制了产业向更高附加值和更广阔市场的拓展。

（三）吉林省梅花鹿文化创意产业发展对策

加强品牌建设与推广：通过整合资源，打造全省统一的梅花鹿文化品牌，推动品牌的全国化和国际化。借助社交媒体、电商平台等新兴渠道进行多样化的数字营销，利用文化创意和故事化营销手段，提升梅花鹿品牌的知名度与影响力。同时，鼓励企业参与国内外展会和文化交流活动，扩大市场份额。

推动产品创新与差异化发展：大力推动产品研发，丰富梅花鹿产品种类，开发适合现代生活方式的创新产品，如功能性食品、健康保健品、文创产品等。加大研发投入，利用科技手段提升产品的附加值和创新性，满足消费者多样化需求，拓展市场空间。

加大文化创意与产业融合：深挖梅花鹿文化的历史、传说、医药价值等文化内涵，结合现代创意设计，打造有文化深度的创意产品。通过文化创意赋能梅花鹿产业，推出更多文创产品和文旅项目，增强产品的文化属性和市场吸引力。鼓励文化旅游与梅花鹿文化的深度融合，提升游客的文化体验和参与感。

加强产业链整合与合作：推动梅花鹿产业上下游的深度整合，形成养殖、加工、创意、旅游、销售一体化的产业链。加强企业间的合作与资源共享，构建更加完整和高效的产业生态系统，提升整体竞争力和市场表现力。

提高科技创新能力：加大对梅花鹿产业的科技创新投入，尤其是在生产工艺、产品研发和质量控制等领域。积极引入现代生物科技、智能制造等先进技术，提升产品的研发水平和生产效率，推动产业的现代化转型。同时，加强产学研合作，推动科研成果向市场转化，增强产业的技术创新能力。

二、吉林省梅花鹿文化旅游产业链发展对策建议——以长春市双阳区为例

（一）构建双阳梅花鹿文学艺术作品体系

建立双阳梅花鹿文化研究院：在双阳区建立梅花鹿文化研究院，为挖掘和整理梅花鹿相关文化资源提供重要平台。研究院应重点收集与梅花鹿有关的地名、河名、山名背后的故事，展示鹿文化在地方历史中的重要地位。同时，整理成语、俗语、谚语及与梅花鹿相关的神话故事和民间传说，汇编并建立梅花鹿文化语料库，为后续开发文化产品和推动文创产业提供坚实的文化基础。

挖掘文化题材，建立创作素材库：深入挖掘梅花鹿的文化内涵，搜集其与地方经济、民俗文化密切相关的历史素材。通过整理梅花鹿养殖的历史发展脉络和民间故事，构建一套丰富的创作素材库，为文学、影视等文艺作品提供创作灵感，推动梅花鹿文化的现代表达。

编辑创作鹿文化系列文学作品：政府应出台扶持政策，鼓励作家和艺术家创作与梅花鹿相关的文学和艺术作品。支持创作包括小说、诗歌、儿童文学以及鹿文化主题的绘画、雕塑等作品，展现梅花鹿的形象美学与文化价值。结合梅花鹿的历史传说和地方文化，创作适合多年龄层的艺术作品，丰富鹿文化的表现形式。

设立梅花鹿主题美术创作基地：设立梅花鹿主题美术创作基地，鼓励

画家、雕塑家和摄影师以梅花鹿为主题进行创作。基地可以设立鹿皮画博物馆，集中展示双阳鹿皮画的历史和技艺，并鼓励艺术家将梅花鹿文化融入国画、雕塑、摄影等艺术形式，通过定期展览提升鹿文化的艺术影响力。

（二）构建双阳梅花鹿影视作品体系

建设"皇家鹿苑"影视拍摄基地：依托双阳的梅花鹿资源和自然环境，建设集文化展示与影视拍摄功能于一体的"皇家鹿苑"影视基地。基地应设有仿古园林区、森林栖息区等多种拍摄场景，吸引古装剧、纪录片和现代影视作品的拍摄。同时，配备专业影视拍摄设备和后期制作设施，提供一站式服务，吸引国内外剧组拍摄，提升双阳的文化旅游知名度。

拍摄鹿文化影视剧、舞台剧、微短剧：以梅花鹿文化为背景，拍摄影视剧和舞台剧，结合双阳的自然风光和文化背景，讲述人与鹿和谐共处的传奇故事。影视剧可以突出梅花鹿在历史中的象征性，舞台剧则通过舞蹈、音乐、服装等多样化的艺术表现，展现梅花鹿的优美形象与文化内涵。微短剧则通过梅花鹿神话故事、"皇家鹿苑"故事，讲述双阳梅花鹿历史文化。

开发鹿文化科普片：开发鹿的食用价值与药用价值，并拍摄相关科普片。通过展示梅花鹿在中医药和饮食中的独特贡献，介绍鹿产品的健康优势，科普鹿文化的历史渊源和现代应用。科普片不仅能提升鹿产品的市场认知，还能促进健康消费理念的普及。

（三）构建双阳梅花鹿文创产品体系

构建梅花鹿文化IP品牌体系：打造具有地方特色的梅花鹿文化IP品牌，深入挖掘梅花鹿的历史与文化价值。通过开发梅花鹿主题的文创产品、健康食品和旅游项目，构建多元化的产品矩阵。品牌推广应结合传统与新媒体，通过短视频平台、社交媒体等渠道，提升品牌互动性和知名度，增强文化影响力。

创建梅花鹿主题文创产品线：围绕梅花鹿的形象与文化背景，设计一系列文化周边产品，如饰品、文具、家居摆件等。此外，还可以结合健康与时尚，开发鹿茸保健品、护肤品等高附加值产品，满足现代消费者的多样化需求。

构建全媒体营销体系：建立传统媒体与新媒体相结合的全媒体营销体系，通过电视、报纸等传统渠道提升品牌权威性。同时利用社交媒体、直播等形式进行精准营销，结合线上旗舰店，推动产品销售。通过策划线上线下联动活动，吸引更多消费者参与，增强品牌黏性。

（四）构建双阳梅花鹿文旅融合新体系

培育打造鹿文化特色小镇：深入挖掘梅花鹿的历史渊源与文化价值，打造以梅花鹿为主题的文化小镇。小镇应结合梅花鹿养殖、保健品开发、生态旅游等多元化产业，营造沉浸式的文化体验。同时，通过数字化营销推广小镇的特色资源，吸引更多游客。

打造梅花鹿文化主题博物馆群：设立以梅花鹿为主题的多馆联动博物馆群，包括梅花鹿历史文化博物馆、梅花鹿酒文化博物馆、鹿皮画博物馆等，展示梅花鹿的历史文化价值和生态价值。结合现代科技，如 AR/VR 互动，提升游客的参与感，并通过文创产品销售增加经济效益。

构建梅花鹿文化旅游线路：设计以梅花鹿为核心的文化旅游线路，将游客带入鹿场、博物馆和文化展馆，结合双阳的自然风光和特色美食，提供丰富的文化和生态旅游体验。通过打造节庆活动和特色菜品，增加游客的参与感和趣味性，推动文化和旅游深度融合。

举办鹿文化节庆赛事活动：定期举办梅花鹿文化节庆和赛事活动，如鹿文化摄影大赛、民间手工艺制作比赛等，结合传统民俗表演和体育赛事，丰富节庆内容。同时，利用节庆活动推动文创产品和鹿制品销售，提升文化活动的经济效益。

推动"梅花鹿＋"多产业融合：通过"梅花鹿＋健康产业""梅花鹿＋文创产业"等模式，实现多产业融合发展。打造梅花鹿保健品、食品、文创产品的完整产业链，同时结合电商平台推广，推动线上线下融合发展，提升鹿产品的市场覆盖面与品牌影响力。

第八节　吉林省科幻产业赋能长白山
文旅产业发展对策建议

一、世界科幻产业赋能文旅产业发展现状

（一）全球科幻产业的崛起与文旅产业的融合背景

科幻产业在全球范围内逐渐崛起，不仅通过文学、影视、动漫、游戏等形式进入主流文化，还形成了庞大的产业链，涵盖周边产品、主题乐园、互动体验等。随着科幻作品的影响力不断扩大，科幻产业逐渐与旅游产业产生了深度融合。科幻文化的未来感、科技感与文旅产业的沉浸式体验相结合，不仅为旅游项目注入了创新活力，也推动了旅游景区的多元化和娱乐化发展。科幻作品具有强大的世界观设定和丰富的想象力，能够为旅游产业带来全新的内容和体验。通过科幻IP的植入和科技元素的融合，旅游产业不仅能够提升其吸引力，还能延展体验深度，满足游客对沉浸式、互动性强的旅游体验需求。因此，科幻产业赋能文旅产业已成为全球文化和旅游发展的新趋势。

（二）世界科幻产业赋能文旅产业的典型案例

美国是科幻IP与主题乐园深度融合最为发达的国家之一，尤其是在

科幻IP主题乐园的建设和开发方面，取得了显著的成功。

迪士尼乐园与《星球大战》主题乐园：迪士尼公司通过收购《星球大战》系列，将这一经典科幻IP引入迪士尼乐园。2019年，迪士尼推出了"星球大战：银河边缘"主题乐园，这一项目通过还原《星球大战》中的经典场景，如千年隼飞船、星际战斗等，为游客带来了沉浸式的科幻冒险体验。游客不仅可以在电影场景中进行互动，还能参与定制的星战体验，感受电影中的虚拟世界。这种科幻IP与主题乐园的深度融合，不仅提升了迪士尼乐园的吸引力，还带动了相关文创产品的销售和衍生内容的开发。

环球影城与《侏罗纪公园》及其他科幻IP：环球影城通过与《侏罗纪公园》《终结者》《回到未来》等知名科幻电影IP的合作，构建了丰富的科幻场景。比如，《侏罗纪公园》主题区还原了电影中恐龙世界的生态系统，让游客感受到科幻与冒险的刺激感。游客不仅可以观赏虚拟恐龙，还能通过互动设备与恐龙互动。通过科幻IP的植入，环球影城成功提升了游客的参与感和景区的独特性。

日本的动漫文化与科幻产业高度发达，科幻题材的动漫作品在全球范围内有着广泛的影响力。这种动漫科幻文化与日本的旅游产业深度融合，为文旅产业赋能提供了新的发展方向。《机动战士高达》系列与实景展览，作为日本代表性的科幻IP之一，《机动战士高达》系列不仅推出了多部科幻动画作品，还通过大型高达模型的展示与实景展览吸引了大量游客。东京台场的"高达基地"展出了一座1∶1比例的高达模型，并设有虚拟驾驶体验区，游客可以体验驾驶高达的快感，增强与动漫世界的互动。这种虚拟与现实的结合，吸引了众多高达迷前来打卡，推动了当地的文旅产业发展。奥特曼主题展览与活动，作为日本另一个经典科幻IP，奥特曼系列通过主题展览、互动体验等方式融入了旅游场景。日本在多个城市举办奥特曼主题展览，展示奥特曼的历史、电影场景以及特效技术，游客还可以与虚拟的奥特曼和怪兽互动，感受到经典科幻作品的魅力。这类科幻展览不仅吸引了科幻迷，还成为当地文化旅游的重要组成部分。

阿联酋迪拜未来博物馆展示了未来科技与科幻文化的完美结合。博物馆采用最先进的虚拟现实、增强现实技术，通过一系列互动展览让游客体验未来的生活方式。博物馆内展示了智能城市、太空探索、人工智能等未来场景，游客不仅可以观赏，还能亲身参与未来科技的体验。这一项目为迪拜的科幻旅游增添了浓厚的科技感和未来感。

中国也已开始科幻电影赋能文旅发展的新尝试，2019年《流浪地球》上映后，多个城市举办了该影片的主题展览和科幻互动活动。展览中展示了电影中的模型、道具、概念设计等，并通过虚拟现实技术让游客亲身体验影片中的末日场景和未来科技。这类展览不仅吸引了大量影迷，也为文旅产业引入了科幻元素，推动了国内科幻产业与旅游的结合。海南凭借其独特的地理和旅游资源，推出了海南国际科幻电影节，吸引了国内外科幻爱好者和影视从业者。电影节期间，海南推出了一系列与科幻相关的旅游活动，将科技、科幻与海南的自然美景相结合，形成了独特的旅游产品，提升了海南作为文旅目的地的吸引力。《黑神话：悟空》以中国经典文学《西游记》为灵感，将中国传统神话、武侠与现代科技融合，展现了一个极具东方美学的虚拟世界。山西作为中国历史悠久、文化底蕴深厚的省份，拥有丰富的旅游资源，如五台山、云冈石窟、悬空寺等，这些文化景点与《黑神话：悟空》所描绘的神话背景、历史场景有着天然的契合点。通过游戏与山西旅游的深度融合，带动山西旅游火爆出圈。

（三）科幻IP与旅游资源的深度开发

科幻IP的深度开发已经成为文旅产业的重要趋势，全球范围内的知名科幻IP通过授权合作、主题公园、展览等形式赋能旅游产业。如《星球大战》《复仇者联盟》《流浪地球》等，通过与旅游产业的合作，推出一系列主题活动和衍生产品，推动了科幻IP的全球化和本地化发展。通过

IP 的跨界合作，旅游目的地得以吸引更多游客，同时也能通过销售周边产品和互动体验项目提升收益。

二、科幻产业赋能文旅产业的挑战与路径对策

尽管科幻产业与文旅产业的融合发展前景广阔，但也面临着一系列挑战。

（一）科幻产业赋能文旅产业的挑战

技术成本与应用门槛：科幻文旅项目需要大量前沿科技的支持，VR、AR、人工智能等技术的应用成本较高，且技术设备需要不断升级，如何降低成本并保持技术更新是产业面临的挑战。

内容创新与持续性：科幻文旅项目依赖于不断创新的内容，如果没有持续的创意输出，可能会迅速失去吸引力。需要通过与科幻创作者、IP拥有者的合作，持续更新内容，保持游客的新鲜感。

适应与本地化融合：科幻 IP 通常具有强烈的未来感和超现实性，但在与不同地区的文化融合时，可能会面临文化适应问题。科幻文旅项目需要在全球化与本地文化之间找到平衡，确保在全球推广时不会忽视地方文化的独特性。

（二）科幻产业赋能文旅产业的对策

科幻产业作为文化创意产业中的重要组成部分，具有独特的未来感和科技感，其与文旅产业的融合能够为传统旅游项目注入新的活力。为实现科幻产业对文旅产业的赋能发展，可以从以下四个路径推动这两大产业的深度融合。

打造科幻主题景区：通过科幻 IP 的植入，可以为传统旅游景区增添

新的文化内涵。知名的科幻影视、小说或游戏 IP，如《星球大战》《三体》《流浪地球》《黑神话：悟空》等，具备庞大的粉丝群体，将这些科幻 IP 引入旅游景区，可以打造具有强烈科幻氛围的主题乐园、博物馆或互动体验区。科幻主题景区能够提供沉浸式体验，让游客亲身参与科幻故事中的冒险、战斗和解谜，增强互动性和趣味性。

科技赋能旅游项目：科技的进步是科幻文旅融合的关键。通过引入虚拟现实、增强现实以及人工智能等前沿科技手段，旅游景区可以为游客提供全新的互动体验。VR 设备可以让游客进入虚拟的科幻世界，如体验宇宙航行、星际战斗等场景；AR 技术则可以在现实场景中加入虚拟科幻元素，让游客通过手机或 AR 眼镜看到虚拟角色或物件的投影，增加旅游过程中的互动感和科技感。

科幻 IP 开发与文创产品创新：科幻 IP 不仅是娱乐项目的重要内容源，也为文旅产业提供了丰富的文创开发机会。旅游景区可以开发与科幻 IP 相关的文创产品，如科幻主题的纪念品、手办、角色模型等，满足游客的购买需求。与科幻影视或游戏公司合作推出限定版周边产品，将增强游客的消费体验并增加景区收入。

科幻文化与科普教育结合：科幻文旅不仅是娱乐产业的一部分，还可以通过科普教育推动社会发展。科幻景区可以结合科幻 IP 中的科学概念，开展科普展览、科学体验活动等项目，向游客普及天文、物理、未来科技等相关知识。通过这种方式，科幻产业不仅能为文旅产业提供娱乐内容，还能提升文化价值与社会意义。

三、科幻电影《长白云顶天宫》赋能长白山文旅产业发展对策建议

电影《长白云顶天宫》将以南派三叔的《盗墓笔记》中的"云顶天宫"故事为蓝本，借助长白山独特的自然景观与深厚的文化底蕴，展开一次科

幻与探险相结合的故事创作。通过将长白山火山地貌、天池水源故事、鸭绿江、图们江、松花江三江源的传说、人参、矿泉、松花石、长白山新三宝以及当地民间故事与非物质文化遗产相结合，电影不仅会展现长白山的自然奇观与文化深度，还将拍摄地留作永久性的旅游景点，推动长白山文旅产业的创新与升级。

（一）电影创作与长白山文化资源的深度融合

加强与原作内容的结合：以《盗墓笔记》中的"云顶天宫"为基础，将长白山的自然风貌和文化元素与科幻探险相融合。在影片创作初期，邀请专业编剧团队深入长白山地区进行实地考察，挖掘当地文化传说、自然景观，增强剧情的真实感与文化深度。

场景设计与文化符号的结合：在电影中展现长白山独特的火山地貌、天池景象、三江源水系、松花石等，通过电影美术设计和特效技术，将这些自然与文化符号进行艺术化再现，塑造独具特色的视觉场景。

加入当地民族文化：融入长白山地区朝鲜族和满族的民俗文化，展示其服饰、传统节庆、歌舞等，增加电影的文化厚度，并吸引对少数民族文化感兴趣的观众。

（二）外景地保留与文旅结合

保留拍摄场景，转化为旅游景点：在电影拍摄结束后，保留重要的拍摄场景，如"天宫遗址"、火山口、天池营地等，通过修复和包装，使其成为永久性的旅游打卡地。景区需增加指引标识、观景台、游客安全防护设施等设施，保障景区的可持续运营。

创建"电影体验"旅游线路：以电影剧情为线索，开发一条独特的"探险旅游路线"，游客可以沿着电影中的探险路径，亲身体验电影中的探险过程。通过将电影元素与景区活动结合，增加景区的趣味性与互动性。

VR/AR 互动体验引入：在景区设置 VR/AR 互动设备，游客可以通过虚拟设备重现电影中的精彩探险片段，如进入天宫内部、解锁古代机关、与天池怪兽对战等场景，增加沉浸式体验，吸引年轻游客。

（三）文创产品开发与销售

电影 IP 授权开发：基于电影中的角色、场景、元素，授权开发一系列周边文创产品，如电影角色模型、松花石工艺品、电影纪念 T 恤、特色服饰等。同时，可以开发与人参、矿泉水等长白山特产相关的健康食品、养生产品，增加电影 IP 的附加价值。

线上线下销售结合：除了在景区内设置文创商店销售纪念品，还应通过电商平台进行销售，特别是面向外地游客提供线上订购服务，扩大消费市场。

（四）旅游品牌建设与推广

借助电影的全球影响力打造旅游品牌：通过电影《长白云顶天宫》宣传长白山的自然景观、文化资源。在电影上映前后，可以通过举办影迷见面会、打卡挑战赛、探险活动等，吸引游客和影迷前往长白山打卡体验。

全球化推广策略：通过社交媒体平台，如抖音、微博、YouTube 等，开展系列推广活动。可以发布长白山幕后拍摄花絮、明星探班视频、电影故事与长白山文化渊源的解读等内容，吸引全球观众对电影拍摄地的兴趣，提升长白山的全球旅游知名度。

（五）文旅融合的体验与拓展

开发长白山文化深度体验项目：电影拍摄结束后，围绕电影设定的"天宫"和探险主题，开发相关文化体验项目，如"天宫秘境探险之旅""天池怪兽 VR 体验"等。同时，结合长白山的自然资源和文化特产，开发以健康养生为主题的文旅项目，如人参养生体验、中草药文化研学等。

节庆活动和电影IP结合：依托电影热度，定期举办"长白云顶天宫"主题的节庆活动，如电影首映礼、影迷探险节等，通过明星效应和互动体验，吸引更多的观众和游客参与。

（六）与相关产业的联动发展

推动"影视＋文创＋旅游"联动：整合电影拍摄场景与长白山特有的文旅资源，推动影视、文创与旅游产业的跨界合作。通过与影视公司、文化创意公司、旅游公司合作，共同打造影视旅游景区和体验项目，推动长白山文旅经济的发展。

加强餐饮、住宿等服务配套：为了吸引更多游客，提升景区的体验感，需大力发展周边的餐饮、住宿、娱乐等相关配套产业。例如，推出电影同款美食，并提升景区周边的酒店、民宿等服务质量，提供优质的全方位旅游体验。

（七）经济效益与社会效益双丰收

带动地方经济发展：通过电影《长白云顶天宫》赋能长白山文旅产业，不仅能大幅提升长白山的旅游吸引力，吸引大量国内外游客前来参观，还能带动地方餐饮、住宿、交通等相关行业的蓬勃发展，形成良性文旅经济循环。

推动文化传播与产业升级：通过电影与长白山自然资源、文化资源的深度结合，推动长白山非物质文化遗产和自然文化符号的传播。同时，通过文创产品的开发与品牌打造，推动当地文化产业的转型升级，实现文旅产业的长远发展。

第八章　长春文化创意城建设发展策略

第一节　长春文化创意城实施纲要研究

一、文化创意产业的基本内涵

文化及相关产业是指为社会公众提供文化产品和文化相关产品的生产活动的集合。主要包括两部分内容：一是以文化为核心内容，为直接满足人们的精神需要而进行的创作、制造、传播、展示等文化产品的生产活动。具体包括新闻信息服务、内容创作生产、创意设计服务、文化传播渠道、文化投资运营和文化娱乐休闲服务等活动。二是为实现文化产品的生产活动所需的文化辅助生产和中介服务、文化装备生产和文化消费终端生产等活动。

文化产业链的上游是创意、是金点子，是内容创作，形成的产品是"本子"，通过文学家、艺术家把这个"本子"加工创作形成了电影、电视剧、舞台剧等各种文艺作品或雕塑等艺术产品。由于文化产业的核心是创意，创意的核心是版权，因此，文化产业具有"创意为王""内容为王"的产业特质。所以，文化产业又叫"文化创意产业"或"内容产业"，美国叫版权产业。中游是播放媒体和平台，包括报刊、广播、电视、网络等，下游是衍生品开发和文化制造，是对文艺作品或艺术作品中形成的文化IP进行再创作，形成新的文艺作品或艺术产品或其他文化产品。如果把文化产业链比作一块金光闪闪的金币，一面是无限延伸的"人性空间"，另一面则是冉冉升起的"朝阳产业"。实际上，它一端连接着人们的日常消费，另一端连接着高新技术的前沿领域，具有高创意、高附加值、高流通、高消费的特点。由于文化创意产业和信息技术的深度融合，文化创意产业和旅游产业的深度融合，文化创意产业和其他产业的深度融合，使得文化创意产业增值能力倍增，也使得文化创意产业链表现为网状型产业链。所以，打造文化创意产业链，延伸文化创意产业链，做强做优文化创意产业链，必然成为长春文化创意城建设的重点和核心。

二、文化创意城实施纲要的逻辑架构

文化生产的是精神产品，而精神产品需要物质载体来支撑。物质决定精神，精神对物质具有能动的反作用。基于此，本纲要分为文化创意城的内容建设、文化创意城实施路径、文化创意城物质载体建设、文化创意城活动载体建设四大部分编制。文化创意城物质载体建设部分分为文化片区载体建设、文化旅游景区载体建设、文旅消费集聚区载体建设、公共文化服务载体建设、文化活动载体建设五个部分。

三、文化创意城建设效果评价

在中共长春市委、市政府的正确领导下，文化创意城专班深刻践行"一主六双"高质量发展战略，积极发挥"一主"辐射带动作用，以"文化创意城"对接全省旅游"双线"建设，集聚24个直属成员单位和17个县（市）区、开发区作战单位资源，发挥优势，构成文化创意城建设强大合力，健全组织机构，深化文旅融合，强化产业转型，狠抓项目落实，文化创意城建设取得积极成效。

（一）文化创意城工作成果

运行机制体制建设迈上新台阶：长春市成立文化创意城专班并印发《文化创意城专班工作方案》，指导各县（市）区、开发区开展文化创意城建设。建立了"1+7+4"专班工作机制。"1"即1个专班工作领导小组，分管文化工作的市委副书记、副市长任组长，成员单位由24个市直部门和17个县（市）区、开发区作战单位组成。"7"即7个工作组，由规划编制组、政策保障组、项目推进组、基金融资组、节庆会展组、人才培育组、督办评鉴组形成的工作组织架构。"4"即4大工作机制，实施组织协调机制、调度督导机制、工作推进机制、监督评价机制4大工作机制。组织召开专班工作会议，制定文化创意城发展规划、总体方案、实施方案及工作要点，建立完善文化创意城信息报送机制和日常调度工作机制。按照"专班牵总＋专项工作小组分别推进"的工作模式，立足文化事业与文化产业"双轮驱动"，形成推动文化创意城建设的最大合力。

（二）文化创意城建设成果

文旅全产业链优化取得新进展：系统构建了支柱工业旅游产业、影视文创旅游产业、都市文化旅游产业、会议会展与节庆活动产业、冰雪旅游产业、避暑与乡村旅游产业等六条产业链图谱，为文旅全产业链优化确立了清晰的路径。形成以文化旅游、影视文化、数字经济三大主导产业为代表的全产业链发展新格局。截至2023年4月底，纳入全市行业管理的文化旅游及相关市场主体达3092户，从业人员超过20万人。2021年，文化产业增加值290亿元，占GDP的比重为4.1％；接待游客10124.51万人次，同比增长39.88％；实现旅游收入2045.73亿元人民币，同比增长48.08％。2023年一季度，全市预计接待游客2487万人次，同比增长44％；预计旅游收入335亿元，同比增长58％。

现代文旅产业体系完成新构建：一是构建了"3+4+3"文化创意产业

体系。重点发展影视文化、文化旅游和数字经济三大主导产业，锁定汽车高铁、冰雪避暑、演艺娱乐和民俗文化四大特色领域，围绕动漫游戏、创意设计和文旅装备制造三大战略性文化创意产业。二是形成"一主三带多点"的文化创意产业空间布局。"一主"是指依托主城区丰富的历史文化资源和良好的创意产业基础，重点打造历史文化、汽车文化、影视文化、雕塑文化、冰雪文化、高铁文化、航空航天文化、东北民俗文化等多个文化创意产业功能区；"三带"是指西部河湖湿地生态和农业科技文化旅游带、北部乡村和历史文化旅游带、东部冰雪和避暑特色文化旅游带；"多点"是指充分结合历史文化街区、商业休闲街区、工业遗产、文创公园、文化产业园等，打造文化氛围浓、艺术感强，兼具文化艺术交流、创作展示、文旅服务等功能的特色文化地标。三是重点打造"三大区域"，构建点、线、面协同发展的文化创意产业发展新格局。推动"九台—空港—莲花山—净月—双阳"连点成线，加大规划设计、债券包装、营销宣传力度，全力打造东部生态文旅带；突出伊通河南溪湿地、北湖湿地两端，融合水文化与消费业态，打造中部伊通河高端消费区；启动欧亚汇集区域改造提升工程，打造西部商旅消费新亮点。

文旅重点项目建设勇攀新高峰：积极布局"六新产业""四新设施"，突出"大板块""文化味""高赋能"，以项目建设带动文旅产业高质量发展。2023年，全市在建、谋划文旅项目200个，计划总投资超3400亿元，项目数量和计划总投资同比递增100％和37.35％。开展领导专班包保推进重点文旅项目工作，通过谋项目，扩投资、稳增长，加快项目推进和技改扩能，抓存量、抓增量，加大文旅招商引资力度，为经济发展积蓄新动能。在城市更新方面，加快北京大街西、新民大街等历史文化街区，长拖1958文创产业园，山丘文化产业园等项目建设，助推历史文化街区改造等重点项目建设。在配套项目方面，推进净月潭、神鹿峰、莲花山、天定山、庙香山等避暑、滑雪度假综合体建设，提高文旅配套服务水平。在产业赋能项目方面，跟进裴家村现代都市农业旅游观光园、碧水庄园森林康养基地、坤圣园农业民俗文化休闲体验园等文旅项目建设，赋能乡村振兴，提升产业发展质量。

文旅项目招商引资开启新征程：由文化创意城专班组长带队，市文广旅局牵头，市发改委、市合作交流办以及东部生态文旅产业带 5 个区域相关负责人和工作人员组成的长春市重点文旅项目招商推介交流代表团，先后赴"长三角""珠三角"开展"长春市重点文旅项目招商推介活动"，对我市 40 个重点文旅项目进行了推介，与近百家文旅企业开展了交流对接，设立了"长三角""珠三角"长春市文旅项目招商会客厅，成功与华强方特、名家汇科技、金地集团等文旅龙头企业达成合作意向。此次文旅项目专题招商推介活动是全市文广旅系统参与招商引资活动的一次破冰之旅，也是将文旅资源产品推荐宣介与重点文旅项目招商引资结合的一次创新之举，对于优化产业结构、培育增长动能、强化"长三角""珠三角"文旅企业交流合作、助力长春文化创意城建设起到了积极作用。

文旅产业融合发展再创新辉煌：长春"红旗街·这有山"、长春栖乐荟综合体获评国家级夜间文旅消费集聚区；一汽工业文化旅游基地入选国家工业旅游示范基地；吉林省东北亚文化创意科技产业园、吉林省广告创意文化产业园区获评首批和第二批国家级文化产业示范园区，长春市成为当前全国唯一有两个国家级文化产业示范园区的城市；二道区长拖 1958文创园获评吉林省工业旅游基地；莲花山区、净月区获评首批省级全域旅游示范区；红旗街、桂林胡同、巴蜀映巷被评定为省级旅游休闲街区；桂林路商圈获评吉林省特色街区；净月潭等 49 家单位获得 2022 年吉林省文旅行业"放心消费示范单位"；中白科技园获批吉林省省级现代服务业集聚区；国泰拾乐街·中巴风情小镇被评定为长春市文化旅游特色消费示范街区。

数字赋能文旅产业实现新突破：围绕产业数字化、数字产业化、数据价值化，加快推动演艺娱乐、工艺美术、文旅会展等领域数字化发展步伐，积极发展数字出版、数字传媒、云展览、云演播、云旅游等新产业、新业态、新模式。数字赋能文旅产业形成的新业态、新产品发展较快，取得了一定成效，代表性成果有以下五个：一是续建长春国际影都数字影视基地项目，建设规模达1万机柜的大数据中心及长春算力中心，加速推进影视数字产业融合发展；二是净月区联合吉林财经大学，联合建设数字经济创新创业实训中心项目，打造现实场景与虚拟教育有机融合的新型智慧学习工场，以及政产学研用一体的创新创业教育孵化平台，预计今年年底前投入使用；三是引进全国首家以青年文化为主题的潮玩社交馆"T-SHOW"，东北首家涵盖吃、喝、玩、乐、购、住全场景消费的CJ酒店，长春首家全场景全品类线下布局的华为智能生活馆等；四是长春出版社在全国出版单位中第一个加入国家文化大数据建设体系，承接国家文化大数据生产线建设任务。策划了"红色之旅——国家文化大数据体系建设关联融合体验系列"建党献礼工程，打造吉林省第一条国家文化大数据体系生产线；五是卡戳网游园伴侣项目。卡戳App线上项目以游客为中心，通过整合景区及周边商家满足游客一站式旅游体验，全面打造数字时代的智慧景区，为景区实现文化赋能。占地面积1200平方米的卡戳网"5G体验馆"已正式落成，依托5G技术，在展馆中融入"全息投影技术"，建设成吉林省内第一个"全息投影文化体验餐厅"。卡戳网线上App端已和国内多家5A级景区达成战略性合作，入驻的吉林省特产产品及景区文创产品共13000余件，上线300家旅游景区。

文旅节庆品牌活动呈现新亮点：举办系列文旅活动，弘扬长春特色文化，激发市场消费活力，有力促进了长春文旅产业高质量发展和文化创意城建设。一是全力打造品牌形象。第25届、第26届长春冰雪节圆满收官，获评"2022年冰雪旅游十佳城市"；2022长春消夏艺术节，举办消夏系列节事活动，消夏季共接待游客2796万人次，实现旅游收入337亿元，深耕冰雪避暑双品牌形象。长春电影节打造特色重点文化品牌，成功举办第17届中国长春电影节，得到了社会各界的广泛赞誉；二是培育发展新动能。开发本地人游本地、就地休闲、郊区微度假等旅游消费热点，策划举办露营生活节、乡村旅游节。加强场景打造，推出一批"生活场景叠加美丽风景"产品。定期举办主题音乐节、市民读书节、市民文化节、农民文化节、"非遗"文化节、君子兰节等节庆活动，促进了文旅产业高质量发展；三是提振文旅新消费。举办动漫艺术博览会、东北亚贸易博览会、汽博会、农博会等大型展会和"长春礼物"征集大赛、"汽车嘉年华""电影嘉年华"、露营生活节、乡村旅游节、剧本娱乐节等文旅主题活动，宣传推介长春文旅产品和弘扬长春特色文化，有效拉动了文化消费、活跃了文化氛围，带动了文旅产业繁荣发展；四是加大优秀文化产品和服务供给力度。开展现实题材和红色题材主题文艺创作和演出演播活动，优化周末音乐会、爵士音乐节、戏剧星期六等项目，举办名家绘长春、中央歌剧院走进长春系列活动，提高城市艺术精品传播力和影响力。开展市民读书节、市民合唱节、群众文艺精品展演等主题性群众文化活动。健全现代公共文化服务体系，扶持群众文艺团体建设，实施公益普及培训等惠民工程。建设长拖1958、鼎丰真等社区博物馆，全市博物馆达53家。公布第五批市级非遗项目名录，全市非遗项目超过百项，达到108项。

文旅消费市场复苏展现新活力：一是加大金融赋能文旅产业力度。制定文旅行业助企纾困实施细则19个，累计暂退旅游服务质保金6700余万元，争取补贴资金、社保返还金3700余万元。加强融资对接，与吉林银行签署200亿元意向性融资战略合作协议。发挥专项债支撑作用，为7个项目申请专项债22.8亿元。筹措发放文旅消费券，开展"百城百区"文旅消费助企惠民活动，引导扩大文旅消费；二是加大文旅新项目开发力度。打造天定山 somewhere、浅山星空、慢山里等一批"精致露营"项目。长拖1958、长春电影嘉年华、国泰中巴风情小镇等文旅新产品投入运营，加强"长春礼物"品牌建设，成功布局首家线下旗舰店。文旅新业态、新产品持续发力，市场表现良好；三是加大节庆和夜间文旅消费力度。创新打造了露营生活节、乡村旅游节等节庆消费热点，实现乡村游、红色游、研学游多元发力。举办"夜动春城"长春夜间百佳文旅消费好去处评选活动，营造夜经济消费氛围，增强文旅市场消费活力；四是加大优质特色农产品进景区力度。开展特色农产品进景区，开启农文旅融合新模式，有200余款农产品进入37家A级景区和62家A级乡村旅游经营单位，总体销售额达到3145.8万元，占全省销售额62.9%；五是加大精品旅游线路开发力度。推出"微度假""周末游""近郊游""乡村游""研学游""都市游""省内游"等旅游精品线路20余条，激发市民游客出游热情。

旅游公共服务建设构建新布局：一是公共服务基础设施进一步完善。利用旅行社门店、景区游客中心、银行服务网点等社会资源设立40余个旅游咨询服务网点，通过建设13家吉林省等级旅游集散中心，形成"三大中心""十个网点"的公共服务布局，为游客提供丰富的旅游信息和产品落地服务。投入资金100万元，新建、改建旅游厕所近13座，全市5A级景区"第三卫生间"实现全覆盖，长春庙香山温泉滑雪度假区获得"2022全国旅游厕所建设和管理优秀案例"。新、改、增建旅游交通标识牌100余块，为市属旅游标识牌购买商业保险。在冬季开通了发往各大滑雪场的"直通车"，每年为10余万游客提供出行服务。全市37个A级旅游景区，道路客运覆盖35个，覆盖率为94.6%，5个滑雪场，道路客运覆盖5个，覆盖率100%。文化和旅游部数据中心长春分中心发挥作用明显，为文化创意城建设高质量发展提供了重要的数据支撑；二是城市集聚扩散能力进一步提升。经过多年的发展，全市旅游景区服务设备以及与之相配套的旅游接待服务设施相继完善，旅游装备器械及住宿、餐饮等服务设施的逐年加强，基本满足了不同层次游客的需要。推进"上云用数赋智"，加快智慧文旅建设，深化智慧景区建设，推动实现"一部手机游长春"，加快推进交通大环线"1 小时经济圈"建设，持续推进长吉一体化、长平一体化，完成长吉北线改造、长吉高速拓宽、机场快速路建设，实现与双阳、九台、公主岭城际通道通车，全市高铁 2 号线贯穿城市东西，与地铁 1 号线构成高铁"十字"骨架，中心城市集聚扩散能力得到强化；三是机制政策保障对项目进一步支持。在降低文旅项目用地成本方面，确定了对符合土地利用总体规划、城乡规划、环境保护规划等相关规划的重点冰雪产业设施项目，本着"应保尽保"的原则，优先安排新增建设用地计划指标，可实行"点状用地"。在支持旅游基础设施建设方面，确定对旅游景区的基础设施建设给予适当补贴，对重点滑雪场冰雪升级改造和建设项目给予倾斜。在旅行社"引客入长"、旅行社组织包机专列、旅游企业独立开展域外宣传等方面也明确给予相应支持。

第二节　长春市旅游产业建设实施方案

为贯彻省委、省政府打造全省旅游万亿级产业决策部署，落实"一主六双"高质量发展战略，强力推进长春市旅游 5000 亿级产业建设，制定本方案。

一、指导思想

贯彻落实习近平总书记在新时代推动东北全面振兴座谈会上的重要讲话精神，深入践行习近平生态文明思想，主动对接全省旅游"双环线"布局、冰雪和避暑"双产业"架构，锚定全省旅游万亿级产业目标，全面落实市委全会部署要求和"十四五"规划目标任务，坚持文化旅游深度融合，坚决打好振兴突破攻坚战，全力挖潜能、提品质、优服务，加快资源整合、业态重塑、产品升级、品牌打造，推动文旅产业实现高质量发展，努力打造全国知名旅游目的地、东北亚区域旅游集散中心、世界级冰雪旅游品牌和避暑胜地。

二、工作目标

2023 年，全市旅游总收入达到 2200 亿元，力争达到 2400 亿元，接待国内外游客 1.25 亿人次，2025 年旅游总收入力争实现 3600 亿元，接待国内外游客 2 亿人次，旅游总收入年均增速达到 23％以上，接待国内外游客年均增速达到 26％以上，到 2027 年力争实现旅游 5000 亿级产业发展目标。

打造产业集群：达到 5000 亿级产业规模时，全市力争形成 2000 亿级别的冰雪产业集群、1000 亿级别的都市休闲旅游产业集群、800 亿级别的乡村休闲旅游产业集群、300 亿级别的旅游购物产业集群、300 亿级别的文化旅游产业集群、300 亿级别的体育旅游产业集群、200 亿级别的森林旅游产业集群、100 亿级别的研学旅游产业集群。

推进空间集聚：达到 5000 亿级产业规模时，全市力争建成朝阳区 1 个旅游千亿级县（市）区，南关区、双阳区、九台区、公主岭市、长春新区、净月区、莲花山区 7 个旅游超百亿级县（市）区，宽城区、二道区、绿园区、榆树市、德惠市、农安县、中韩（长春）国际合作示范区、经开区、汽开区 9 个县（市）区力争达到百亿级。

培育市场主体：到 2025 年，全市涉旅企业力争达到 2 万家（户）；打造 15 家营业收入超亿元的龙头企业、500 家营业收入超 5000 万元的骨干企业。

优化产品体系：到 2025 年，全市谋划推进重点文旅项目超过 200 个，形成 40 余条精品旅游线路，A 级旅游景区总数达到 100 家以上，A 级乡村旅游经营单位总数达到 300 家以上；形成 2 个游客接待量超千万、5 个超五百万、20个超百万的旅游目的地产品。

三、推进举措

（一）都市新文旅发展行动计划

制定实施《长春都市新文旅发展规划》，聚焦遗产类新文旅、文化类新文旅、科技类新文旅、生态类新文旅、运动类新文旅、夜游类新文旅等6个长春新文旅潜力领域，创造历史新穿越生活、文化新印象生活、科技新未来生活、生态新度假生活、运动新潮玩生活、夜游新范式生活等6种长春新生活，着力构建文博艺术新场景、文娱潮玩新场景、数字科技新场景、音乐演艺新场景、特色宿集新场景、研学旅游新场景、森林露营新场景、休闲运动新场景、美食品鉴新场景、街区乐购新场景等十大文旅新场景，谋划一批新文旅IP项目，构筑长春文旅发展快车道，奠定未来十年发展格局，将长春打造为吉林新文旅中心城市、全国新文旅网红城市、东北亚新文旅明星城市。重点打造净月森系生活集聚带、一汽红旗新文旅集聚区、北湖新文旅集聚区、红旗商圈新文旅集聚区、伪满皇宫新文旅集聚区等5个以上文旅新业态集聚区。努力推进伪满皇宫历史文化街区等20个文旅新业态引领项目。招引培育50家以上文旅新业态领军企业。创建3—5个国家级夜间文化和旅游消费集聚区、国家级旅游休闲街区等国家级文旅品牌。

责任单位：市文广旅局、市发改委、市科技局、市财政局、市规自局、市生态环境局、市建委、市商务局、市城市管理局、市交通运输局、市水务局、市农业农村局、市乡村振兴局、伊通河管委会，各县（市）区、开发区按职责分工负责。

（二）乡村旅游提质增效行动计划

1.做好顶层规划设计，编制《长春市乡村文化旅游提质增效行动规划》，开展包括精品村、景区村、艺术村、非遗村、传统村落、研学村、露营村、文体村、直播村、耕读村、农事体验村和100个乡村旅游精品点的"十村百点"创建行动，评定1个景区城、2个景区镇、5个景区村，开发乡村研学游、农事体验游、休闲观光游、团建拓展游等特色乡村文化旅游线路，建设数字文旅乡村。

2.实施"醉美乡村"系列活动，组织开展乡村摄影、乡村村晚、乡村文创等乡村旅游演艺活动和文学作品、艺术作品、文创产品竞赛活动，组织开展"长春年猪宴""长春全玉米宴""长春非遗宴""长春全鹿宴""长春烧烤节"等美食节事活动，组织开展长春"村超""村BA"等乡村赛事活动。

责任单位：市文广旅局、市财政局、市规自局、市建委、市农业农村局、市乡村振兴局、市体育局、市政数局，各县（市）区、开发区按职责分工负责。

（三）冰雪避暑品牌提升行动计划

1.充分发挥长春"一主"责任担当，全力投入"冰雪丝路"创新先导区建设行动，构建长春都市冰雪产业体系，做精做细"长春冰雪节"优势品牌，高标准打造冰雪旅游产品，申请举办"冰雪丝路"国际博览会、"冰雪丝路"世界发展大会，建设冰雪经济发展对外开放合作新通道，促进冰雪关联产业融合发展。

2.打造冰雪元宇宙新场景，支持冰雪主题乐园及滑雪场打造差异化冰雪旅游产品群，与国内头部动漫企业合作出圈、跨界融合，创建以动漫、游戏、文创、文学等时尚流行IP为主题的冰雪乐园和冰雪文创项目，打造体验式、休闲式、沉浸式冰雪旅游互动娱乐场景，引流年轻群体来长春玩冰戏雪。

3.打造5—8家冬捕渔村和关东雪村，推出60—100个冰雪文创、冰雪民俗、冰雪研学、冰雪温泉、冰雪美食、冰雪民宿等城市乐冰乐雪产品，建设20—30个网红冰场、80—100个戏冰娱雪乐园，打造5—8家大型室内四季冰雪运动馆、室内四季冰雪主题公园，全市年均举办冰雪游艺、冰雪运动、冰雪嘉年华等赛事30—50项。

4.发挥冰雪旅游场地装备与智能服务技术文化和旅游部重点实验室的技术、人才优势，筹建中国（长春）冰雪旅游消费研究中心，引进和培育打造1—3家国内外知名冰雪装备制造企业，开展冰雪文化、冰雪运动培训活动100场次，为长春冰雪产业发展提供人才支撑。

5.构建7×10全产业链避暑产品体系，做"新"红旗街·这有山、栖乐荟综合体等十大"清凉街区"文旅消费集聚场景；做"活"消夏音乐节、消夏文化大集和山地自行车、滑翔跳伞、江河漂流、户外拓展、星空露营、农事体验等十大"清心娱乐"休闲活动；做"悦"森林慢步、湿地观光、江河垂钓、温泉康养等十大"清幽游览"旅游产品；做"靓"马架子、地窨子、梭罗子、木刻楞子、泥草房、水院子等十大"清爽场景"特色民宿；做"特"农耕农具、渔猎猎具、游牧骑具、工业工具、商业量具等十大"清纯玩品"特色文创商品；做"醇"文创雪糕、老冰棍儿、老汽水、凉拌菜、玉米凉茶、吉林烧烤等十大"清香美食"休闲食品；做"细"森林康养、博物研学、知山乐水、工业印记、炫酷潮玩、休闲购物等十大"清闲游径"休闲线路。

责任单位：市文广旅局、市发改委、市工信局、市民委、市规自局、市生态环境局、市建委、市水务局、市农业农村局、市乡村振兴局、市国资委、市体育局、市林园局，各县（市）区、开发区按职责分工负责。

（四）体育文旅融合创新行动计划

1.重点开发运动休闲度假、温泉康养度假、冰雪运动休闲度假等体育旅游产品，围绕户外、马拉松、冰雪、足球、自行车等大众参与度高的体育项目，建设3—5个运动休闲特色小镇；以体育或文旅大中型设施为基础，融合体育运动、旅游、健康、文化、休闲、商贸、体彩等多种业态，培育3—6个"体育＋文旅＋商业"综合消费集聚区；围绕汽车产业，集承办重大汽车赛事、汽车运动、旅游休闲、商业地产等功能为一体，打造1—2个汽车运动文化产业园。

2.加大体育赛事引流行动，积极承办国家级、省级赛事，依托长春优质体育资源、优势体育项目，高标准举办各种体育赛事100场以上，利用体育赛事发展观赛旅游，组织实施相关配套文旅活动。支持各县（市、区）因地制宜举办具有本地特色的群众体育活动，引导群众性体育赛事进景区、进度假区，推动消费场景进赛场，打造"一县（市、区）一品"赛事体系。建设3—5家国家或省级体育旅游示范基地，开发体育商务旅游、体育养生旅游、体育研学旅游、体育度假旅游、体育赛事旅游、体育探奇旅游等10条体育旅游精品线路。

3.新建九台、农安2个通用机场，开发滑翔伞、跳伞、水上飞行等新型高端消费航空体育产品。

责任单位：市体育局、市发改委、市教育局、市公安局、市财政局、市规自局、市商务局、市文广旅局、市林园局，各县（市、区）、开发区按职责分工负责。

（五）节事会展消费促进行动计划

1.围绕中国传统节日和大型厂庆、店庆、校庆等节日庆典，配套举办戏曲表演、演唱会、音乐会、数字文化、公园主题演艺、城市漫步、角色扮演、黑土地嘉年华、游戏游艺、运动健身、非遗体验节等活动，打造更加丰富的产品和服务供给体系，更好满足多样化、个性化、品质化的文旅消费需求。

2.做精做特长春电影节、冰雪节、消夏艺术节，支持举办剧本娱乐节、露营生活节、乡村旅游节、主题音乐节、市民读书节、"非遗"文化节、电影嘉年华、"长春礼物"征集大赛、长春汽车文创产品大赛等特色节庆赛事活动，打造"一县（市、区）一节事""一县（市、区）一活动"节事品牌体系，发布"长春旅游节事日历"，开展全平台集中宣传推广。

3.大力发展会展经济，支持文旅企事业单位围绕本地文旅特色，聚力打造长春文旅会展城市新名片。做强"东北亚博览会""汽博会""航空展""农博会"等大型展会活动；做优长春动漫艺术博览会、长春东北亚文旅产业博览会，做大长春文化产业博览会、长春民间艺术博览会、长春书画艺术博览会，鼓励景区、度假区在展会期间面向参展客商推出门票优惠政策。

责任单位：市文广旅局、市委宣传部、市发改委、市民委、市公安局、市财政局、市交通运输局、市农业农村局、市商务局、市城市管理局、市应急管理局、市外办、市体育局、市政数局、市贸促会，各县（市）区、开发区按职责分工负责。

（六）研学旅行内涵提升行动计划

1.构建"五育"融合、目标明确、特色鲜明的学生研学课程体系；开发 60 门市级研学实践精品课程、50 门市级研学旅行精品课程，建设 100 家市级研学实践基地、50 家市级研学旅行基地，创评 20 门省级及以上研学实践精品课程、20 门省级及以上研学旅行精品课程、20 家省级及以上研学实践基地、20 家省级及以上研学旅行基地。

2.推进中医药非物质文化遗产创造性转化、创新性发展，开展以中医养生、健身娱乐、非遗传承为主题的中老年康养研学旅行活动，建设非遗中医药文化康养旅游集聚区，评选 10 家中医药健康旅游基地。

责任单位：市文广旅局、市教育局、市科技局、市工信局、市民政局、市财政局、市农业农村局、市体育局、市林园局、市卫健委，各县

（市）区、开发区按职责分工负责。

（七）旅游全产业链优化行动计划

1.市场主体壮大行动，完善落实相关政策机制，推动落实《长春市旅游促进条例》，制定出台《长春市促进文旅产业高质量发展若干政策》。组建文旅影视投资集团，发挥国有资本引领作用，引进一批知名旅行社，培育一批行业龙头企业，构建旅行社联盟，发挥行业组织在文旅市场建设中的重要作用，建设形成门类齐全、布局合理、竞争有序、势头强劲的现代文化旅游产业发展市场体系。

2.重大文旅项目建设行动，编制《长春都市新文旅重点示范项目开发规划》，成立文旅项目建设专班，建立文旅项目储备库，实施"三抓三早"、市政府主要领导包保重大省级重点文旅项目等有效举措，以"五化"闭环工作法抓落实，确保项目快落地、快推进、早建成、早见效。到2025年，谋划培育重大文旅项目200个以上、总投资4000亿元、转化运营项目40个。依托长兴基金"1+6+N"的运作模式，发挥文化创意基金的杠杆作用，鼓励引导民营资本进入文旅产业领域。

3.创新开展招商推介活动，采取旅游资源产品推荐宣介与重点文旅项目招商引资相结合的方式，全面优化项目招商、落位、审批、达产等全要素全流程服务保障机制，充分发挥长春文旅"云招商"平台、"长三角""珠三角"长春市文旅项目招商会客厅的作用，通过远程推介、视频会议、网上洽谈等在线招商方式，推动招商渠道和模式升级，围绕重点城市、重点产业、重点企业开展精准招商，不断优化投资环境，全力营造尊商、亲商、安商、富商的良好氛围。

4.文旅消费促进活动，以国家文化和旅游消费示范城市为引领，做好吃住行游购娱全要素文章，制定激励文旅消费有效机制，举办文化旅游消费季活动，适时发放文旅消费券，开展"百城百区"金融支持文化和旅游消费行动计划，鼓励引导合作开展丰富多彩的文旅消费促销活动，推出一批体现中华文化精髓、反映中国人审美追求、传播当代中国价值观念、符合世界进步潮流的文化旅游精品。支持发展基于5G、超高清、增强现实、虚拟现实、人工智能等技术的新一代沉浸式体验型文旅消费内容。鼓励金融机构有针对性地拓展文旅消费类信贷业务模式，开发不同首付比例、期限和还款方式的信贷产品。做好数字人民币和外卡受理业务工作，为游客提供了更加便捷、高效的支付方式，提升游客体验和支付安全性。完善国家夜间文旅消费集聚区、省级旅游休闲街区、市级文旅消费特色示范街区"三级梯队"建设，优化"夜动春城"产品体系，布局"长春礼物"营销网络，以"月月有活动，季季都精彩"的文旅产品矩阵，做实"聚人气、汇商气、旺烟火气"，推动文旅消费提质扩容，营造文旅消费良好氛围。

责任单位：市文广旅局、市发改委、市工信局、市财政局、市规自局、市生态环境局、市建委、市交通运输局、市农业农村局、市商务局、市合作交流办、市市场监管局、市国资委、市金融办、市政数局、市乡村振兴局、市林园局、市商务局，各县（市）区、开发区按职责分工负责。

（八）旅游客源拓展培育行动计划

1.实施宣传推广提升行动，围绕"新生活、新消费、新旅游"丰富文旅业态，培育文旅新玩法，推出网红打卡地，构建文旅营销矩阵，着重开发一批"生活场景叠加美丽风景"文旅新品，实施"长春文旅百城营销计划"，有计划地推广城市文旅资源，扩大新兴客源市场份额。发挥全省文旅集散地功能，开展"微度假　趣长春"系列主题营销，打响城市文旅宣传战役，借助中央、省、市主流媒体，用好抖音、微信、微博等各类媒体平台，打造"下一站长春见""长春冰雪超吉A""来长春聚好玩"等宣传主题，构建城市宣传热点，带动文旅市场深度融合发展。

2."一机游长春"优化行动，整合景区、酒店、餐饮、演艺、交通、文创、特产、娱乐等文旅生活服务资源，采取景区智慧地图导览、景区景点 VR，博物馆虚拟游览、视频直播、网红短视频等方式，为游客提供沉浸式文旅体验服务，构建全要素的文旅交易体系、数字内容体系、服务工具体系、运维管理体系，为游客提供一站式优质旅游服务，全面覆盖游客在行前、行中、行后需求，促进线上线下融合发展，打造"一部手机游长春"的区域智能化、数字化全域旅游综合服务场景平台。

责任单位：市文广旅局、市委网信办、市教育局、市财政局、市交通运输局、市农业农村局、市商务局、市政数局、市林园局，各县（市）区、开发区按职责分工负责。

（九）旅游公共服务建设行动计划

1.推进旅游基础设施建设行动，深化城乡道路客运与旅游融合发展，提升快进交通网络衔接效能，提高慢游交通网络通达深度，建成 20 个省级旅游集散服务中心。完善一批旅游交通标识、智能停车泊位、充电桩、自驾营地、露营基地、旅游标准化厕所等配套设施。

2.推进交通便利化行动，提升乡村旅游景区道路通行条件，实现 A 级景区硬化路全覆盖。推进客运班线公交化改造和景区直通车发展。优化夜间经济区交通秩序，科学设置公共交通线路，加密夜间运行班次，延长夜间运营时间。发挥"畅行长春"出行综合服务平台的作用，拓展机场、车站、重点景区汽车租赁业务，开通火车站—雪场、机场—雪场公交专线。

3.推进通信畅通行动，到 2025 年，实现 5G 网络 4A 级以上旅游景区深度覆盖，3A 级以上旅游景区核心区、重点涉旅场所连续覆盖，为 5000 亿级旅游产业提供硬件支撑。

责任单位：市文广旅局、市委宣传部、市发改委、市工信局、市财政局、市规自局、市建委、市交通运输局、市农业农村局、市乡村振兴局、市国资委、市通信办，各县（市）区、开发区按职责分工负责。

（十）四力协同赋智赋能行动计划

建立市级文旅高端专家智库、创意工匠库、文旅关键技术库、投资机构库，构建创意力、工匠力、技术力、投资力"四力协同"的创新机制，为文旅企业、文旅项目提供全方位智力服务，为文旅产业高质量发展赋智赋能。组织专家和企业家为"千亿级县（市、区）""百亿级县（市、区）"和重点企业提供决策咨询、创意设计、技术支撑、投融资对接等综合服务。

责任单位：市文广旅局、市发改委、市科技局、市工信局、市司法局、市规自局、市建委、市农业农村局、市乡村振兴局、市商务局、市合作交流办、市统计局，各县（市）区、开发区按职责分工负责。

四、保障措施

（一）机制保障

积极申办省旅发大会，争取省财政 1 亿元专项支持，发挥旅游产业发展领导小组作用，统筹解决涉旅重点问题，实施重大项目、重点企业服务直通机制，建立重点项目、重点企业对接包保工作机制，推动各项工作落实。深入实施旅游"赛马"机制，对区域排名第一名属地，分别给予 1000 万元的奖励。

（二）资金保障

设立市级旅游产业发展引导资金 2 亿元，各地要安排资金专项支持，各部门要对市"千亿级县（市、区）""百亿级县（市、区）"的创建和旅发大会的承办给予支持，积极争取政府年度专项债支持。鼓励政府性融资担保公司为旅游企业提供融资担保。

（三）政策保障

落实点状供地等政策，保障景区村建设发展。盘活林区闲置资产资源，各类经营主体及地方国有林场可以利用现有房产兴办住宿、餐饮等旅游接待设施，在不改变用地主体、规划条件的前提下，可享受 5 年内继续按原用途和土地权利类型使用土地过渡期政策。降低旅游企业用地成本，允许采取长期租赁、先租后让、租让结合等方式供应文旅项目用地，支持采取弹性供地模式供应旅游用地，受让人一次性缴纳土地出让价款有困难的，可以分期付款，首付按不低于出让价款的 50% 缴纳，余款 1 年内缴清。支持各地开展景区事业单位企业化运营，探索所有权和经营权分离改革。落实峰谷分时电价政策；冰雪产业用水价格按照不高于一般工业标准执行。

（四）人才保障

在重点发展旅游的县（市、区）领导班子中配备懂旅游的干部。安排文旅干部、高校文旅专家、国有文旅企业人员等双向挂职交流。每年定期举办文旅干部文旅产业专题培训班，在市委党校主体班次中安排文旅产业相关课程。定期开展导游素质能力、文旅产业金融及专项债业务等培训。

责任单位：市旅游产业发展领导小组成员单位，各县（市）区、开发区按职责分工负责。

第三节　长春市促进文化旅游产业高质量发展若干政策

为充分发挥长春市文化旅游资源优势，强力推进长春市旅游 5000 亿级产业目标实现，全方位推动文化旅游产业高质量发展，根据相关规定，制定本政策。

一、支持文旅重大项目建设

对列入市级文旅重点项目库名录，当年新建固定资产投资（不含土地购置费）1亿（含）—5亿元的文旅项目，在12个月内项目全部竣工验收后，按照实际完成投资额的2%给予一次性奖励，一次性奖励不超过550万元；当年新建投资5亿元（含）—10亿元，在18个月内项目全部竣工验收后，一次性奖励880万元；新建投资15亿元以上的，在24个月内项目全部竣工验收后，一次性奖励1500万元。对在长春市投资的文旅项目，可给予项目贷款贴息，实行年度连续补贴支持方式（不含流动资金贷款），项目贴息额度最高不超过实际发生利息额的50%，贴息期限不超过3年，同一单位同一项目获得贴息总额不超过500万元。对《长春都市新文旅发展规划》中的重大项目，经审核，可适当放宽扶持标准，实行"一事一议"，最高扶持金额不超过1亿元。

二、支持文旅基础配套设施提升

鼓励社会资本参与开展游客服务中心、旅游驿站、文化驿站、旅游标识系统、旅游厕所和停车场等旅游相关设施项目的新建或改扩建，项目竣工验收审计后，经认定，按其旅游相关设施投资额的25%进行补助，单个项目最高100万元。对符合市全域旅游发展要求，并承担全市旅游公共服务功能的旅游信息咨询点、旅游信息咨询中心、旅游集散中心，分别给予每年最高5万元、10万元、20万元以内的补助。

三、支持打造新文旅业态

聚焦"老街区、老厂房、老商圈、老建筑、老技艺"，对利用营运不良的 A 级旅游景区、乡村旅游经营单位和闲置厂房、办公建筑、商业楼宇、商品市场、废弃矿区、历史文化街区等资源改建的新文旅项目，固定资产投资总额（不含土地购置费）在 1000 万元及以上，在 12 个月内项目全部竣工验收后，且正常经营 1 年以上，按项目完成固定资产投资额（不含土地购置费）的 10%，给予不超过 500 万元的一次性奖励。对构建具有新业态、新产品、新场景的新文旅项目，固定资产投资总额（不含土地购置费）在 5000 万元及以上，在 12 个月内项目全部竣工验收后，且正常经营 1 年以上，按项目完成固定资产投资额（不含土地购置费）的 10%，给予不超过 1000 万元的一次性奖励。

四、支持文旅市场主体壮大

新增规模以上入统且正常生产经营、履行填报义务的文化旅游企业，给予一次性奖励 20 万元。A 级旅游景区当年营业收入达到 1000 万元、5000 万元，且当年营业收入增长 20% 及以上的，分别给予 10 万元、20 万元以内的奖励，3 年内达到更高档位的，按差额奖励。旅游饭店当年营业收入达到 3000 万元、5000 万元、1 亿元，且当年营业收入增长 20% 及以上的，分别给予 10 万元、20 万元、30 万元以内的奖励，3 年内达到更高档位的，按差额奖励。旅行社当年营业收入达到 5000 万元、1 亿元、2 亿元，且当年营业收入增长 20% 及以上的，分别给予 20 万元、50 万元、100 万元以内的奖励，3 年内达到更高档位的，按差额奖励。支持举办国际性、国家级、区域性文旅产业对接、论坛研讨和会展等活动，对场地租赁、宣传推广、活动组织等合理支出，经审核，给予最多 30%、最高不超过 20 万元的一次性扶持。

五、支持冰雪旅游发展

雪季期间冰雪旅游景区（含滑雪场），接待游客总人数达到100万人次、营业收入达到1.5亿元，一次性奖励1000万元；接待游客总人数达到50万人次、营业收入达到1亿元，一次性奖励500万元；接待游客总人数达到30万人次、营业收入达到5000万元，一次性奖励200万元。对3A级以上冰雪旅游景区、S级旅游滑雪场升级改造投资1000万元以上的项目，在项目全部竣工验收后，按照实际完成投资额的5%给予一次性奖补，最高不超过100万元。对符合规划要求，利用闲置工业厂房、仓储用房、校园建筑、商务楼宇、商业网点等房产改造新建室内滑冰（雪）场、常年正常运营，且冰面面积达1200平方米以上、投资300万元以上的项目，按其实际投资额的5%给予一次性补助，最高不超过200万元。对世界500强企业、"中国旅游集团20强"企业以及主板、创业板、科创板和北交所上市企业来长春市投资发展冰雪产业，且新设立总部或区域总部，年营业收入达到5000万元以上的，按照年营业收入的5%给予一次性奖励，最高不超过500万元。对引进国内外高端赛事运营公司，举办国际国内大型冰雪赛事活动，按照活动场地租赁和搭建等费用的50%给予活动举办机构补助，每次补助金额最高不超过200万元。鼓励冰雪企业开通直通车业务，结合运营班次、人次，给予最高不超过50万元的支持。

六、支持旅游品牌打造

对新评定为国家3A级旅游景区、国家3星级旅游酒店、省级3A乡村旅游经营单位，分别给予一次性奖励10万元。对新评定为市级工业旅游示范基地、研学旅行基地、特色民宿、文化旅游特色消费示范街区，分别给予一次性奖励10万元。对新认定的一级、二级城市旅游集散中心，分别给予一次性补助 15 万元、10 万元。

七、支持旅游商品开发

获得国家级、省级旅游商品大赛并获评金奖、银奖、铜奖的企业，国家级每个奖项分别给予一次性奖励 10 万元、8 万元、5 万元，省级每个奖项分别给予一次性奖励 5 万元、3 万元、1 万元。对参加"长春礼物"征集大赛获奖的旅游商品每种给予一次性奖励 1 万—3 万元。在文旅消费集聚区等文旅场所开设品牌专营店，或在淘宝、京东等电商平台开设品牌旗舰店，且达到一定规模，持续经营一年且营业收入达到 100 万元以上的，每家企业给予一次性奖励 10 万元。

八、支持旅游演艺项目

社会资本在本市投资建设表现长春在地文化的大型实景旅游演艺项目、沉浸式夜间文旅消费休闲娱乐项目，项目投资额（不含土地购置费）不低于 1000 万元，对外演出不低于 100 场的，按项目投资额（不含土地购置费）的 10% 给予不超过 300 万元的一次性奖励。对在本市旅游场所开展演出活动，全年不低于 100 场、每场演出时长不低于 60 分钟的演出团体，给予一次性补助 10 万元。支持新引进（新设立）文化旅游企业发展全息互动投影、无人机表演、夜间光影秀等沉浸式娱乐体验产品，年营业收入达到 1000 万元以上的，按照年营业收入的 5% 给予一次性奖励，最高不超过 100 万元。

九、支持引客入长企业

安排专项资金用于对招徕游客入长的市内外旅行社给予奖励，如超出限额，按比例发放。累计招徕 6—999 人，每人补贴 30 元；累计招徕 1000—1999 人，每人补贴 40 元；累计招徕 2000 人及以上，每人补贴 50 元。旅行社开通以长春为目的地的包机，在长春市停留 1 夜以上(含 1 夜)，每架次奖励 2 万元。旅行社组织外埠游客乘坐专列进入长春市旅游，在长春市停留 1 夜以上（含 1 夜），且团队游客人数在 200 人及以上的，每个专列奖励 3 万元。

十、支持文旅人才培养

对新获得全国高级、中级导游资格证并在长春市从事专职导游工作的个人，分别给予 3 万元、1 万元的一次性奖励；对获评的国家级"金牌导游"项目带头人，给予 5 万元的一次性奖励；对代表长春市参加国家级、省级旅游服务技能大赛并获得一、二、三等奖的选手，国家级奖项分别给予 5 万元、3 万元、2 万元的一次性奖励，省级奖励分别给予 3 万元、2 万元、1 万元的一次性奖励。入选省年度优秀旅游企业家，给予一次性奖励 5 万元。

本政策自印发之日起执行，实施期限至 2027 年 12 月 31 日。以上政策同一单位同一项目只能申请一次，且不得与国家、省、市等其他类似政策重复申请享受。实践中根据上级要求进行调整，以当年度政策细则为准。由市文化广播电视和旅游局会同市财政局负责解释。

第四节　长春市旅游工作赛马机制实施方案

为强力推进长春市旅游 5000 亿级产业目标，激发各作战单位推动旅游业发展的主动性和积极性，压紧压实主体责任，形成赛马比拼、争先创优的良好氛围，树立干事创业、鞭策后进的工作导向，制定本方案。

一、"赛马"对象、组别及周期

赛马对象：各县（市）区人民政府，开发区管委会。

赛马组别：按照行政区（地）域划分三个组别进行赛马，分别为城区组：朝阳区、南关区、宽城区、二道区、绿园区，县域组：双阳区、九台区、公主岭市、榆树市、农安县、德惠市，开发区组：长春新区、长春经济技术开发区、汽车经济技术开发区、长春净月高新技术开发区、长春莲花山生态旅游度假区、中韩示范区。

赛马周期：季度"赛马"评价和年度"赛马"评价。

二、"赛马"评价内容

在季度评价和年度评价时，对工作统筹推进中取得的突出成绩和造成的重大问题，按照正向清单和负向清单，给予另行加分或扣分。

（一）季度"赛马"

旅游产业季度发展指数满分100分，共包括2项一级指标，4项二级指标、13项三级指标。

1. 文旅消费情况。总分60分。二级指标：基础项20分、质量项40分；基础项20分包括：数据报送情况、举办活动数量、文旅宣传次数等3项三级指标；质量项40分包括：实现国内旅游收入、实现国内旅游收入增速、文旅企业入统入库数量等3项三级指标。

2. 项目投资情况。总分40分。二级指标：基础项10分、质量项30分；基础项10分包括：数据报送情况、季度计划投资额、季度项目落地数量等3项三级指标；质量项30分包括：文旅项目开复工率、完成投资率、文旅项目完成投资额、文旅项目完成投资增速等4项三级指标。

（二）年度"赛马"

旅游产业年度发展指数满分 100 分，为季度发展指数均值与年度指标得分按照 60%、40% 权重相加之和。

年度指标评价各地文旅产品打造情况，包括 A 级旅游景区、A 级乡村旅游经营单位、旅游度假区、旅游休闲街区、工业旅游基地、全域旅游示范区、旅游民宿、住宿床位、文创旅游商品品牌、接待入境游客数量、接待入境游客数量增速、实现入境旅游收入、实现入境旅游收入增速等 13 项评价指标。

三、评价程序

市旅游产业发展领导小组办公室依据市级层面数据以及按照区（地）域划分的城区、县域、开发区报送的基础数据，在 4 月、7 月、10 月和次年 1 月 15 日前，按照《旅游工作赛马季度评价指标体系》考核季度指标完成情况；每年 1 月 15 日前，按照《旅游工作赛马年度评价指标体系》考核上一年的年度指标完成情况。考核情况由市旅游产业发展领导小组办公室汇总，进行综合打分和单项排名，经市旅游产业发展领导小组副组长审核并报市旅游产业发展领导小组审定，对旅游产业发展指数从高到低进行排序，评价结果分为高、中、低"三档"，其中前 2 名为高档，后 2 名为低档，以市旅游产业发展领导小组办公室名义进行全市通报。

四、结果应用

（1）召开市旅游产业发展领导小组会议，选取排名前 2 位的地区做典型发言，选取排名后 2 位的属地作表态发言，可根据情况适时选取季度排名跃升幅度大的属地作经验交流。

（2）年度考评结果报市委市政府，对评价结果连续三季度为"低档"地区进行约谈或发整改通知单，督促整改。评价结果将纳入年度地区绩效考核范围。

（3）持续推出一批位居全市前列、做法有创新、经验可复制的"最佳实践"，开展宣传推广。

（4）建立激励与惩戒机制。统筹市级旅游引导资金，对排名靠前的属地给予激励，对三个组别年度排名第一的分别奖励1000万元，用于支持属地文旅产业发展，在创建国家级、省级和市级品牌上优先倾斜。对排名末位且整改不力的属地，取消市级及以上表彰奖励项目资格。

第五节 长春市文化和旅游产业高质量发展行动计划研究

一、基本原则

以习近平新时代中国特色社会主义思想为指导，全面贯彻落实党的二十大精神，深入学习贯彻习近平文化思想，遵循习近平总书记关于旅游发展的重要论述和重要指示精神，坚持以人民为中心的发展理念，深入实践习近平总书记的"两山"理论，积极对接全省旅游"双环线"布局、冰雪和避暑"双产业"架构，锚定全市旅游5000亿级产业目标，助推全省实现旅游万亿级产业目标。

坚持以文塑旅、以旅彰文：统筹政府与市场、供给与需求、保护与开发、国内与国际、发展与安全，构建具有长春特色的旅游产业体系，打造具有长春特色的旅游发展模式。

坚持守正创新、提质增效：全力挖潜能、提品质、优服务，加快资源整合、业态重塑、产品升级、品牌打造，推动文旅产业实现高质量发展。

坚持创新赋能、融合发展：全力培育创新要素，通过科技创新、要素创新、平台创新、业态创新、产品创新、管理创新、模式创新，为文旅产业注入新活力，构建文旅新质生产力体系，提升旅游产业整体竞争力和可持续发展力。

坚持民生福祉，幸福共筑：旅游是民生产业、幸福产业。要用心用情用力为人民群众提供更多的文旅产品、更优的旅行环境、更好的旅游服务，满足广大游客日益增长的多样化、个性化、品质化的旅游需求。

二、总体目标

系统谋划、科学布局，深入挖掘长春在地文化资源，推动文旅资源全域、全季、全要素、全产业链整合，不断丰富新场景、新业态、新模式，构建联动冬夏、带动春秋、四季皆有特色的全季旅游新格局，创建具有长春特色的旅游产业体系，培育具有长春特色的商家宠客服务体系，构筑具有长春特色的政府温情服务体系，建设国家文化和旅游产业高地，把长春打造成国内外游客喜爱的旅游目的地城市、东北亚区域旅游集散中心、世界级冰雪旅游品牌和避暑胜地。

三、行动计划

（一）实施文旅核心吸引物体系打造行动

1.重点景区品牌提升工程。结合长春现有景区实际，对标国内外同类型头部景区，改造提升长春世界雕塑园、长影世纪城、长影旧址博物馆、长春汽车文化主题公园等重点景区，梯次推动现有 2A 级景区创建 3A 级旅游景区，3A 级景区创建 4A 级旅游景区，形成长春旅游景区品牌矩阵。

2. 特色商圈、旅游街区品质改造提升工程。重点改造提升重庆路商圈、汽开万达商圈、北湖吾悦广场商圈等 30 大商圈、60 条旅游街区，梯次推动县域特色商圈、旅游街区打造，形成长春特色商圈品牌矩阵、旅游街区品牌矩阵。

3. 长春东部生态文旅带国家文化产业和旅游产业融合发展示范区建设工程。长春东部生态文旅带属于长白山余脉大黑山脉，区位优势明显、旅游资源丰富、产业发展基础雄厚、地域特色文化鲜明，力争 2026 年培育打造成全国文旅融合发展示范标杆。

4. 长春动植物园西游记主题乐园升级工程。以央视 86 版《西游记》为蓝本，精心打造猴王出世等经典新场景，引入元宇宙技术、彩灯艺术，将科技与传统文化完美融合，为游客提供更加多元和精彩的游玩体验。

5. 中国一汽汽车工业文化博物馆建设工程。挖掘整合一汽集团和汽开区汽车工业文化资源，构建长春汽车工业文化旅游产业体系；将原一汽集团量具刃具厂改造升级为中国一汽汽车工业文化博物馆，建筑面积 3.4 万平方米，打造长春汽车文化旅游新地标。

6. 长春航展品牌提升工程。依托空军航空开放日"长春航展"这一独具特色资源，打造围绕航展旅游休闲、航空展览、航空模型运动、航空文创产品销售、飞行运动模拟体验于一体的绿园航空文旅特色小镇；依托长光卫星品牌资源，打造集空天剧院、空天主题音乐厅、空天博物馆、航空主题商业、会议会展、空天科技、生态休闲于一体的北湖长春航空航天博览园，打造全国空天主题旅游度假目的地。

7. 净月方特文化科技创新示范园建设工程。项目将打造以恐龙遗迹发掘、恐龙时代复原、恐龙世界历险、动漫为主要内容的大型互动体验型文化旅游园区，力争 2026 年建成投入运营。

8. 开展乡村旅游提质增效工程。编制《长春乡村文化旅游提质增效行动规划》，乡村旅游提质增效行动就是要营造青山抱绿水、古宅落田间的田园蕴味；嗅闻"乡村田野的青草味"；体验"乡村文化的乡土味""乡村民俗的人情味""乡村民宿的乡愁味"；品尝"乡村饭菜的烟火味""乡村产品的农香味"；欣赏"乡村田园的诗情画意味"；聆听、品尝"乡村小溪的潺潺流水声、清冽甘甜味"。开展乡村旅游"十村百点"创建行动和"醉美乡村"系列活动；实施乡村大集旅游核心吸引物培育计划；依托高标准农田建设成果，打造集农事研学、农事体验、乡土文化教育、农产品加工、乡村土特产品销售于一体的一二三产业深度融合的综合性文化旅游体验基地。

（二）实施多产业文旅融合新业态构建行动

1. 文旅和其他产业深度融合创新发展工程。开发商文旅、体文旅、工文旅、科文旅、农文旅、康文旅、水文旅、林文旅等系列"文旅＋产业""产业＋文旅"融合发展新项目、新业态、新场景，构建文旅产业与其他产业双向赋能的高质量发展产业新体系。

2. 文旅＋教育＋产业的深度研学旅行工程。创建文旅资源＋教育资源＋产业资源"三位一体"的研学旅游资源库，开发研学精品课程，建立研学实践基地，培训研学导师，创新动手实践、互动体验研学活动形式，构建历史文化探索、自然科学体验、艺术创意工坊、户外探险活动、生产文化参观、农事文化体验等主题研学活动体系。

3. 炫酷时尚文旅新业态打造工程。培育打造将炫酷、时尚元素与传统文化紧密结合，为游客提供独特、新颖体验的旅游项目。支持开发电子竞技、剧本杀、密室逃脱、时光穿越、元宇宙剧场、互动式剧场等室内文旅新业态项目；支持开发沉浸式演艺、沉浸式夜游、花车巡游、低空飞行体验、冰雪运动、水上运动、徒步旅行、自行车骑行、房车旅行、创意文化街区、Cosplay、city walk、星空观测、大地聆听、郊野露营、真人 CS、探秘寻宝、夜间光影秀、传统手工艺市集、车友俱乐部等野外文旅新业态项目；支持开发文脉考察、考古发现、地理探秘、科学探索、非遗体验、生态之旅、红色之旅等研学科普一体化项目。

（三）实施文旅产业赋能城市更新行动

1.编制《长春文旅产业赋能城市更新实施纲要》。全面梳理挖掘市区老旧厂房、老旧楼宇、老旧商业设施、老旧街区等老旧资源。支持企事业单位将这些资源分类开发为不同类型的文旅项目，实现新旧模式转换、产业和空间"双转型"，培育打造文化创意产业园、旅游休闲街区、特色文化博物馆、非遗文化展馆、文旅商综合体、文旅体综合体、城市会客厅等文旅新业态，以文旅之美展现城市新魅力，以文旅之潮唤醒城市新动力，以文旅之盛带动城市新活力。

2.激活现有旅游资源潜力。针对现有旅游资源闲置浪费、开发程度不足、产品单一、市场认可度不高、基础设施与服务配套不完善等问题，从主客共情、主客共享、游客思维三个视角，构建研制旅游产品供给、游客市场需求、政府温情服务、商家宠客服务、媒体网络传播"五位一体"的改造升级方案，让现有旅游资源亮起来、美起来、活起来、火起来、爆起来、红起来，最终达到从网红景点到长久红火的转型升级目标。

3.培育打造重庆路喜文旅商业街区。喜文化是中国传统文化中的瑰宝，中国人把幸福事、开心事、好事、乐事等统称为"喜事"。婚嫁、节庆、生育、寿诞、乔迁、开业、参军、升学等重要人生时刻都要举行相应的庆祝活动来表达内心的喜悦和满足。对美好生活的向往和追求构成了喜文化的基本内涵和核心精神。深入挖掘和保护老市政府、春城剧场等历史建筑，通过建设长春喜事城、东北喜文化创意园、中国喜俗文化馆、中国爱情博物馆，赋予它们新的文化＋旅游＋商业功能，让历史与现代完美融合。同时，依托重庆路现有的服饰、美食、娱乐等多元业态，进一步丰富商业种类，提升街区品质，形成集文化体验、都市漫步、餐饮娱乐、休闲购物于一体的喜文旅商业街区，把喜文化变成长春的"流量密码"，培育打造世界喜文化之都。

（四）实施旅游新质生产力全要素赋能行动

1. 文旅沉浸式体验升级工程。加速科技创新与文旅产业深度融合，培育打造展现长春特色文化、长春人生活的集故事内容沉浸、心灵感受沉浸、技术场景沉浸、互动体验沉浸"四位一体"的文旅沉浸项目。开发沉浸式博物馆、沉浸式主题餐厅、沉浸式主题宾馆、沉浸式景区、沉浸式主题公园等沉浸式旅游产品。

2. 科技赋能文旅新业态品质提升工程。开发云旅游、云展览、数字人等数字旅游新产品。探索"AI+文旅"融合发展新路径，培育打造融合长春特色文化、民俗风情等元素的文化融合型新业态项目，通过场景还原、角色扮演、互动体验感受等方式，让游客深入了解和体验感受长春的文化内涵，增加游客的仪式感，增强旅游的文化附加值。

3. 数据赋能赋智文旅产业工程。培育加大旅游智能化基础设施建设、个性化旅游服务创新、旅游产业数字化转型，升级智慧旅游系统，完善智慧旅游体系，推动旅游大数据要素发挥乘数效应。

（五）实施旅游金智创意力全要素赋值行动

1. 长春冰雪旅游产品创意工程。做炫长春冰雪新天地；做亮庙香山滑雪场、净月滑雪场、莲花山滑雪场、天定山滑雪场；做精北湖秘境雪谷、南溪里文旅小镇等十大冰雪消费集聚区。做火冰雪美食节、冰雪音乐节、冰上舞蹈节、冰雪雾凇节、冰雪祈福节、冰雪游艺节、冰雪非遗节、冰雪艺术节等十大冰雪文化节。做趣雪地摩托车、雪地汽车、冰上马拉松、马拉爬犁、滑冰车、抽冰猴、溜雪圈等十大冰雪休闲体育活动。做酷冰雪森林漫步、冰雪雾凇观光、湖泊江河冬捕、冰雪温泉康养等十大冰雪体验产品。做特马架子、地窨子、梭罗子、木刻楞子、草垛子、冰窨子等十大冰雪特色民宿。做美冰天雪地玩具、冬天生活用具、冬捕渔猎猎具、寒地作业工具、民族服饰道具等十大冰雪特色文创商品。做香黏豆包、黏火烧、锅包肉、熘肉段、雪衣豆沙、白肉血肠、杀猪菜、铁锅炖大鹅、小鸡炖蘑菇、长春烤肉串等十大类冰雪特色美食。

2.长春特色美食匠心创意工程。构建融传统与现代、休闲与旅游、商业与文化于一体特色美食街区，打造近悦远来、主客共享的城市旅游发展新空间。举办长春特色美食文化节和长春特色美食大赛，讲好锅包肉、熘肉段、白肉血肠、猪肉炖粉条、小鸡炖蘑菇、铁锅熻大鹅、酱焖鲫鱼、酱焖豆腐、雪衣豆沙、地三鲜、烤全羊等长春特色美食故事，全面提升厨师烹饪水平，提高长春美食知名度和美誉度。

3.举办第一届世界食用菌烹饪技能大赛。让意大利的蘑菇比萨、泰国的菌菇咖喱、中国的松茸炖鸡、酱汁杏鲍菇、鸡枞菌汤等世界各国食用菌美食同时汇聚长春，切磋食用菌烹饪技法，创新食用菌美食工艺，培育长春食用菌美食品牌，打造世界食用菌美食之都。

（六）实施旅游全产业链能级跃升行动

1.百企领航培育行动工程。以服务文旅企业发展、支持文旅企业创新、促进文旅企业提质为着力点，推动文旅市场主体规模扩大、结构布局优化、创新创造力激发。2025 年，聚焦文旅行业龙头企业，培育 100 家左右示范带动性强、规模体量大、市场竞争力强的文旅领航型企业；聚焦规上企业，培育 100 家左右具有较强发展潜力、特色优势突出的骨干型企业；聚焦产业新业态、新模式、新场景，培育 100 家左右具有较强创新能力、专业化程度高的成长型企业，力争形成覆盖文化和旅游全产业链、创新创造能力突出、充满活力、协同共进的大产业集群发展体系。

2.旅游消费潜力激发工程。推进旅游景区建设，到 2027 年，全市 A

级旅游景区总量较 2020 年翻一番；提升旅游街区、夜间文化和旅游消费集聚区品牌；鼓励各地围绕节假日、寒暑假等时间点，举办形式多样的消费促进活动；支持各地政府、平台、商家发放文旅消费券，共同让利促销，激发消费潜力。

（七）实施旅游全产业链服务品质提升行动

1.政府温情服务工程，培育全方位宠客型服务政府。出台《长春市政府相关部门服务旅游产业高质量发展若干举措》，从旅游视觉形象体系设计、媒体营销矩阵策划、重大文旅活动布局、旅游市场监管体系完善、交通运输服务体系构建、舆情应急处理机制、游客车辆服务体系优化等方面系统构建政府温情服务体系。

2.商家宠客服务工程，构建全链条宠客型服务商家。牢固树立游客就是"且"的理念，将游客的需求和体验放在首位，想游客之所想，急游客之所急，想方设法让游客"受宠若惊"。把家中最好吃的东西给"且"吃，最好玩的东西给"且"玩，最好看的东西给"且"看，最舒适的环境给"且"住。通过细致入微的服务，让游客感受到宾至如归的温暖和关怀。

3.市民暖心服务工程，打造长春最宠游客城市品牌。市民对游客就是一个字："宠"，"宠"就是旅游的真谛，"宠"摆明了长春人的态度，体现了长春城市的温度。谁宠游客、谁心中装着游客的利益、谁能正视游客的现实诉求，谁就会在旅游市场受宠。要不遗余力地把真心服务、把"宠"贯穿到城市每一个角落。这些真心实意地付出，也会让游客不由自主地为长春打 call。

（八）实施旅游全产业链与民生福祉融合发展行动

1.旅游公共服务设施与民生福祉共享工程。打通旅游和交通融合发展的堵点痛点难点；构建旅游公共信息、旅游公共交通、旅游应急救援、旅游公共服务设施"四位一体"的游客和市民主客共享的旅游公共服务体系，全方位提升民生福祉。

2.旅游要素与民生融合发展工程。旅游景区、文旅消费集聚区、特色商圈、公共文化场馆、公共文化空间以游客和市民消费需求为出发点，以吸引年轻人眼球为着力点，以优化存量、盘活闲置商业资源为着重点，以商业功能与城市功能、消费功能与生活功能、文化功能与旅游功能深度融合为突破点，以数字科技与商文旅深度融合为闪光点，引入新理念、新技术、新业态、新模式，搭建都市文旅新场景，实现社区空间景观化、街区空间景点化、特色商圈景区化，形成不同层级旅游功能和居民生活互补，主客共享的文旅产业与民生产业协同发展体系，全方位提升游客愉悦感、市民幸福感。

（九）实施长春文旅 IP 全媒体营销行动

1.讲好"最长春"文旅故事工程。深挖长春文化资源，解码长春文化基因，构建长春文脉体系，建设长春文脉博物馆，讲好长春文脉故事。深挖长春汽车文化、电影文化、高铁文化、光电子文化、生物制药文化、应用化学文化等新中国摇篮文化，构建老工业基地文化传播体系，讲好长春老工业基地故事。深挖长春改革开放以来，科技创新、产业发展、乡村振兴、人才培养故事，构建长春创新发展故事传播体系，讲好长春社会发展故事。

2.主流媒体传播计划。结合重要节事会展，精心策划并举办多样化的特色文旅主题活动和节庆活动，打造长春旅游新热点，吸引广大游客积极参与，吸引主流媒体广泛宣传报道，有效提升长春文旅品牌的知名度与美誉度。积极参与国际文化旅游展会和交流活动，加强与国际旅游市场的深度合作，大力推广长春旅游产品和线路，吸引更多国际游客前来长春观光旅游。

3.社交媒体传播计划。与腾讯、爱奇艺、优酷等网络平台合作，开展全市旅游品牌推广合作项目。在微博、微信、抖音、小红书、B站等主流社交媒体平台建立官方账号，形成社交媒体矩阵，定期发布高质量文旅内容，积极与粉丝互动，提高用户黏性。与旅游领域的KOL/网红合作，通过他们的影响力提升长春文旅关注度、知名度。支持游客分享在长春旅游的新奇感、受宠感、幸福感。

4.其他媒体传播营销计划。拍摄反映长春人生活的电影、电视剧、微电影、微短剧，通过生动故事宣传介绍长春特色文化、特色旅游。

5.深化国际交流合作。积极参与文化和旅游部入境游旅行商伙伴行动，利用好文化和旅游部驻外机构等渠道和平台，开展海外宣介活动；邀请主要境外客源地旅行商到长春考察踩线；支持市内文化和旅游企业、机构参加各类国际文化和旅游展会；巩固东北亚和东南亚等传统客源市场，深挖欧美市场，开拓中东、"一带一路"国家地区等潜在客源市场。

（十）实施文旅高端人才队伍建设行动计划

1.文旅人才强市工程。编制《长春市旅游人才队伍建设纲要》，构建文旅新质生产力人才、文旅创意人才、文旅技能人才、文旅融合人才、文旅企业运营人才、文旅传播人才等各类各层级人才培养体系，为长春市文旅产业高质量发展开展针对性人才培养和精准施策。

2.文旅智库建设工程。整合高校、科研院所、行业协会、优秀企业等优质资源，组建跨学科、跨领域的专家团队，建立市级文旅战略规划专家库、文旅新质生产力人才库、文旅金智创意人才库、文旅投资机构库、文旅传播媒介库，构建创新力、创意力、工匠力、投资力、传播力"五力协同"的创新机制，为文旅企业、文旅项目提供全方位智力服务，为文旅产业高质量发展赋智赋能。

3.文旅人才培养工程。与高校、科研院所、文旅企业共同开展旅游管理学科专业建设，联合招收文旅新质生产力人才、文化创意人才、文旅运营人才、研学旅游人才等文旅研究生，为长春文旅产业高质量发展培养一批留得住、用得上的本土化高端人才。

第六节　长春东部生态文旅产业带发展对策

长春东部生态文旅产业带涉及的区域主要有九台—空港—莲花山—净月—双阳等五地，同属长白山余脉大黑山脉，地域板块相邻，区位优势明显、旅游资源丰富、地域特色文化鲜明，在提升区域旅游联动功能，聚焦文化创意城建设，推进长春现代化都市高质量发展和长吉一体化进程中具有重要作用。

一、东部生态文旅产业带基本情况

东部生态文旅产业带区域 6367.21 平方公里，下辖 51 个乡镇，总人口约 200 万人。目前产业带上文化旅游资源共有 290 个，约占全市 50%。已经建成成规模的冰雪旅游景区 13 个，数量占全市一半；有国家 A 级旅游景区 17 个，国家级生态旅游示范区 1 个，全国特色旅游景观名镇村 4 个，全国乡村旅游重点村 5 个，吉林省 A 级乡村旅游经营单位 33 个，省级乡村旅游重点镇 1 个，省级乡村旅游重点村 7 个，吉林省乡村旅游精品村 1 个，三星级旅游民宿 1 个，全国红色旅游经典景区 1 个，吉林省红色旅游示范村 1 个，吉林省工业旅游示范点 1 个。产业带上还有 22 家旅行社、200 家左右类型齐全的文化企业，各级非遗项目 100 项左右。东部生态文旅产业带主要有以下四大特点。

（一）区域旅游品牌效应凸显

净月区、双阳区和九台区被确定为首批国家全域旅游示范区创建单位，净月区、莲花山度假区被确定为首批省级全域旅游示范区。净月区被评为国家文化和科技融合示范基地、玉潭镇友好村被评为全国首批乡村旅游重点村；莲花山度假区为全国唯一一家以生态旅游度假区命名的行政区域；双阳区命名为全国旅游综合改革试验区、全国休闲农业与乡村旅游示范县、中国梅花鹿之乡、国家级生态示范区；九台区被誉为"中国萨满文化之乡""中国满族剪纸艺术之乡""中国鹰猎文化之乡""北方苗木花卉之乡"，被评为吉林省首家旅游标准化试点区、首批"全国旅游综合改革试点城市"；东湖和龙嘉街道被评为全国美丽乡村重点镇，波泥河街道被评为省级首批特色小镇，马鞍山村被评为国家级环境整治示范村。

（二）特色旅游资源丰富多彩

净月区，东部有净月潭国家5A级森林公园，南部有新立湖国家水利风景区，西部有长春的母亲河——伊通河，包括长影世纪城、伪满皇宫博物院，形成了"三面环林水、一面接主城"的旅游生态体系格局。莲花山，独具特色的冰雪、温泉、冷泉资源，地貌呈现葱绿山林—广袤土地—林间公路三层空间结合，拥有莲花山滑雪场、冰雪新天地、天定山旅游度假区等重点产品。双阳区，域内有御龙温泉、国信南山温泉、神鹿峰旅游度假区、双阳湖风景区及冰瀑布景观等项目产品，特色"农家乐"百余家。九台区，与二道区毗连，东接吉林市，南连双阳区，有松花江、饮马河、沐石河、雾开河4条主要江河，拥有初具规模景区42个，其中国家水利风景区1个：石头口门水库；4A级旅游景区1个：庙香山滑雪休闲旅游度假区，国家级旅游景区数量列全省第一。空港，不断完善园区配套设施，提升服务质量，积极推动中军天信国际品牌文化旅游项目建设。

（三）公共基础设施相对完善

九台—空港—莲花山—净月—双阳等五地区位旅游交通设施便利，市区到净月、莲花山、双阳、九台基本实现旅游交通相连，五地区域内循环旅游交通线路基本形成。净月，距市中心人民广场18公里，3条高速公路和2条高等级公路沿区而过，轻轨、地铁、快速路组成的立体交通网实现全覆盖。莲花山，通过"五横六纵"的网状道路体系和三条轨道线路，将度假区和长春市中心、国际机场、高速铁路客站及吉林市紧密联系起来，形成便捷的综合交通系统。双阳，长清、双蒋、长双快速路三条公路连接长春市主城区，龙双公路连通龙嘉国际机场，长双烟铁路纵贯双阳南北，市区至双阳城市高速公路和城市轻轨即将开工建设。九台，拥有省内首条百里乡村画廊旅游地景公路，长吉高速公路从境内穿过，龙嘉国际机场建成启用，长图铁路贯穿市区，已形成陆空齐备的交通优势。另外，净月农博园游客服务中心，莲花山主题驿站，双阳区旅游咨询服务中心，九台长吉游客集散中心和服务中心等基础旅游设施建成投入使用，作用发挥日益明显。

（四）旅游资源禀赋优质

国家A级旅游景区17个，其中，双阳区4个：御龙温泉，国信南山温泉旅游景区、缘山湖农业园、神鹿峰旅游度假区；九台区4个：庙香山度假区、八台岭古驿村落、金穗山庄、龙福缘休闲旅游度假村；净月区7个：净月潭国家森林公园、长影世纪城、长春农业博览园、天怡温泉度假山庄、长春凯撒森林温泉旅游度假区、常安驿站度假山庄、吉林省民间工艺美术馆景区；莲花山度假区2个：长春天定山旅游度假小镇、长春天下一家生态养生村。

国家级生态旅游示范区1个：莲花山度假区。全国特色旅游景观名镇村4个：双阳区山河街道、九台区土们岭街道、净月区玉潭镇、莲花山度假区四家子乡。全国乡村旅游重点村5个：双阳区小石村、九台区马鞍山村、红光村、净月区友好村、莲花山度假区泉眼村。

吉林省 A 级乡村旅游经营单位 33 个：其中，双阳区 20 个：御龙温泉度假村、缘山湖农业园、奢爱良蔬农场、枫树湾酒店、国信温泉酒店、国信采摘园、关东将军泉、向阳源山庄、积德泉山庄、亿嘉禾和山庄、健圆原生态农场、国玉庄园、东龙山庄、东鳌鹿业园、盛世图腾马文化园、稻香园、香辰有机农业、金荷药业、油菜花海园、李家菇娘园；九台区 9 个：碧水庄园度假村、庙香山度假区、大贝花海、金穗山庄、如美乡村民宿、香泉休闲农业生态园、氿遇山居、听湖创意农场、龙福缘度假村；净月区 3 个：天怡温泉度假山庄、慢山里营地综合体、常安驿站度假山庄；莲花山度假区 1 个：天定山民宿；省级乡村旅游重点镇 1 个：九台区土们岭街道；省级乡村旅游重点村 7 个：双阳区将军村、九台区大贝村、红光村、前岗子村、净月区新兴村、建国村、红田村；吉林省乡村旅游精品村 1 个：净月区友好村；三星级旅游民宿 1 个：九台区如美民宿；全国红色旅游经典景区 1 个：净月区东北沦陷史陈列馆；吉林省红色旅游示范村 1 个：九台区马鞍山村；吉林省工业旅游示范点 1 个：双阳区东鳌鹿业科技开发有限公司。

二、东部生态文旅产业带当前面临的主要问题

（一）文旅产业管理亟须加强

文旅产业管理没有打破行政界限，没有形成良好的市场竞争氛围，区域板块文旅资源没有得到有效整合，未形成发展合力。以行政划分为单位的文化产业发展不能够合理地利用同行业内的资源，资源得不到充分的开发利用。文化产业的整体竞争力不强，并且发展速度缓慢。

（二）文旅项目竞争力不足

文旅项目缺少具有战略优势地位的主导产业集群，缺乏龙头企业。以

创意为核心的新兴文化产业发展不足，带动作用尚不明显，在主导产业培育方面，还没有形成在全国较有影响力的产业集群。文旅项目主体与投资企业机构合作交流机会不多，文旅项目运营及宣传推介还应给予支持，行政服务人员项目招商推介能力还应加强。

（三）资源优势未能有效发挥

东部生态文旅带有良好的文化资源基础与产业发展基础，但未能充分发挥优势，在文化、影视、工业等方面与旅游融合度仍有不足，文化和旅游的特色结合不够，没有充分挖掘独具特色的地方文化资源。文化旅游资源开发缺乏深度、广度，致使相关产品级别、层次、品位不高。缺乏体系性营销，营销渠道单一。缺少统一营销品牌，景区各自为政，未形成合力。

（四）公共服务水平有待升级

游客接待中心、景区标识体系、旅游厕所、游客停车场、公共交通和等传统的旅游基础设施建设都没有达到大量接待游客的需要。对于未来实现旅游业高质量发展非常重要和关键的智慧旅游，还处于起步阶段，很多相关基础设施和功能尚无法实现。专业人才稀缺，尤其是兼具文化、旅游专业知识的复合型人才。

三、东部生态文旅带发展对策建议

（一）以创建国家文化产业和旅游产业融合示范区建设为目标

坚持以文塑旅、以旅彰文，坚持高标准建设、高质量发展，充分发挥大黑山脉山地特色和生态资源富集优势，培育新型文化和旅游业态，创新产品和服务供给，深挖底蕴、提升效能、优化体验、赋能发展，深度彰显文化创意建设成果在长吉一体化战略中的重要地位，以创建国家文化产业和旅游产业融合示范区为动能，引领东部生态文旅产业带实现高质量发展，把东部生态文旅产业带打造成为文化禀赋和旅游资源丰富、产业链深度融合和协同互补、新型文化和旅游业态蓬勃发展、示范引领和效能作用强劲的新时代文旅产业融合发展示范区。

（二）以科学规划统筹实施精准推动

制定"东部生态文旅带"发展规划，推动建立东部生态文旅带发展联盟，有效整合区域资源，形成合力发展氛围。把"九台—空港—莲花山—净月—双阳"等五地作为一个特色板块，积极开展国家文化产业和旅游产业融合发展示范区创建申报工作，与城市更新、新型城镇化、乡村振兴等重要工作紧密结合，与城乡规划、交通规划等实现多规融合，强化政策集成和制度创新，引导资源要素集聚，补齐发展短板，聚焦上下游产业链，进一步提升供给体系质量和水平，重点布局旅游公共服务设施，完善旅游公共服务体系，充分挖掘区域联动旅游发展潜力，以旅游元素扮靓城市乡村，着力区域集聚联动，推动优秀文化产品和服务进入旅游产业链各环节，全方位深化文化和旅游融合乃至文商旅多元融合的模式，推动"东部生态文旅带"实现一体化高质量发展。

（三）以重点文旅项目建设高效推动

"东部生态文旅带"项目是根本，要强化重大文旅产业项目建设研究谋划，构建"龙头项目牵引、专精特新项目支撑"的产业生态格局，着力打造以文化产业和旅游产业为核心的优势产业。加大对项目的服务力度，加快培育一批龙头企业和"专精特新"企业，推动文化和旅游资源与金融资本有效对接，用好各类政府投资工具支持文化产业和旅游产业，将符合条件的文化和旅游项目纳入地方政府专项债券支持范围，增强文化产业和旅游产业质量效益和核心竞争力。通过中国（长春）旅行者大会等活动，搭建文旅项目主体与投资企业机构深入合作交流平台。加大招商引资力度，通过长春文旅宣传平台和长春文旅项目云招商平台，对重点文旅项目进行宣传推介。适时举办招商推介培训活动，提升行政能力和服务水平。

（四）以精品文旅线路产品融合推动

"东部生态文旅带"五地同属大黑山脉，可谓一脉相承、资源相近、板块毗邻，要结合旅游资源特点和市场需求，结合实际，因地制宜，以山水生态、冰雪运动、民俗文化、乡村农家和工业旅游等特色旅游业态为主，顺应产业数字化和数字产业化发展趋势，促进高新技术在文化和旅游领域的应用，提高旅游场所设施的创意设计水平，提升旅游产品和服务的文化内涵。开发形式新颖、特色鲜明、丰富多彩、人文彰显的精品旅游线路，发展一批以农家乐、渔家乐、牧家乐、休闲农庄、森林人家等为主题的精品旅游度假产品，建成一批依托自然风光、美丽乡村、传统民居为特色的精品旅游景区，策划一批采摘、垂钓、农事体验等参与型的精品旅游娱乐活动，培育自驾车房车营地、帐篷营地、乡村民宿等新业态，打造丰富多彩的旅游特色演艺和节庆活动，拓展新旅游空间，形成宜观宜游、连片带动的集聚效应，通过精心设计各具特色的精品文旅产品线路，将五地丰富的旅游资源、景区景点和人文底蕴等串联起来，实现旅游产业发展和环境整治、脱贫攻坚相辅相成融合发展。

（五）以提升公共服务水平务实推动

要进一步健全提升五地区域的旅游公共服务设施水平，加强公共服务项目投入建设，突出服务中心、旅游交通、旅游咨询、智慧旅游、旅游交通标识等关键领域，积极探索建立完善可持续运营模式，推动集散中心、咨询中心、智慧旅游、环线巴士、旅游直通车等项目的运营和服务，建设引入贯穿九台—空港—莲花山—净月—双阳等五地的城市公共交通或者旅游专线，加快形成交通运输与旅游融合发展新格局。在连接节点科学有效布局公共服务基础设施，引导汽车客运站加快转型升级，重点在净月—双阳、净月—莲花山、双阳—莲花山、莲花山—九台、莲花山—空港、空港—九台等区域节点处建设国家一级旅游集散中心，形成区域旅游交互大廊道，形成有重点、有外延的全域旅游发展模式，实现多点支撑、多极带动、多业融合、多元推进和择优发展、差异发展、融合发展的旅游发展良好格局。加快人才培养，夯实旅游产业的发展基础。

四、东部生态文旅带发展对策建议成效

2023 年 11 月 13 日，依据《文化和旅游部 自然资源部 住房和城乡建设部关于开展国家文化产业和旅游产业融合发展示范区建设工作的通知》，长春市申报的《吉林省长春市净月高新技术开发区—莲花山生态旅游度假区建设》成功入选国家文化产业和旅游产业融合发展示范区建设单位（全国 50 个）。

第七节 长春伊通河文化遗产与生态休闲带建设对策

伊通河是长春市的母亲河，见证了城市的历史发展与生态变迁。随着全球绿色发展理念的兴起，城市文化遗产与生态保护的重要性日益凸显。伊通河流域不仅拥有丰富的自然生态资源，还涵盖了众多历史文化遗产，是长春市一座难得的综合资源宝库。将伊通河打造成集文化遗产保护、生态修复和旅游开发为一体的文化生态旅游带，既能提升城市的文化软实力，又为城市居民和游客提供一个可持续发展的生态休闲场所，助推长春市旅游产业转型升级。

一、文化遗产带的空间分布

伊通河发源于伊通满族自治县境内的哈达岭山脉青顶山北麓。伊通河干流的划分为：新立城水库拦河坝以上为上游，新立城水库拦河坝至新凯河注入伊通河处为中游，从此处至伊通河注入饮马河为下游。伊通河的中游至下游流经长春的净月区、南关区、经开区、二道区、宽城区、长春新区，以及农安县和德惠市8个县（市、区），最终在农安县靠山屯东注入饮马河，归入松花江。

伊通河是长春的母亲河，源远流长。《金史》称其为"益裖水"，也叫"移墩河"。元、明时期称"一秃河"（见《明一统志》），有时也写作"易屯河""亦东河"或"一统河"。清代在河的上游设治伊通州，河名改为"伊通河"，并沿用至今。

在过去一千多年中，伊通河沿岸诞生了夫余王城（黄龙府）等历史名城，流经长春厅遗址、宽城子老城、商埠地等历史文化片区，以及长春道台府、老城六城门、伪满皇宫博物院、农安辽塔等重要遗址，构成了伊通河文化遗产带，长春的历史辉煌和今日的发展与伊通河密不可分。

伊通河文化遗产带分为两段：核心段为自长春大桥至四化桥，以伪满皇宫为中心，辐射宽城子老城历史文化片区、商埠地历史文化片区、长拖工业遗址、吉柴工业遗址、亚泰新动力商圈、新天地购物公园商圈等；下游段以农安辽塔为核心，辐射农安古城址、上台子遗址、唐代老边岗遗址等。

二、生态休闲带的空间布局

自1985年起，长春市开启了首轮伊通河治理。1992年至2009年间，长春市持续加大伊通河改造力度。2015年6月，新一轮伊通河综合治理暨百里生态长廊建设工程正式启动，至今已建成包括南溪湿地、水文化生态园、伊通河工业轨迹公园在内的伊通河生态休闲带，北湖湿地公园毗邻的北伊通河休闲带也即将建成。

伊通河生态休闲带的空间布局分为两段：南部段自新立城水库拦河坝至长春大桥，以南溪湿地为核心，辐射净月生态大街沿线的多个景区和商圈，如长春厅遗址、国际影都、莲花岛、长春世界雕塑园、钜城—华億广场商圈等。北部段自四化桥至新凯河注入处，以长东北黄金纽带文化园为核心，辐射北湖湿地公园、航空航天博览园、奥林匹克公园等。经过多年发展，伊通河生态休闲带已成为长春著名的景观带和游客观光休闲区。

三、文化遗产与生态休闲带建设对策

打造文化遗产保护廊道，建设伊通河文化博物馆；整合沿岸购物商圈、美食街区、休闲公园和活力集聚区，形成伊通河特色生态文化休闲旅游街区。规划夏季游船、冬季赏冰雪雾凇等项目，配合沉浸式光影码头、主题灯光演绎、户外休闲运动等，打造一个集休闲、娱乐、文化体验于一体的旅游街区，既是 Citywalk 的首选地，也是 Chill 文化休闲的理想选择。同时，开发滨水慢行系统，游客沿途可欣赏"1 河 3 区 5 岛 10 园 17 桥"的美景，享受全程贯通的高品质滨水绿道，这将成为长春市最具活力与商业氛围的生态休闲新标杆。

第八节 基于文脉传承的长春文化旅游高质量发展建议

长春文化资源不仅涵盖了满族文化、伪满洲国时期的历史遗迹，还包括长春电影制片厂等现代文化符号。随着现代社会的快速发展，长春市的城市面貌和文化形态发生了巨大变化，文化遗产的保护和传承面临着新的

挑战。博物馆作为文化传承和展示的重要载体，在城市文化生态建设中具有重要的地位。因此，构建系统性、层次性和多元化的长春文脉博物馆体系，不仅有助于保护城市的文化根基，还能进一步提升长春的文化软实力和国际影响力。

一、长春文化脉络体系构建

（一）长春地理文化

从文化地理学视角看，长春是辽河平原、松嫩平原和科尔沁草原"三原重叠"之地；又是松花江、饮马河、雾开河、伊通河、新凯河"一江四河"涵养区；还处于长白山、小兴安岭、大兴安岭"三山环抱"之间，有着鲜明的山水林田湖草生态特性，具备采集文化、游牧文化、渔猎文化、农耕文化生存生长的土壤和环境，是采集文化、游牧文化、渔猎文化、农耕文化交错地带。

地理学视角看，长春位于北纬 43°05′-45°15′，属于世界冰雪黄金纬度带、世界三大黑土带、世界三大黄金玉米带、世界三大黄金大豆带、世界三大黄金水稻带。适宜的气候条件和山体条件，令这一纬度诞生了多处天然的优质滑雪场。位于欧洲中南部的阿尔卑斯山、日本北海道地区、北美的落基山，以及"人类滑雪起源地"新疆阿勒泰地区、新中国滑雪运动的起点东北，都位于这一黄金纬度带上。长春属于长白山余脉大黑山脉中段，冰雪旅游、冰雪运动、冰雪文化、冰雪装备等冰雪产业发展迅猛，具备成为世界都市冰雪产业新的增长极的巨大潜力，是实现吉林省万亿级旅游产业目标的重要引擎。世界三大黑土带分别是乌克兰的乌克兰平原、美国的密西西比平原、中国的东北平原。黑土地是世界上最肥沃的土壤，有"一两土二两油"的比喻，在我国主要分布在黑龙江省、吉林省、辽宁省和内蒙古自治区。吉林黄金玉米带分布于长春、四平、松原、白城、辽源、吉林等地，核心区域为长春平原。世界冰雪黄金纬度带、世界黑土带、世界黄金玉米带形成了长春东南部避暑冰雪生态文旅带、西北部河湖湿地黑土地文旅带。

（二）长春历史沿革

长春历史可以从一片草原—郭尔罗斯草原、一条大河—伊通河、一座山脉—大黑山脉、一条铁路—中东铁路、一段边墙—柳条边五个一讲起。

长春自上古时期已是肃慎、东胡、秽貊等少数民族聚居地。长春主城区和农安、德惠等县区，清朝时期属于郭尔罗斯前旗，郭尔罗斯前旗是哲里木盟十旗之一，政务受吉林将军监督，长春主城区和农安、德惠等区县的划分是随着七次蒙地开发而逐渐诞生的。郭尔罗斯前旗领地变迁从乾隆五十六年（1791）该旗土地（草场）开垦开始，当时郭尔罗斯前旗辅国公恭格拉布坦为了征收地租将旗地南部一部分给汉族人开垦，于是，打破了长期沿袭的蒙地封禁政策。到嘉庆年间入居郭尔罗斯前旗开垦农地的汉人流民人数达数千人。嘉庆四年（1799），吉林将军以"借地养民"的名义，把郭尔罗斯前旗草场正式向汉人开放。嘉庆五年（1800）第一次蒙地开发，开放伊通河、饮马河、雾开河一带，同年，清政府在伊通河东岸，距离长春堡5公里处设置了长春历史上第一个行政机构——长春厅，2000年1月17日中共长春市委常委会确定1800年7月8日为长春建城纪念日。

（三）长春在地文化资源

长春文化生态片区划分，从不同视角有不同的划分方法。本文从文化和旅游视角，将长春在地文化资源概括为"1+2+3+7+18"。

"1"是指一个国家历史文化名城。2017年10月，国务院批准长春列为国家历史文化名城。

"2"是指两大特色地理文化。冬季冰雪文化和夏季避暑文化。

"3"是指三大历史文脉。长春历史文脉主要有三条,第一条是伊通河文化遗产与生态休闲带,第二条是中东铁路(德惠—长春—公主岭段)历史文化走廊,第三条是清代柳条边遗址历史文化走廊。

"7"是指七大工业摇篮文化。长春是新中国电影工业的摇篮、汽车工业的摇篮、地铁高铁工业的摇篮、光电子工业的摇篮、生物疫苗工业的摇篮、应用化学的摇篮,同时还是中国空军的摇篮(以下简称"七大摇篮")。这"七大摇篮"至今仍然是长春最亮丽的名片。发挥"七大摇篮"产业优势,将工业生产文化化、工业文化产业化,实现工业生产与文化产业深度融合、相互赋能,带动长春文化旅游产业高质量发展。

"18"是指长春文化创意城的18个子城。

"18"是指十八个文化创意子城。长春是东北亚知名创意之都、全国著名创意之城,按照长春在地文化特点,可分为18个文化创意子城,18个创意子城可分为4大类。历史遗产类,包括长春历史文化创意城、长春博物文化创意城、长春非遗文化创意城。自然生态类,包括长春生态文化创意城、长春冰雪文化创意城、长春乡村文化创意城。摇篮文化类,包括长春汽车文化创意城、长春高铁文化创意城、长春影视文化创意城、长春动漫文化创意城、长春航空航天文化创意城、长春科教文化创意城。文旅消费类,包括长春商圈文化创意城、长春饮食文化创意城、长春娱乐文化创意城、长春体育文化创意城、长春雕塑文化创意城、长春会展文化创意城。

二、"五位一体"的长春文脉博物馆体系构建

长春通过构建涵盖黑土地、历史文化、工业遗产、科教文化、民俗风情等内容的"五位一体"博物馆体系,进一步提升城市文化软实力,推动文化和旅游产业的深度融合发展。"五位一体"具体指:长春黑土地文化

博物馆体系、长春历史文化博物馆体系、长春工业文化遗产博物馆体系、长春科教文化博物馆体系、吉林民俗风情博物馆体系。

长春黑土地文化博物馆体系：包括黑土地文化博物馆、中国粮食文化博物馆、东北黑土区现代农业科技博物馆、农耕文化博物馆、渔猎文化博物馆、游牧文化博物馆、长春冰雪文化博物馆、松花石文化博物馆、非遗博物馆、音乐博物馆、方言博物馆和乡村印记博物馆等。该体系通过展示黑土地丰富的历史和文化资源，深度发掘区域农业文明及其相关文化内涵，展示现代与传统的交织。

长春历史文化博物馆体系：包括吉林省博物院、伪满皇宫博物院、长春历史文化博物馆、长春文庙博物馆、长春博物馆、长春市城市规划展览馆、吉林大学地质宫博物院、吉林大学考古博物馆、东北师范大学东北民族民俗博物馆等。通过展示长春悠久的历史文化与城市发展的变迁，体现长春作为国家历史文化名城的重要地位。

长春工业文化遗产博物馆体系：包括中国一汽汽车工业文化博物馆、中国长春高铁文化博物馆、中国航空博物馆、中国长影旧址博物馆、长春拖拉机厂工业遗产博物馆、吉林柴油机厂工业遗产展示中心、中东铁路附属建筑群博物馆、长春市工业轨迹博物馆等。该体系重点展示长春作为工业重镇的历史成就与遗产，承载工业文明的发展脉络。

长春科教文化博物馆体系：包括吉林省科教名人馆、吉林省科学技术馆、长春中国光学科学技术馆、东北师范大学自然博物馆、空军航空大学航空馆、中国职业技术教育博物馆、长春林田远达国际汽车标识博物馆等。通过展示长春在科学技术与教育领域的成就，凸显其在国家科教创新中的重要地位与贡献。

民俗风情博物馆体系：包括民俗节庆博物馆、爱情博物馆、祭祀文化博物馆、民间艺术博物馆等。该体系致力于展示与传承地方丰富的民俗文化，涵盖传统节日、婚俗、祭祀礼仪、民间艺术等内容，深入挖掘民俗文化的内涵，推动民俗文化的保护与创新性发展。

三、基于文脉传承的长春文化旅游高质量发展建议

（一）系统整合历史文脉资源，打造长春文化旅游精品线路

将伊通河文化遗产与生态休闲带、中东铁路历史文化走廊、清代柳条边遗址等三条历史文脉资源进行系统整合，设计具有长春特色的文化旅游精品线路。通过融合生态、历史与工业文化元素，打造集文化体验、生态旅游、休闲娱乐为一体的综合旅游项目，提升沿线基础设施，开发沉浸式体验，增强长春文化旅游的吸引力与竞争力。

（二）推动工业遗产与文化创意深度融合，促进工业旅游与产业升级

利用长春丰富的工业文化遗产资源，进一步推动工业文化与创意设计、旅游产业的深度融合。在中国一汽、长春高铁、航空、长影等代表性工业遗产博物馆的基础上，打造以工业文化为主题的文创园区、工业旅游线路等创新项目。通过工业文化展示与创意产业相结合，吸引创意人才与企业入驻，带动区域经济发展。鼓励举办工业文化主题展览、论坛和创意活动，强化长春作为工业重镇的城市形象，推动产业转型升级，实现文化与经济的双重效益。

（三）促进科教文化博物馆体系与创新创业平台的协同发展，激发科技创新活力

推动长春科教文化博物馆与当地高校、科研机构及创新创业平台的合作，将博物馆体系打造为集展示、教育、创新为一体的综合平台。通过举办科技创新竞赛、科教论坛等活动，培育更多具有实践创新能力的人才。

利用博物馆的科教资源，为科技创新创业提供智力支持，进一步激发长春的科技创新活力，促进创新成果的转化与应用。

（四）挖掘民俗风情博物馆体系中的文化旅游潜力，打造全季节文化体验项目

深入挖掘长春民俗风情博物馆体系中的文化资源，通过开发民俗节庆、婚俗、祭祀等主题的文化旅游产品，推动民俗文化的市场化发展。结合季节特色，打造夏季的民俗体验游和冬季的冰雪民俗文化节，提供全季节的文化旅游体验。通过多元化的民俗活动与主题文化公园建设，进一步提升长春作为文化旅游目的地的多样性和吸引力。

第三篇　未来发展态势

第九章　未来前沿技术赋能文化
创意产业生态系统

第一节　数智前沿技术群赋能文化创意产业

一、人机接口技术群

人机接口技术群通过智能化、自然化的交互方式为文化创意产业注入了全新的生命力,推动了艺术创作、文化展示和娱乐体验的创新。例如,语音交互技术在博物馆和展览馆的智能语音导览系统中得到了广泛应用,用户可以通过自然语言与设备进行互动,获得个性化的讲解,增强沉浸感。而触觉与力反馈技术在虚拟现实游戏中使玩家能够真实地感知击打和碰撞的触觉反应,提升游戏的沉浸性。此外,手势识别技术使艺术创作者能够通过手势控制虚拟画笔,进行更加自由的艺术创作。在文化创意产品的设计中,眼动追踪技术被用于分析用户的视觉关注点,从而优化界面设计和增强互动体验。脑机接口技术则为肢体受限的患者提供了通过大脑波动进行艺术创作的可能,助力康复艺术疗法的发展。这些技术的融合应用正在不断推动文化创意产业的变革,带来更加个性化和沉浸式的用户体验。

二、智能计算与大数据技术群

智能计算与大数据技术群在文化创意产业中打破了传统的生产和消费方式，推动了创作、运营和用户体验的革新。通过大数据分析，文化创意产业能够从海量数据中提取有价值的信息，实现精准内容推荐和个性化营销。例如，Netflix 和 Spotify 通过分析用户行为数据，精准推送符合用户兴趣的影视和音乐内容。AI 辅助创作工具能够帮助创作者突破创作瓶颈，生成新作品，如 AI 自动生成的音乐、诗歌或小说。此外，云计算和分布式计算为创作者提供了强大的计算和存储能力，支持实时渲染与虚拟创作环境的搭建，打破了地域与设备的限制，提升了创作效率。例如，多个设计师可以通过云平台进行实时创作，全球协作。而计算机视觉技术则被广泛应用于影视特效、虚拟现实等领域，通过图像识别技术增强观众的互动体验。例如，影视制作中的虚拟角色与场景合成，游戏行业中的真实场景渲染，都让用户体验更加沉浸式。这些技术的融合应用不仅提升了文化创意产业的生产力，也为用户带来了更加个性化和高效的文化体验。

三、智能感知与自动化技术群

智能感知与自动化技术群正在为文化创意产业带来革命性的变化。智能感知技术通过传感器、图像识别和环境感知等手段，使文化产品实现个性化、互动化的体验。例如，增强现实和虚拟现实技术可以在博物馆和艺术展览中为用户提供沉浸式体验，观众通过佩戴设备与虚拟环境中的艺术品互动，享受身临其境的文化体验。而智能广告技术则能根据用户的行为和情感实时调整内容推送，提高营销效果。在自动化方面，技术已经广泛应用于影视制作、音乐创作和艺术创作中，例如自动化剪辑和特效生成系统能够大幅提高制作效率。在艺术创作中，机器人技术被用来进行雕塑和绘画，提供了新的创作方式，同时还与艺术家协作完成作品，增强了创作的精确度与创新性。无人系统，如无人机，也被广泛用于文化创意产业，无论是空中艺术创作，还是影视拍摄，都是提供新视角和表现方式的利器。这些技术不仅提升了生产效率，还为创作和消费带来了前所未有的个性化和高效化体验。

第二节　产业技术群赋能文化创意产业

一、生物仿生技术群

生物仿生技术群赋能文化创意产业，展现出自然材料与技术创新、自我生长与修复、跨学科融合、生态友好性和多感官体验等特点。这些技术通过仿生学、基因工程、生物合成和生物计算等应用，在艺术、设计、建筑、时尚等多个领域带来了创新。例如，利用生物合成技术开发的"蜘蛛丝面料"，在时尚设计中实现了轻量且高强度的环保材料；米兰"垂直森林"建筑通过仿生设计，将大量植被融入城市建筑，改善空气质量；艺术家 Eduardo Kac 的"GFP 兔子"利用基因编辑技术进行生物艺术创作，激发了对生物伦理的探讨；Jason deCaires Taylor 的"海底雕塑公园"则将雕塑与生态修复结合，既促进了海洋生物的生长，又成为文化旅游的创新形式。生物仿生技术群在文化创意产业中的应用，不仅丰富了艺术形式，还推动了生态保护和可持续发展的文化价值，实现了技术、自然和文化的深度融合。

二、先进制造技术群

先进制造技术群的赋能使文化创意产业迎来了新的发展机遇。通过智能制造、个性化定制、数字化设计和虚拟现实等技术的应用，文化创意产业不仅在创作和生产过程中获得了更高的效率，也为消费者带来了更加丰富、个性化的文化体验。随着技术的不断发展，未来文化创意产业将在创新和技术驱动下，展现出更加广阔的发展前景。先进制造技术群的核心优势之一是能够实现大规模的个性化定制。传统文化创意产业中的产品往往是批量生产的，而先进制造技术，如 3D 打印和数字化设计，可以使每一件产品在设计和生产过程中都符合用户的独特需求。例如，消费者可以通过 3D 打印技术定制自己的文化创意产品，如个性化的饰品、手工艺品或文化纪念品。这种"按需生产"的模式不仅提高了生产效率，还促进了文化创意产品的多样化和个性化，满足了消费者对于独特性和个性化的需求。优势之二是利用自动化生产线、机器人技术和智能控制系统，传统手工制作的文化产品可以实现高效率、低成本的生产。这种转变不仅减少了人工成本，也使得生产过程更加精细化、标准化。例如，文化创意产业中的家具、工艺品、服装等，通过智能制造技术的应用，能够在保持设计感和艺术性的同时，大幅度提高生产效率和精度，降低企业的生产成本，并提高市场响应速度。优势之三是先进制造技术群推动了文化创意产业的数字化转型。数字化设计和虚拟制造技术使得创作者可以在虚拟环境中完成产品设计和制作，减少了实体样品的制作过程，提高了设计的准确性和创意的实现效率。例如，虚拟现实和增强现实技术在文化创意产业中的应用，使得设计师能够在三维空间中进行创作，突破了传统二维设计的限制。这不仅提升了设计的灵活性，还使得文化创意产品的表现形式更加丰富多样。

三、极端环境技术群

极端环境技术群通过将太空探索、深海开发、极地生存等技术与文化创意产业相结合，赋能产业在极端环境下开发全新文化产品和沉浸式体验。其特点包括未来感与科幻元素的深度融合、极端环境的真实模拟、多感官互动以及生态可持续性。这些技术推动文化创意产业在太空科幻电影、极地探险旅游、深海艺术装置和极端环境建筑设计等领域取得突破，赋予文化产品强烈的科技感和探索性。例如，电影《星际穿越》运用虚拟现实和太空模拟技术，展现人类在极端环境中的生存与探索，增强了观众的沉浸体验；挪威的 Under 水下餐厅利用极端环境建筑技术，在水下打造出与自然景观融合的沉浸式餐饮体验；日本艺术家 Azuma Makoto 的"花卉太空艺术"项目将植物送入太空，展现失重环境下的艺术表现。这些实例展示了极端环境技术群在文化创意产业中的广泛应用，为探索和展示极端环境下的文化可能性开辟了新领域。

第三节　人类福祉技术群赋能文化创意产业

一、情感体验技术群

情感体验技术群在文化创意产业中的应用展现了多感官融合、沉浸式互动、情感计算与个性化体验的特点。这一技术群通过结合视觉、听觉、触觉、嗅觉、味觉等感官技术，为文化产品提供全方位的沉浸体验。情感识别与反馈技术的应用，使文化创意产品能够根据用户情绪进行自适应调整，带来动态的个性化情感互动。例如，Affectiva 的情感识别技术通过分析游戏玩家表情调整场景和音乐，增强游戏沉浸感；"Sensory

Stories"多感官展览结合气味扩散、触觉反馈和 3D 音效，让观众体验多维度的感官刺激；OVR Technology 的"ION"设备在虚拟现实中释放与环境匹配的气味，增强用户的真实感；Lisa Park 的"心率艺术"装置通过监测观众心跳，实时调节艺术表现形式，创造个性化的情感互动。这些应用推动了文化产品从单向展示向互动体验的转型，实现了技术与情感的深度融合。

二、文化制造技术群

文化制造技术群通过智能制造、3D 打印、纳米技术、先进材料及自动化生产等技术手段，赋能文化创意产业，实现传统文化产品生产的现代化、智能化和定制化升级。其主要特点包括高精度制造、个性化定制、快速响应生产以及环保可持续等，推动了文化创意产品从设计到生产的一体化流程。应用领域涵盖文创衍生品、智能时尚设计、文化建筑材料开发、个性化家居产品以及文旅产品的快速制造。例如，3D 打印技术可用于博物馆文创产品的生产，实现限量版艺术品的定制；纳米技术在智能面料和可穿戴设备中应用，如 NanoSphere 面料具备自清洁、防水功能，拓展了时尚设计的创新可能性。在建筑领域，动态建筑设计如"动态塔"利用智能制造技术实现楼层独立旋转，展示了未来文化建筑的创意设计。此外，生物合成蜘蛛丝材料为时尚产业带来了环保且高韧性的解决方案。这些实例表明，文化制造技术群正以多样化的方式推动文化创意产业的创新和发展。

三、教育与文化传承技术群

教育与文化传承技术群通过数字化、智能化和虚拟化技术的广泛应用，推动了教育领域和文化传承的革新。数字化教育技术、文化遗产保存技术、语言与知识传承技术等的结合，不仅为全球教育的普及提供了强大动力，还为文化遗产的保护与传播创造了新的可能。例如，在线教育平台如 Coursera 和 Khan Academy 打破了传统教育的时空限制，提供全球范围内的教育资源；虚拟现实技术使学生能够身临其境地体验历史和文化，增加学习的趣味性和深度；而数字博物馆与虚拟展览通过三维扫描和虚拟重建技术，使全球用户能够随时访问并与珍贵的文化遗产进行互动。此外，语言学习应用如 Duolingo 结合人工智能提供个性化的语言学习工具，不仅促进了语言的传播，也帮助保存濒危语言。技术的进步为教育公平与全球文化传承提供了更多的可能，尤其是在偏远地区，远程教育技术有效突破了地理和资源的限制，让更多的人享受到优质教育资源。

第四节　其他行业技术群赋能文化创意产业

其他行业技术群赋能文化创意产业通过将交通、建筑、材料科学、能源技术等多个领域的前沿技术融入文化创意的开发和应用中，实现跨界创新。这些技术群的特点在于其广泛的应用范围、灵活的跨领域融合能力以及对文化产品生产方式的颠覆性变革。例如，交通技术群推动飞行汽车、无人机编队表演等新型娱乐和观光形式，使文化体验从地面延展至空中，带来沉浸式的未来城市观光体验；建筑技术群通过智能建筑设计和材料创新，使文化建筑具备自适应环境和节能的功能，如垂直森林建筑融合了生态设计与文化空间创造；能源技术群则推动了太阳能艺术装置的开发，通过绿色能源支持文化展览和活动的可持续性。例如，迪拜无人机灯光秀，通过编队表演创造夜空中的视觉盛宴；飞行汽车主题乐园将 AR 和 VR 技术结合，模拟未来交通场景；意大利米兰的 Bosco Verticale 项目，垂直森林的生态设计融合了文化、环境和艺术，展示了未来城市绿色建筑的可能性。这些跨界技术的应用不仅扩大了文化创意产业的表现形式，也推动了产业的多维度发展和未来探索。

第十章　未来前沿技术赋能文化创意产业发展展望

未来前沿技术拥有无限的发展空间与想象力，人工智能、生物仿生、情感体验等技术与创意产业的深度融合，将创造全新的业态、产品和场景体验，带来新的交互方式与情感共鸣，激发创新潜力，塑造多元共生的文化生态，推动科技与人文的深度交融。本章从前沿技术赋能文化创意产业全产业链的视角，探讨了未来技术赋能文化创意产业的发展态势与前景。

第一节　前沿技术发展维度：创新驱动与跨界融合

不同领域有不同的前沿技术，这些前沿技术赋能文化创意产业，与文化创意产业深度融合创新，促进文化创意产业不断形成新业态、新产品、新场景、新模式。通过在不同领域的前沿技术与文化创意产业的跨界合作，不仅能够加速不同领域技术的迭代升级，还能产生前所未有的融合效应，推动经济社会各方面的深刻变革。例如，人工智能与大数据的结合，使得智能分析和精准预测成为可能；虚拟现实与数字文化产业的融合，则催生了全新的娱乐方式和文化体验。以此为基础的技术创新，既能够提升产业效率，也能够带来新的经济增长点。尤其是在文化创意产业领域，创新驱动和跨界融合不断推动着文化内容与各领域前沿技术的结合，催生出新的艺术形式和创意产品，推动着产业的数字化转型与全球化发展。例如，生物仿生学是一门将自然界的生物结构和功能应用于技术领域的学科。在文化创意产业中，生物仿生学的应用正在催生一系列创新产品和新型艺术表现形式。在产品设计领域，许多家具和家居用品通过模仿自然界植物和动物的形态，创造出兼具美感和实用性的作品。生物仿生技术在建筑、服装设计、艺术装置等领域的应用，使得产品不仅富有创意，还具备了可持续性和环保特性，推动了绿色设计理念的普及。在表演艺术中，生物仿生学同样提供了新的创作灵感。通过仿生技术，设计师可以创造出模仿动物动作的舞蹈、戏剧或互动表演，为观众带来全新的沉浸式体验。这种融合生物学和艺术创作的方式，不仅提升了创作的独特性，也增强了与自然界的情感连接。再比如，脑机接口技术则是未来情感体验发展的一个新方向，它通过直接连接大脑和计算机，解锁了全新的感知与互动方式。在文化创意产业中，脑机接口技术的应用能够使艺术作品与观众产生更加直接的情感连接，从而创造出一种全新的、更加深刻的文化体验。

未来，文化创意产业将在不同领域前沿技术赋能下，呈现出更加丰富多样的创意形式和更加广阔的市场空间，也将催生更多创新型的文化产品和体验，从而进一步促进文化事业的繁荣和文化产业的高质量发展。

第二节　创意构思生成维度：艺术性与技术性深度融合

随着人工智能、虚拟现实、大数据、机器学习等前沿技术的迅猛发展，创意构思的生成方式发生了根本性变化。技术不仅为艺术创作提供了全新的工具，也为创作者带来了更为丰富和多样的创作方式，同时打破了艺术与技术之间的界限。创意构思的来源不再局限于艺术家的灵感与独立思考，人工智能的参与使得创作过程更加智能化、个性化，艺术风格和创作形式变得更加多元。

　　AI 不仅能够学习各种艺术风格，还能根据数据分析生成符合用户需求的作品，极大提升创作效率并丰富艺术表达。人工智能的"辅助创作"模式，推动了创作者与技术工具之间的协作。AI 不仅在构思阶段提供灵感，还能在创作过程中进行优化，提升作品的完成度与艺术效果。这种创作协同使得艺术创作不再是单纯的人类行为，而是一种人与机器的共同创作过程。在电影制作、游戏设计等领域，技术与艺术的跨界合作日益紧密，艺术家和技术人员共同推动创意构思的创新，借助虚拟现实等技术手段，创作者能够在沉浸式的虚拟空间中进行创作，创造出更加丰富、互动的艺术表现。此外，大数据和增强现实技术的应用使创意构思更加精准和富有针对性。通过对海量数据的分析，创作者可以洞察观众的需求与偏好，从而生成更加贴合市场的创意内容。同时，AR 与 VR 技术提供了全新的创作环境，使艺术家能够在三维空间中实时调整作品，打破传统设计的限制，创作出更加生动、多维的艺术体验。未来，随着技术的进一步发展，创意构思将更加智能化、自动化、个性化，AI、VR、AR、大数据等技术将成为创作的重要合作伙伴，推动文化创意产业迈向一个更加开放和创新的新时代。艺术性与技术性的深度融合将成为创作的主流模式，开启创意产业更加广阔的发展空间。

第三节　内容创作生产维度：智能创作与高效内容生成

　　在数字化时代，智能创作与高效内容生成已成为文化创意产业中不可忽视的关键力量。借助人工智能、机器学习、自然语言处理等技术，创作者不仅能够提高生产效率，降低成本，还能打破传统创作的局限性，实现全新的创作方式。智能创作通过深度学习、图像识别等技术，能够自动生成精准且个性化的内容，例如在图像、视频、音频创作中，AI 能够根据用户需求生成风格迥异的作品，极大提升创作效率。在创作流程中，AI可以自动完成视频剪辑、配乐、特效添加等任务，让创作者更加专注于创意的发挥。与此同时，AI还与创作者进行深度互动，作为创作助手提供实时反馈和灵感，为创作者带来更丰富的创意可能。基于数据驱动的创作方式，通过分析观众数据和市场趋势，创作者可以精准定制内容，提高市场适应性。智能推荐技术也进一步增强了内容的个性化，提供符合用户需求的定制化内容，提升用户体验。此外，随着智能创作的普及，内容版权保护也成为重要议题，区块链技术为版权溯源和保护提供了新的解决方案。

未来，随着技术的进一步发展，智能创作将更加深入地渗透到创意产业的各个方面，推动文化创意产业向更加高效、个性化和创新的方向发展。智能创作不仅在提高生产效率、降低成本方面发挥了显著作用，还为创作者提供了全新的创作思路和工具，打破了传统创作的局限性。

第四节　品牌推广营销维度：数据驱动与个性化精准营销

数据驱动的营销决策是品牌推广的重要基础。企业通过大数据技术收集消费者行为、兴趣爱好、购买习惯等数据，精准预测需求，并通过推荐算法推送相关商品。这种个性化推荐不仅提升了用户体验，还提高了转化率和销售额。在文化创意产业中，类似的方法被广泛应用于音乐、电影和图书等平台，推动了用户满意度和平台盈利能力的提升。数据挖掘和用户画像是实现数据驱动营销的关键。通过分析大量用户数据，企业能够精确构建用户画像，深入了解其需求、消费行为和心理特征，从而为品牌提供精准的产品推荐和定制化营销方案，提升广告投放的精准度和营销效果。在文化创意产业中，用户画像同样至关重要，它帮助平台为用户推荐符合兴趣的电影、音乐和书籍，提升了用户参与度和忠诚度。

未来，营销系统将具备更强的自适应能力，能够根据消费者的实时需求、行为和情绪，自动调整营销策略和内容，形成"精准、即时、个性化"的营销体验。

第五节　用户消费体验维度：沉浸式与互动式体验设计

随着虚拟现实、增强现实和人工智能等技术的不断进步，用户的消费体验正在经历革命性变革。过去，消费体验主要是单向、静态的，而现在，技术创新使消费者能够通过多样化渠道与品牌进行深度互动，形成沉浸式和互动式的双重体验。这不仅增强了品牌吸引力，还提升了顾客的参与感和忠诚度。特别是在博物馆和艺术展览中，沉浸式技术让观众与历史和文化产生更深的情感共鸣，超越了传统的观展方式。

互动式体验设计则强调消费者与品牌之间的双向互动，打破了传统的消费模式。在文化创意产业中，互动式设计使消费者从被动的观看者转变为主动的参与者。例如，在在线教育平台和数字化博物馆等场景中，用户可以主动参与、创作或互动，进一步加深与品牌的连接。

将沉浸式与互动式体验结合，使消费者从单纯的观众转变为体验者和创造者，情感共鸣也更为深刻。随着技术不断进步，未来的沉浸式与互动式体验设计将更加智能化和个性化。这种设计不仅改变了消费模式，还深刻影响了品牌与消费者之间的关系，助力品牌脱颖而出，并推动文化产业的繁荣发展。

未来，沉浸式与互动式体验设计将进一步深化文化品牌与消费者之间的关系，促使文化创意产业不断创新与发展。通过打破传统消费模式，构建多感官、全维度的体验空间，品牌将在激烈的市场竞争中脱颖而出，同时增强消费者的品牌忠诚度和参与感，推动文化产业的繁荣。

第六节　产业转型升级维度：数字化转型与智能化升级

在文化创意产业中，数字化转型与智能化升级是推动企业创新发展的核心驱动力。数字化转型指企业通过信息技术，将传统业务流程、产品服务和运营模式转化为数字化形式，以提高效率和市场响应能力。数字化转型深刻影响着内容创作与传播方式。例如，电影、电视、音乐等文化产品的制作逐步从传统线下操作转向数字化流程，利用 3D 动画、虚拟现实等技术提升创作效率，并改变内容呈现方式。

智能化升级则通过人工智能、机器学习、大数据分析等技术，推动产业核心业务的自动化与智能化，提升生产效率和产品服务水平。在文化创意产业中，AI 广泛应用于内容创作、产品定制和用户服务等环节，推动产业模式的转变。例如，AI 辅助创作工具能够基于市场趋势和用户兴趣生成创意方案，自动化图像识别和剪辑技术提高了影视后期制作效率。智能化技术也使得文化创意产品能够实现个性化定制，为消费者提供定制化艺术作品或设计产品，从而催生了新的商业模式和收入来源。

数字化转型与智能化升级并非孤立存在，而是相辅相成的。数字化为智能化提供了数据支持，而智能化则使数字化转型更加精准和高效。在文化创意产业中，这种融合带来了强大的协同效应。例如，基于大数据分析和 AI 算法，企业能够实时了解市场和消费者需求，从而优化产品设计和营销策略。智能化技术还加速了产业链各环节的融合，例如，在影视制作中，从剧本创作到后期制作，智能化工具的应用大大提升了工作效率，并有效控制了成本。

未来，随着技术的不断成熟与普及，数字化转型与智能化升级将在文化创意产业中发挥更加重要的作用。无论是在内容创作、生产环节，还是在品牌传播、市场营销、用户互动等方面，数字化与智能化的结合都将推动文化创意产业从传统模式向高效、创新、个性化的新时代转型，为文化产业的繁荣发展提供强大动力。

第七节　文化综合实力维度：文化自信与文化影响力提升

文化自信是民族精神的内在支撑，是文化繁荣发展的深厚底蕴。它源于对自身文化价值的深刻认同和对文化生命力的坚定信念。在全球化浪潮中，各种文化交流互鉴日益频繁，文化自信成为我们坚守文化根基、抵御文化同质化的有力武器。提升文化自信，需要深入挖掘和传承中华优秀传统文化的精髓，同时积极创新，让古老的中华文化智慧在现代社会焕发出新的生机与活力。这不仅是对历史的尊重，更是对未来的负责，为民族的持续发展提供强大的精神动力。

文化影响力则是文化自信的外在表现，是衡量一个国家文化软实力的重要指标。它体现在文化的传播力、吸引力和感召力上，是文化"走出去"的能力体现。提升文化影响力，需要我们加强国际文化交流，通过电影、音乐、文学、艺术等多种形式，向世界展示中国文化的独特魅力。同时，也要注重文化产业的国际化发展，打造具有国际竞争力的文化品牌和产品，让中国文化在世界舞台上绽放光彩。

在提升文化综合实力的过程中，政府、社会和个人都应发挥积极作用。政府应制定更加开放包容的文化政策，为文化创新和发展提供良好环境；社会各界应积极参与文化建设，形成全社会共同关心支持文化发展的良好氛围；个人则应自觉成为文化的传承者和传播者，用实际行动践行文化自信。

未来，数字化时代的到来为文化综合实力的提升提供了新的机遇。互联网、大数据、人工智能等技术的运用，使文化的传播更加便捷高效，也为文化创新提供了无限可能。我们应充分利用这些技术优势，推动文化与科技的深度融合，打造更具时代特色的文化产品和服务，让中国文化在世界文化之林中更加熠熠生辉。

责任编辑：詹　夺

封面设计：张婉秋

图书在版编目（CIP）数据

科技创新赋能文化创意产业高质量发展战略研究 / 刘贵富著 .
北京 ： 人民出版社，2025. 9. -- ISBN 978 - 7 - 01 - 027378 - 5

I . G124

中国国家版本馆 CIP 数据核字第 2025L5N736 号

科技创新赋能文化创意产业高质量发展战略研究
KEJICHUANGXIN FUNENG WENHUACHUANGYICHANYE GAOZHILIANG
FAZHANZHANLÜE YANJIU

刘贵富　著

人 民 出 版 社 出版发行

（100706　北京市东城区隆福寺街 99 号）

北京九州迅驰传媒文化有限公司印刷　　新华书店经销

2025 年 9 月第 1 版　2025 年 9 月北京第 1 次印刷
开本：710 毫米 ×1000 毫米 1/16　印张：21
字数：278 千字

ISBN 978 - 7 - 01 - 027378 - 5　定价：126.00 元

邮购地址 100706　北京市东城区隆福寺街 99 号
人民东方图书销售中心　电话（010）65250042　65289539